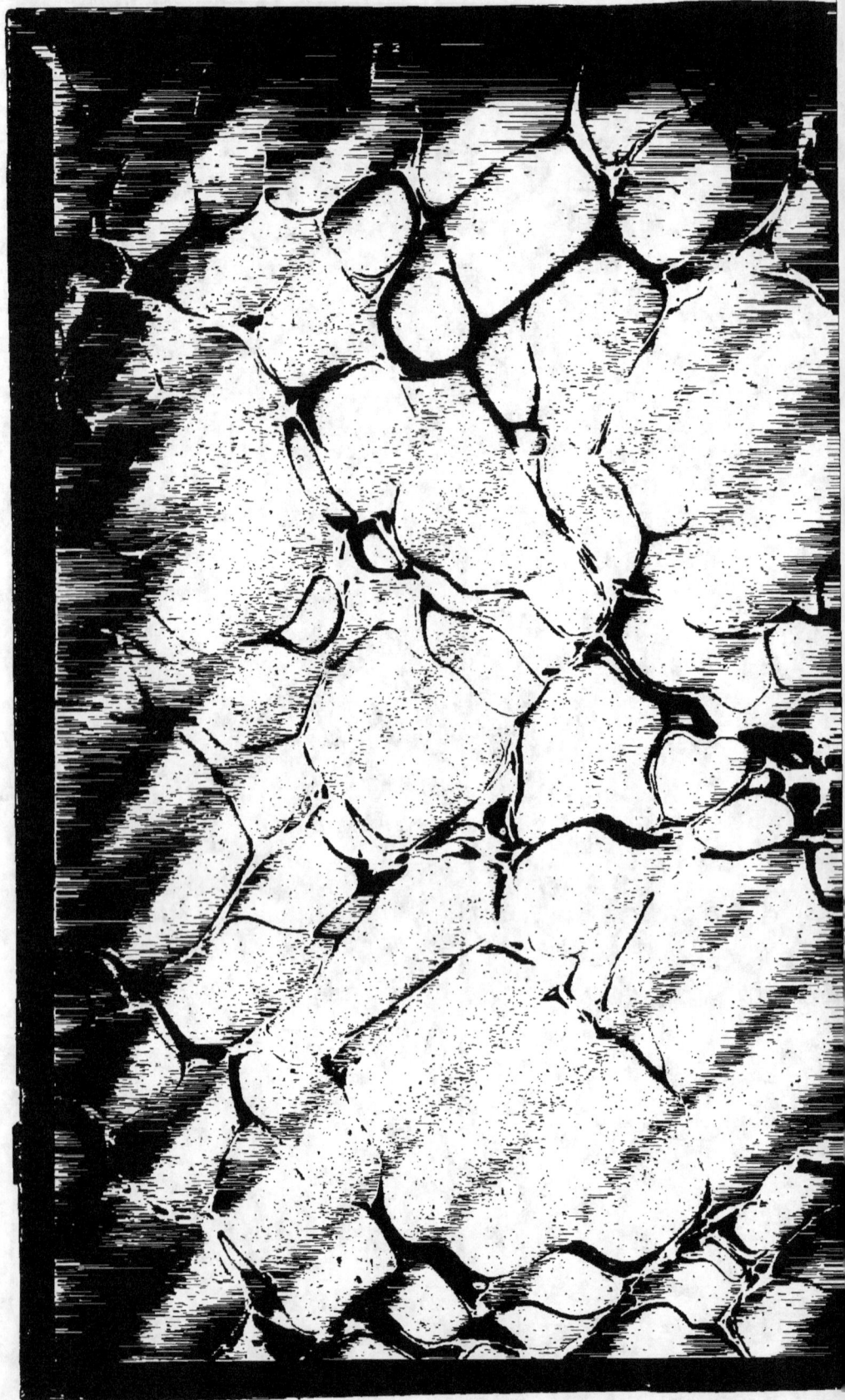

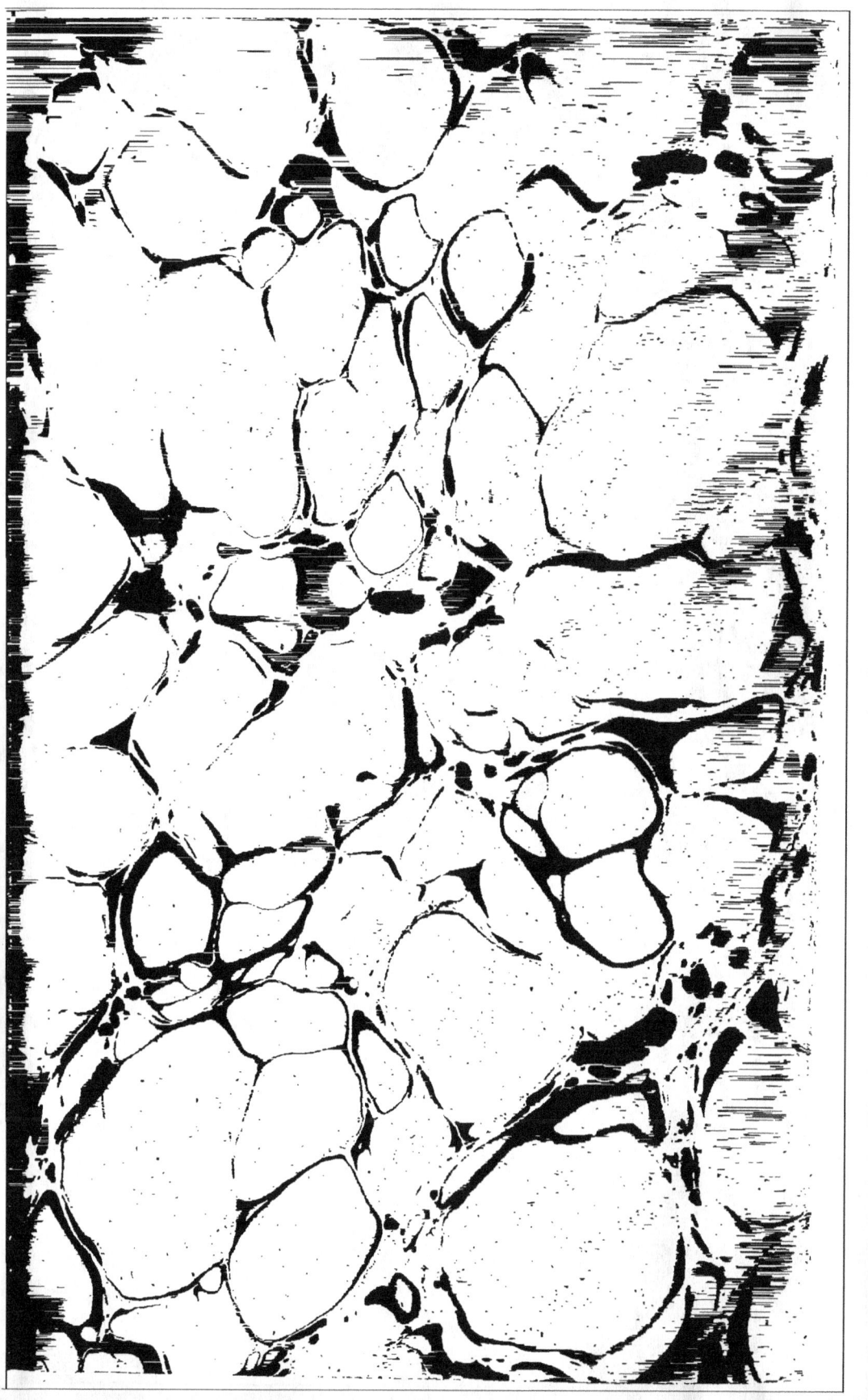

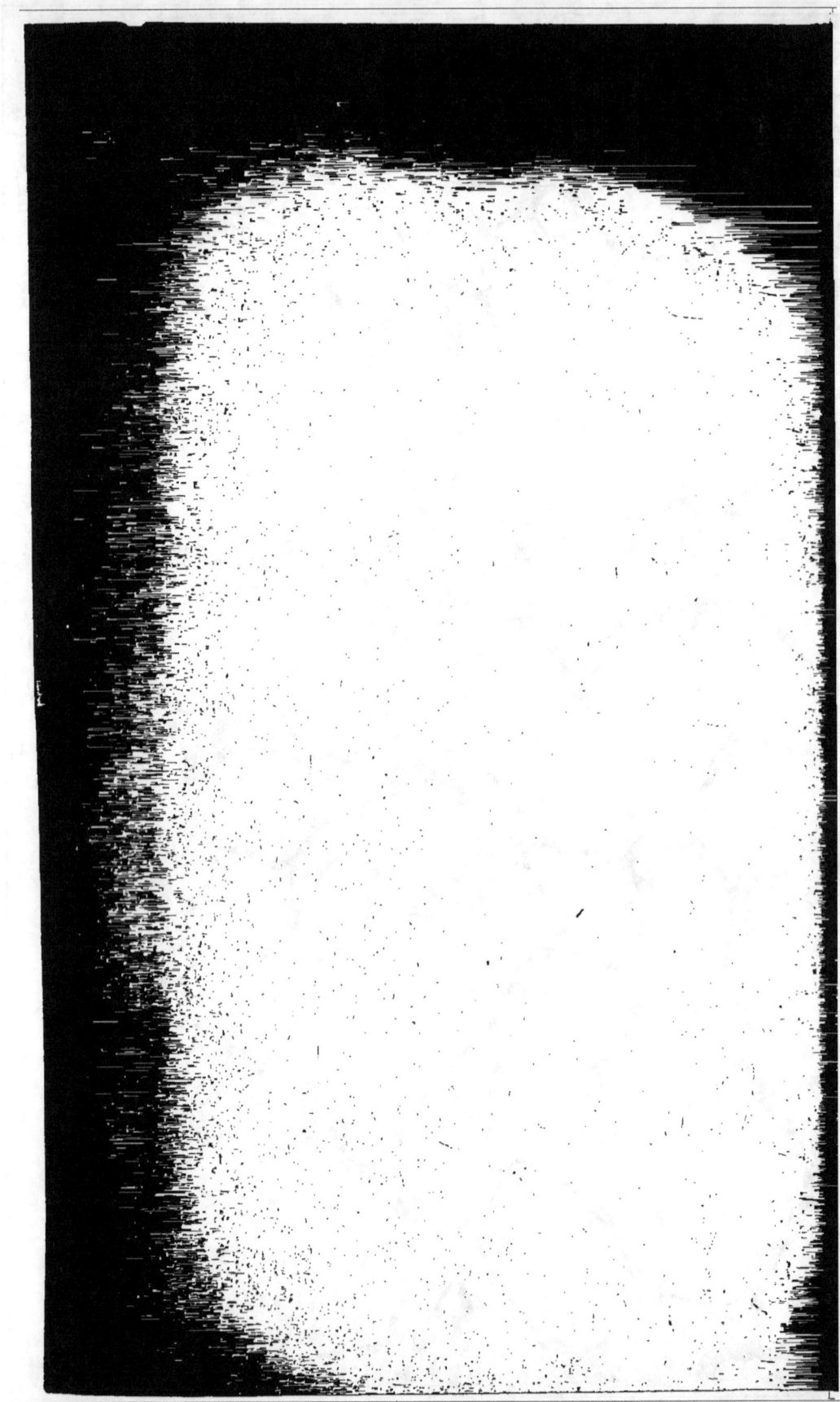

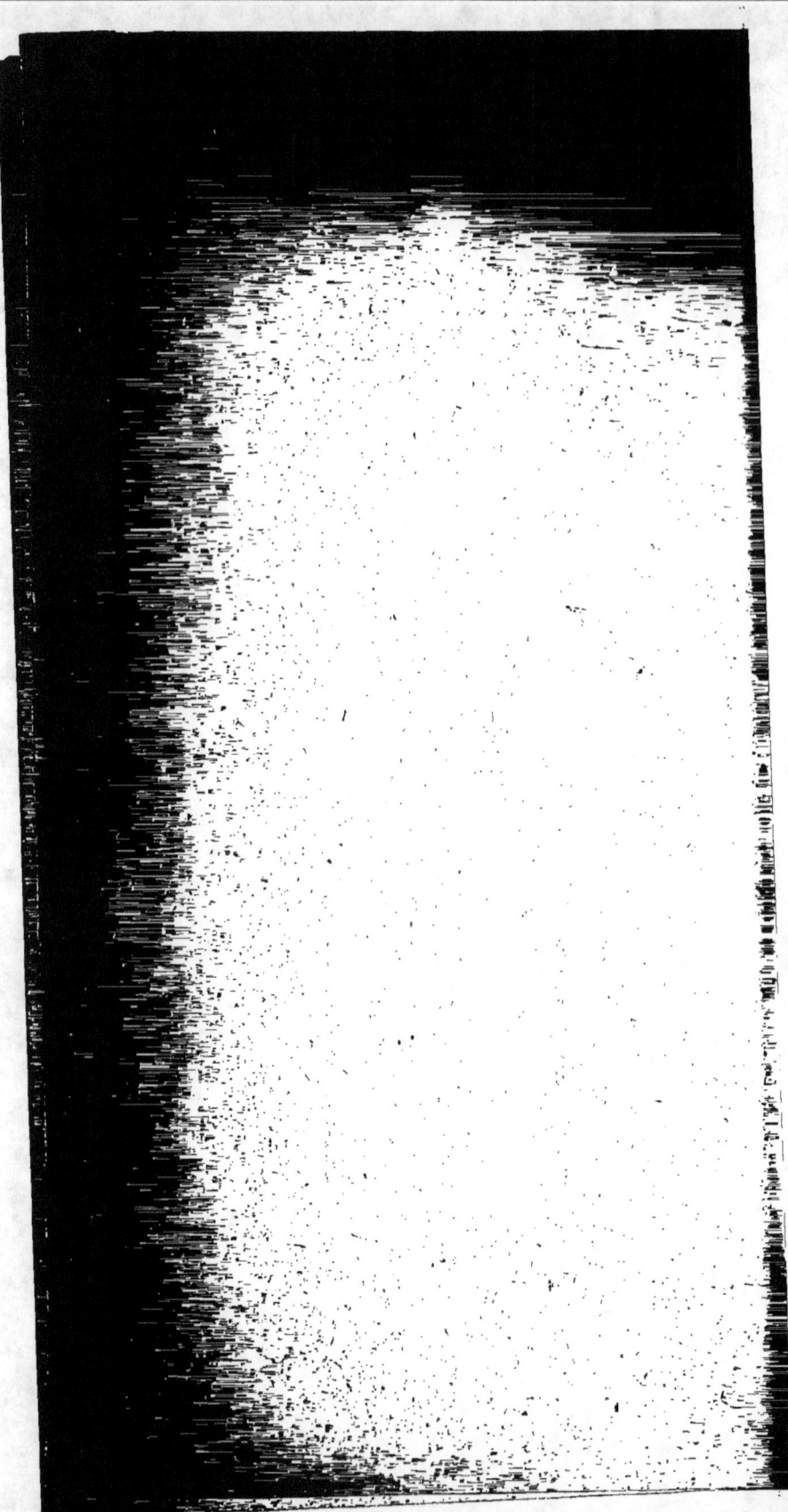

LES MARTYRS

DE PICPUS

APPROBATIONS

J'autorise volontiers le R. P. Benoît Perdereau, prêtre de notre institut, à publier un ouvrage intitulé : *Les Martyrs de Picpus.*

Signé : M. BOUSQUET,
Sup. gén.

Versailles, le 8 septembre 1871.

Je soussigné, vicaire capitulaire, archidiacre de Notre-Dame, le siége vacant, autorise le R. P. Perdereau à publier l'ouvrage intitulé : *Les Martyrs de Picpus.*

LOUVRIER,
Vic. cap., Archid. de N.-Dame.

Paris, le 8 septembre 1871.

PARIS. — IMP. JULES LE CLERE ET C¹ᵉ, RUE CASSETTE, 29.

LES MARTYRS
DE PICPUS

PRÉCÉDÉS

D'UNE NOTICE

SUR LA CONGRÉGATION DES SACRÉS-CŒURS
DE JÉSUS ET DE MARIE

(DITE DE PICPUS)

PAR

LE R. P. BENOIT PERDEREAU

PRÊTRE DE LA MÊME CONGRÉGATION
PROFESSEUR DE MORALE AU SÉMINAIRE DE VERSAILLES

Cor unum et anima mea
Un seul cœur et une seule âme.
(Act. IV, 32.)

QUATRIÈME EDITION
REVUE, CORRIGÉE ET AUGMENTÉE

PARIS
ADOLPHE JOSSE, ÉDITEUR
31, RUE DE SÈVRES, 31
—
1876

DÉCLARATION.

Conformément aux décrets du Saint-Siége apostolique, je déclare que si, dans le cours de cet opuscule, je donne à quelques personnes la dénomination de saints et de martyrs, ce n'est que par une manière de parler usitée, et que je ne prétends point devancer le jugement du Souverain Pontife, auquel il appartient de prononcer définitivement sur la sainteté et sur les caractères du martyre. Je déclare également que si je raconte des événements merveilleux en apparence, je n'entends donner à ces récits qu'une valeur purement humaine, soumettant l'appréciation de ces faits à la sainte Église romaine, dont je veux être en toute chose l'enfant soumis et tout dévoué.

F. Benoit PERDEREAU,
Prêtre des SS. CC.

AVANT-PROPOS

En publiant la première édition de cet ouvrage, nous étions loin de nous attendre au succès qu'il a obtenu. Nous voulions simplement tracer une page qui pût servir à compléter l'histoire des persécutions de l'Eglise. Ecrites à la hâte et sans apprêt, ces lignes semblaient devoir subir le sort de tant d'autres opuscules de circonstances qui tombent bien vite dans l'oubli. La divine Providence en a disposé autrement : elle a voulu que la simplicité elle-même de notre récit lui donnât pour les âmes pieuses un attrait tout particulier. On en pourra juger par les nombreuses lettres de félicitation dont nous donnons ici-bas quelques extraits.

Cette nouvelle édition est enrichie d'un appendice sur la translation des restes de nos vénérés martyrs : c'était le complément obligé de leur histoire.

Quelques légères erreurs qui s'étaient glissées dans les éditions précédentes ont été corrigées dans celle-ci.

Nous recevrons toujours avec reconnaissance les nouveaux renseignements qui nous seront communiqués.

Mon Révérend Père,

Je vous remercie de l'envoi de votre écrit sur les martyrs de votre Congrégation et sur ses origines. J'en ai lu quelques pages, qui m'ont vivement intéressé, quoique les faits me fussent déjà en grande partie connus.

Je continuerai cette attachante et édifiante lecture dans mes rares moments de loisir.

Votre excellente Congrégation a été cruellement éprouvée. Il faut adorer les décrets de Dieu dans ces événements extraordinaires. Il y a là un signe que Dieu veut se servir de votre communauté pour accomplir des desseins qui nous sont inconnus. Le sang versé ne peut demeurer stérile.

J'aimais déjà beaucoup votre Congrégation; le sacrifice de vos généreux Pères n'a pu qu'augmenter ma vénération et mon respect.

    ✝ J. Hlpp. *arch. de Tours.*

Mon Révérend Père,

J'ai reçu les *Martyrs de Picpus*, et je vous en remercie de tout mon cœur. C'est un monument élevé à la gloire de votre sainte Congrégation, et principalement à celle des Cœurs sacrés auxquels vous avez voué votre existence et dont vous propagez le culte si aimable et si précieux.

Rien de plus beau et de plus touchant que le tableau que vous nous présentez dans le récit du martyre de vos vénérés frères; et il nous touche d'autant plus dans ce diocèse que deux de vos martyrs nous étaient unis par les plus doux liens. L'un d'eux surtout nous était bien connu, et nous avions appris à l'aimer et à le vénérer. Nous croyons pouvoir désormais l'invoquer avec toute la confiance que nous inspirent sa sainte vie, sa belle mort, et les admirables sentiments que respirent ses lettres, et surtout la dernière.

Soyez béni de nous avoir retracé de si belles choses et de nous avoir conservé de si précieux souvenirs.

Votre Congrégation, dont vous exposez si bien les origines, appartient un peu à notre diocèse, qui a été si heureux de l'adopter; et il ne tiendra pas à nous dans l'avenir que nos diocésains ne marchent sur les traces des vénérés Pères Tuffier et Tardieu, en se consacrant aux sacrés Cœurs de Jésus et de Marie.

† Jean M. *év. de Mende.*

Monsieur le Supérieur général,

.... Le R. P. Perdereau a bien voulu m'envoyer un exemplaire de son ouvrage : *Les Martyrs de Picpus*. Mes occupations ne m'ont pas permis de le parcourir encore; mais les quelques pages que j'ai lues m'ont vivement intéressé. Je suis particulièrement heureux que le pieux auteur ait fait précéder le récit des souffrances de vos martyrs d'une notice étendue sur la société de Picpus. La lecture de cette notice augmentera en moi le respect déjà bien profond que j'ai toujours porté à cette pieuse famille des Sacrés Cœurs.....

† N. Joseph, *év. de Périg. et de Sarl.*

Mon Révérend Père,

Je vous remercie de votre précieux envoi, *les Martyrs de Picpus*. Je lis ce livre avec un bien vif intérêt. J'ai été heureux d'y rencontrer des renseignements que je cherchais depuis longtemps sur les origines de votre Congrégation, qui m'est particulièrement chère. Notre *Revue* de Louvain en rendra compte très-prochainement.

M. B. Laforêt, *rect. univ,*

Mon Révérend Père,

J'ai lu avec un bien vif intérêt et une grande satisfaction l'écrit que vous m'avez adressé. Votre travail est un monument élevé à la gloire de la Congrégation des Sacrés-Cœurs de Jésus et de Marie, et ce monument, je le crois solide et de bon goût, par la raison que vous avez su l'asseoir sur des bases qui sont un heureux mélange de foi, de piété et de modestie.

Je n'en doute pas, le sang de vos Pères apportera à votre Institut un nouveau germe de prospérité et d'avenir.

† PIERRE, *évêque de Versailles.*

Mon Révérend Père,

La pensée qui a réuni à Poitiers les premiers membres de votre famille religieuse, a été d'offrir à Notre-Seigneur des victimes expiatrices et des hosties de réparation. A ce titre votre Congrégation ne pouvait être frustrée de l'honneur du martyre. Elle vient de le conquérir glorieusement, et ce sera le signal d'une nouvelle ère de bénédiction et de fécondité pour votre institut. Le récit que vous faites de ses commencements n'offre pas moins d'intérêt et d'édification que celui de l'holocauste sanglant dont s'enrichissent les plus récentes pages de votre histoire.

Votre Congrégation étant toute nôtre par ses origines, *les Martyrs de Picpus* nous intéressent à un titre particulier, d'autant qu'un des principaux d'entre eux, le R. Père Marcellin Rouchouze, a rendu le collége de Poitiers pendant plusieurs années témoin de ses mérites et de ses vertus.

† L. E. *év. de Poitiers.*

Mon Révérend Père,

Je vous remercie mille fois d'avoir bien voulu m'envoyer votre si édifiant ouvrage sur vos martyrs. Exposés que nous sommes peut-être nous-mêmes à avoir le même sort un jour, il est bon que nous contemplions leurs pieux triomphes, afin de nous exciter à marcher sur leurs glorieuses traces.

† *G. arch. de Rennes.*

Lettre de M. Dégarés, président de la Propagation de la foi, au R. P. Gabriel Germain, procureur à Picpus.

Mon Révérend Père,

Je vous remercie, et veuillez bien remercier pour moi le R. P. Supérieur général, du livre que vous m'avez envoyé. Je l'ai lu avec un grand intérêt dans ses deux parties. Les origines de votre Congrégation n'avaient jamais été, que je sache, présentées sous une forme plus satisfaisante. Quant aux actes de vos martyrs, inutile de dire que le récit en est des plus émouvants.

Ce n'est donc plus seulement en Chine ou chez les anthropophages que les missionnaires seront désormais exposés à la mort violente des persécutions? Pour eux donc plus de repos, plus de sécurité! Pour eux la patrie même n'est plus que le Calvaire.

Le sang versé par la Commune sera la semence de nouveaux missionnaires, non pas plus zélés, mais plus heureux que leurs devanciers; puisque, grâce à ceux-ci, il n'y a plus de terres où la croix de Notre-Seigneur n'ait été plantée.

Mon Révérend Père,

Les travaux d'une tournée pastorale commencée à la mi-octobre ne m'ont pas permis de lire aussitôt que je l'aurais désiré votre beau livre qui a pour titre : *les Martyrs de Picpus*. J'en ai achevé la lecture ce soir, et j'ai hâte de vous dire mes impressions. Les détails pleins de charme sur les origines de votre Congrégation et les scènes dramatiques du martyre de vos glorieuses victimes intéresseront tous vos lecteurs. Recevez donc, mon Révérend Père, avec l'expression de ma gratitude, mes bénédictions pour vous et pour votre Institut, que je vous donne de toute l'effusion de mon cœur.

† Justin, *év. de Grenoble.*

Mon Révérend Père,

Je suis bien touché de votre aimable empressement à m'envoyer votre livre : *les Martyrs de Picpus*, et je vous remercie de m'associer à l'admiration que fera naître dans tous les cœurs la noble et sainte conduite de vos frères en religion et de vos vénérées sœurs, religieuses des Sacrés-Cœurs de Jésus et de Marie.

Je savais déjà par expérience ce qu'on pouvait attendre de votre Congrégation, ayant été témoin du bien qu'elle faisait à Tours, à Paris, etc. J'en ai conservé un souvenir qui ne s'efface pas. Aussi ai-je été moins surpris des touchantes manifestations de dévouement et des vertus dont vous faites l'édifiant récit.

J'ai béni votre heureuse pensée, mon Révérend Père, d'avoir fait précéder votre livre, *les Martyrs de Picpus*, d'une notice pleine d'intérêt sur la providentielle institution et le fécond développement de votre précieuse Congrégation. Son saint fondateur, le P. Coudrin, au zèle infatigable et à la charité plus ardente encore, s'y révèle avec tout son mérite et l'éclat de ses vertus sacerdotales. Ainsi avez-vous préparé au martyrologe qui vient ensuite comme la plus glorieuse sanction de l'œuvre de Dieu.

Ces admirables pages appartiennent désormais à l'histoire, reproduisent les plus beaux traits de l'Eglise militante, et ne laissent plus rien à envier aux premiers siècles des persécutions. Ici quelle énergie à confesser Jésus-Christ, malgré la menace instantanée d'une mort certaine; là quel amour à recueillir au milieu des profanateurs les saintes espèces de la divine Eucharistie! De la part des victimes choisies quel calme héroïque à marcher à l'immolation, chargées d'outrages qui rappellent si tristement la voie du Calvaire. Que dire aussi des religieuses des Sacrés-Cœurs, si indignement calomniées, si ignominieusement traitées! Quelle n'a pas été leur sérénité, leur résignation, au milieu de toute espèce d'infamies plus redoutables que la mort même! L'*Ibant gaudentes* vient à la pensée, quand on voit ces vierges héroïques affronter les attaques portées à leur foi, à leur innocence, à leur honneur.

On aimera à compter les martyrs de Picpus au nombre de nos saints confesseurs, qui dans ces jours lamentables ont accepté pour Jésus-Christ les plus cruelles souffrances et ont la plupart versé leur sang généreux. Que Dieu en soit glorifié et la sainte Eglise consolée.

Je dis donc bien haut mes sentiments pour la digne Congrégation des religieux et des religieuses de Picpus. J'ajoute que mon plus grand désir serait de les voir prendre pied dans mon diocèse, convaincu du bien qu'ils sauraient y opérer...

En attendant je vous offre mes sincères félicitations pour votre livre et l'assurance de mes sentiments affectueux et dévoués.

† FERDINAND card. DONNET, *arch. de Bordeaux.*

Mon Révérend Père,

Il y huit jours que j'ai reçu vos *Actes des Martyrs*. C'était le samedi saint; et, la lecture une fois commencée, je n'ai pu m'arrêter qu'aux dernières pages. Je ne pouvais mieux clore ma semaine sainte; et je vous remercie du bien et du plaisir que m'a fait cette lecture. Je ne m'étonne pas qu'elle ait produit sur d'autres les mêmes impressions. Et je joindrais mes félicitations à celles que vous avez reçues, si je n'avais à vous faire part d'un suffrage plus important. LE TRÈS-SAINT PÈRE A REÇU L'EXEMPLAIRE QUE VOUS LUI DESTINIEZ, ET SA SAINTETÉ A DAIGNÉ ME CHARGER DE VOUS TÉMOIGNER SA HAUTE SATISFACTION, EN VOUS TRANSMETTANT SA BÉNÉDICTION APOSTOLIQUE...

J. B. card. PITRA.

Madame la Supérieure des Dames des Sacrés-Cœurs de Jésus et de Marie,

Monsieur A. de Chevigné vous remettra la lettre que je suis chargé de vous écrire au nom de M. le comte de Chambord, pour vous remercier d'avoir fait hommage à Frohsdorf du récit si intéressant des malheurs du saint Ordre auquel vous avez le bonheur d'appartenir.

La lecture de cet exposé si modeste, si simple de persécutions, d'insultes, de souffrances inouïes, supportées avec une douceur, une résignation que la religion peut seule donner, a profondément ému Monseigneur. J'ai l'ordre de vous le dire, Madame, et je suis très-heureux, je vous assure, de ma mission.

Cte E. DE MONTY DE REZÉ.

PRÉFACE DE LA Iʳᵉ ÉDITION

De bien tristes événements viennent d'humilier et de désoler la France. Une guerre cruelle a dévasté ses plus belles contrées; ses armées ont été vaincues et dispersées; ses soldats ont souffert une dure captivité; sa capitale a été investie et obligée, après les rigueurs d'un long siége, d'ouvrir ses portes à l'ennemi; deux provinces lui ont été ravies; un tribut écrasant lui a été imposé, et, pour comble de malheurs, une division intestine a déchiré son sein. Une horde de sauvages, sous le nom de Commune, a organisé dans Paris le pillage, l'incendie et l'assassinat.

Tous ces fléaux étaient la conséquence des doctrines funestes qui avaient perverti les esprits et corrompu les cœurs. Depuis la proclamation de ces principes nouveaux opposés aux anciennes traditions catholiques, notre malheureuse patrie s'est vue livrée successivement à l'anarchie et au despotisme, sans pouvoir se fixer à aucune forme de gouvernement; c'est qu'en dehors de la religion l'autorité n'a point d'appui et la société point de base.

Cependant la France était toujours la fille aînée de l'Église; à côté de grands scandales, elle donnait encore l'exemple de vertus héroïques ; malgré le mauvais vouloir des autorités civiles, les bonnes œuvres ne cessaient de se multiplier dans son sein; de ferventes prières montaient vers le ciel pour fléchir son courroux; d'innocentes victimes s'offraient en holocauste, et Dieu choisissait les têtes sur lesquelles son glaive devait tomber. Un sang pur et généreux a crié miséricorde; l'orage a été détourné, et des jours meilleurs ont commencé à luire sur nous pour quelques instants.

Néanmoins, tout en remerciant le Seigneur de sa clémence, n'allons pas nous livrer à une joie exagérée, à une confiance sans bornes. Quand Dieu frappe de si grands coups, ce n'est pas seulement pour nous punir, c'est aussi pour nous instruire et nous ramener à lui; il faut donc étudier les leçons qu'il nous donne et ne pas les oublier. Grouper les événements de manière à en faire ressortir ces graves enseignements, c'est le devoir de l'historien. Le rôle plus modeste de l'annaliste est de préparer ce travail, en recueillant les matériaux qui serviront à le composer. Cette tâche a été comprise, de nombreux ouvriers ont déjà mis la main à l'œuvre. Chaque jour apporte une pierre pour la construction de l'édifice; et nous ne doutons point qu'avant peu il y aura de quoi écrire une des plus belles pages de notre Église de France.

Parmi les épisodes de ce drame sanglant on lira avec un intérêt spécial les actes des martyrs et des confesseurs de la foi. Les instituts religieux auront surtout une large part dans l'histoire de ces glorieux combats. Trois d'entre eux y tiendront un rang distingué. Les nobles enfants de saint Ignace apparaîtront aux postes avancés sur le champ de bataille; après eux l'on verra les disciples de saint Dominique; puis, sur un arrière-plan, on apercevra une phalange plus modeste comme une recrue de récente formation : c'est la Congrégation des Sacrés Cœurs de Jésus et de Marie, connue vulgairement sous le nom de Picpus.

Malgré l'obscurité qui semblait devoir la dérober aux regards des persécuteurs, cette Société a eu le privilége d'une haine de choix; des exactions exorbitantes ont pesé sur elle; d'horribles profanations ont désolé son enceinte, des calomnies infâmes ont attaqué son honneur; plus de cent de ses membres ont subi la prison pour la cause de la foi, et quatre d'entre eux ont recueilli la palme du martyre. Quelle était donc la cause de ces fureurs sataniques contre une œuvre si peu connue jusqu'ici ? Nous croyons pouvoir dire qu'elle se trouve dans l'*origine* et le but spécial de cet institut.

Sortie des ruines de notre première révolution, la Congrégation de Picpus a reçu dès sa naissance comme un baptême de sang ; elle est vouée, par une mission providentielle, à la réparation des injures faites aux divins Cœurs de Jésus et de Marie par les crimes énormes des pécheurs. Depuis près d'un siècle, elle ne cesse de s'offrir comme victime en l'adoration perpétuelle du très-saint Sacrement de l'autel. Elle a établi son chef-lieu sur le théâtre principal des sanglantes exécutions de la *terreur ;* là elle veille nuit et jour près des dépouilles mortelles des martyrs de la foi et de la fidélité au souverain légitime. C'est de cette souche qu'elle étend ses rameaux jusqu'aux rivages de l'Océanie, pour y détruire le règne de Satan. Pour relever en même temps les ruines accumulées sur le sol de la France par l'impiété révolutionnaire, elle répand par la prédication les lumières de la foi, elle s'adonne à l'instruction de l'enfance, à l'éducation de la jeunesse cléricale et à la direction des âmes dans les voies de la perfection. Par son esprit d'humilité, de charité et de sacrifice, elle s'efforce de combattre l'esprit du siècle, qui est un esprit d'orgueil, d'égoïsme et de sensualisme.

En fallait-il davantage pour signaler cette petite Congrégation aux coups de l'œuvre diabolique qui s'appelle la révolution ? Toute société bien organisée doit vivre de traditions. La conjuration antichrétienne et antisociale, qui depuis plusieurs siècles travaille à saper les fondements de l'autel et du trône, n'a point ignoré cette loi; elle a son mot d'ordre, ses archives, ses annales sataniques. Elle enregistre ses défaites; elle couve silencieusement ses rancunes; elle organise ses vengeances contre ceux qui osent l'attaquer. Pour exciter ses fureurs, il n'est pas nécessaire de la combattre avec éclat; elle sent avec un tact prodigieux la main qui la saisit dans l'ombre, et discerne le côté d'où est parti le trait qui l'a frappée sans bruit. Aussi la Congrégation des Sacrés Cœurs malgré sa modestie et son silence, malgré le nom vulgaire qui la couvre comme d'un voile d'obscurité, n'a-t-elle pu échapper à la rage des ennemis de tout bien.

Le nom de Picpus a plusieurs fois été mêlé à celui de la Commune dans le récit des événements sinistres qui viennent de plonger la France dans le deuil et la stupéfaction ; mais on ignore communément les détails particuliers de cette persécution locale. Nous croyons devoir les livrer à la publicité, pour compléter cette lamentable histoire et achever de démasquer les horribles complots d'une secte infernale. Après avoir lu ces pages, on comprendra mieux, je l'espère, quel est le génie de la révolution, quel est le dernier mot d'une civilisation sans Dieu et le dernier présent des sociétés secrètes si lâchement patronées par un gouvernement aveugle et coupable.

Les ombres de ce hideux tableau mettront en lumière une œuvre qui n'est point celle des hommes, mais l'œuvre de Dieu.

Sans sortir des bornes de la modestie que notre pieux fondateur nous a inspirée, nous croyons pouvoir dire avec simplicité ce qu'il a plu à la bonté divine d'opérer en nous et par nous; car, s'il est bon de cacher le secret des rois de la terre, c'est une chose digne de louange de révéler les œuvres de Dieu (*Tob.* XII, 7). L'institution des ordres monastiques fait une partie intégrante de l'histoire de l'Église; c'est une preuve permanente de sa divine fécondité; or, c'est aux membres de ces corporations religieuses qu'il appartient surtout d'écrire ce qui les concerne; il y a des choses dont ils ont seuls le secret. Le temps est venu pour nous, ce me semble, de commencer ce travail; la divine Providence paraît nous y inviter par la part honorable qu'elle vient de nous accorder dans la dernière persécution.

Donc, à la gloire des sacrés Cœurs de Jésus et de Marie et pour l'exaltation de la sainte Église Romaine, je dirai d'abord dans le présent écrit ce que c'est que cette Congrégation des Sacrés-Cœurs, connue sous le nom de Picpus; j'exposerai sommairement son origine, son organisation, ses travaux et ses épreuves; puis, je raconterai plus en détail ce qu'elle a eu à souffrir durant les derniers mois qui viennent de s'écouler et la protection céleste dont elle a été l'objet. Je redirai surtout la mort glorieuse de ces généreux confesseurs, dont une courte biographie fera connaître les modestes vertus.

Il y aura donc deux parties dans cet ouvrage. La première sera une notice sur *les origines* de notre Congrégation. Cette partie ne sera pas la moins intéressante pour les esprits sérieux; car elle renfermera des documents qui doivent subsister. D'ailleurs, sans cette introduction, on ne comprendrait rien à l'acharnement de la Commune contre notre institut.

La seconde partie est indiquée par ces mots de notre titre : *Les Martyrs de Picpus*. Elle se détachera comme un relief sur le plan. Je dois avouer cependant que ce titre n'indique pas complétement l'objet de mon ouvrage. Je ne pouvais pas faire l'histoire de nos chers défunts sans parler de leurs compagnons de captivité et de souffrances. Le titre entier eût donc été : les Martyrs et les Confesseurs de Picpus. J'ai cru devoir l'abréger en me réservant de l'expliquer.

ORIGINES
DE PICPUS

I

Près du faubourg Saint-Antoine se trouvait autrefois un village connu sous le nom de Picpus. Des religieux de l'ordre de Saint-François y avaient un couvent; on les appelait vulgairement les frères Picpus, soit qu'ils aient pris ce nom du lieu qu'ils habitaient, soit qu'ils aient au contraire donné le nom au lieu. Cette dernière hypothèse est appuyée sur une tradition populaire, d'après laquelle ces bons religieux auraient gagné ce sobriquet par un dévouement héroïque. On raconte en effet qu'en une épidémie qui désolait la contrée, ils exposèrent leur vie en soignant les malades et perçant les pustules qui leur couvraient la peau; d'où vient qu'on les appela *Pic-pus*, ou *Pique-pus*. D'autres vont chercher l'origine de ce nom dans la couleur brune de l'habit franciscain, et ils écrivent: *Pique-puce*.

Quoi qu'il en soit, les religieux dont nous parlons jouissaient d'une telle considération que les représentants des puissances étrangères ne dédaignaient pas de descendre chez eux avant de faire leur entrée solennelle par la barrière du Trône. En 1793 ce couvent fut, comme tant d'autres, emporté par le flot de la révolution. Il en fut de même d'un monastère de chanoinesses de Saint-Augustin situé dans la même localité. Lorsqu'en 1794 la guillotine eut fait tomber en six semaines, du 14 juin au 27 juillet, plus de treize cents têtes innocentes sur la place du Trône, on ne leur donna pour sépulture qu'une fosse commune d'environ trente pieds carrés, creusée près du terrain que les frères de Picpus venaient d'évacuer.

Là se trouvèrent entassés, pêle-mêle, un grand nombre de nobles, de prêtres, de religieux et de religieuses, avec des laboureurs, des ouvriers, des artisans arrachés à leurs paisibles travaux, sans autre raison que la soif du sang ou les lâches soupçons de l'impiété révolutionnaire. Ces malheureuses victimes étaient condamnées sans défense par un tribunal que présidait Robespierre, aux plus mauvais jours de la Terreur. Tous les âges, tous les rangs y étaient confondus. Plusieurs membres du parlement de Paris et celui de Toulouse presque tout entier furent immolés dans cette boucherie sans forme de procès. Avec eux l'on voyait le célèbre chimiste Lavoisier, qui réclamait en vain quelques jours pour écrire une découverte; le poëte Roucher, André Chénier, Loiserolles, qui répondit pour son fils et mourut pour lui, le vieux Sombreuil, gouverneur des Invalides, que l'héroïsme de sa fille ne put sauver une seconde fois, un général Pernot tout couvert de blessures et âgé de quatre-vingts ans, un vieux concierge de la Muette courbé sous ses quatre-vingt-quatre ans, le général Mouchy qui, en allant à la mort, disait à ses bourreaux : « A dix-neuf ans je montais à l'assaut pour mon roi ; à quatre-vingt-quatre ans je monte à l'échafaud pour mon Dieu. Ma vie est assez pleine. »

A côté de ces vénérables vieillards, on voyait marcher à la guillotine des jeunes gens de vingt ans, des jeunes filles de seize ans, et un enfant de quatorze ans. Puis venaient le vénérable évêque d'Agde, Mgr Saudricourt, l'abbé de Beauregard frère de l'évêque d'Orléans, D. Nonan, prieur de la chartreuse de Paris, qui sut se faire une solitude au sein même de sa prison, et le pieux abbé Salignac de Fénelon, petit-neveu de l'illustre archevêque de Cambrai et célèbre lui-même par son œuvre des Petits Savoyards. « Console-toi, disait-il, à l'un de ces enfants qui pleurait en le voyant aller à la mort, console-toi; car, si je vais au ciel, je ne t'oublierai pas. » Il eut le bonheur de donner l'absolution à plusieurs condamnés au moment de leur exécution, et l'on vit le bourreau lui-même incliner la tête en cet instant.

Mais, de toutes ces victimes, aucune ne

donna de spectacle aussi attendrissant que celui des Carmélites de Compiègne. Elles étaient au nombre de seize, y compris les tourières. Un des griefs qui leur fut imputé c'était d'avoir conservé des images et un cantique en l'honneur du sacré Cœur de Jésus. Ramenées en prison après leur sentence de mort, elles récitèrent les prières des agonisants, puis elles marchèrent à l'échafaud en chantant le *Salve Regina* et le *Te Deum*. Elles étaient vêtues de blanc. Arrivées au pied de la guillotine, elles entonnèrent le *Veni Creator*, que le bourreau leur laissa achever. Elles renouvelèrent ensuite à haute voix la profession de leurs vœux, et l'une d'entre elles s'écria : « Je serais trop heureuse, ô mon Dieu, si le sacrifice de ma vie pouvait apaiser votre colère et diminuer le nombre des victimes. » La mère Lidoine, leur supérieure, demanda et obtint la permission de mourir la dernière. Toutes les autres, avant de monter à l'échafaud, s'inclinaient en disant : *Permission, ma mère, d'aller à la mort*. Elle répondait : *Allez ma sœur*. Et toutes ces victimes innocentes expiraient, comme leur Sauveur, dans l'acte même de l'obéissance.

Deux ans s'étaient écoulés depuis que l'instigateur de ces exécutions sanglantes, Robespierre, avait reçu lui-même la juste punition de ses forfaits, et aucune réparation n'en avait été faite. L'herbe croissait sur la fosse où les corps des martyrs avaient été jetés. Les complices de ces crimes semblaient vouloir en effacer la trace aux yeux de la postérité. Mais la mort des saints est précieuse devant Dieu, et le sépulcre de ces héros devait être glorieux. Une princesse, Mme de Hohenzollern née de Salm, dont le frère, le prince de Salm Kilbourg, avait été immolé sur la place du Trône le 23 juillet 1794, fut l'instrument dont Dieu se servit pour commencer cette réparation. Un an après l'installation du Directoire, elle apprit que la Commune venait de mettre en vente le champ qui recouvrait les restes des victimes ; elle l'acheta et le fit entourer d'un mur pour le soustraire à la profanation;

Vers le même temps deux habitants du faubourg Saint-Antoine achetèrent le jardin des anciennes chanoinesses qui confinait à cet enclos, ainsi que les débris de leurs cellules situées à l'autre extrémité de ce même jardin. L'un d'eux eut la pieuse pensée de transformer en chapelle la salle de chapitre des religieuses; et il obtint des vicaires généraux de Paris qu'un prêtre de Sainte-Marguerite, M. l'abbé Beudot, y vînt célébrer chaque dimanche une messe funéraire. C'était en 1800.

Peu de temps après Mme de Montagu et sa sœur Mme de Lafayette revenaient de l'émigration. Leur aïeule la maréchale de Noailles, leur mère la duchesse d'Ayen, et leur sœur la vicomtesse de Noailles avaient péri avec les autres victimes de la révolution; mais elles ignoraient le lieu de leur sépulture. Les journaux de l'époque gardaient un silence complet à ce sujet. C'était presque un secret d'État. Après plusieurs recherches, elles apprirent enfin qu'une pauvre fille nommée Paris, raccommodeuse de dentelles, pourrait leur fournir d'utiles renseignements. Elles vont la trouver à un quatrième étage et entendent de sa bouche le récit suivant :

« Mon père était un vieillard infirme qui avait servi trente ans dans la maison de Brissac. Mon frère, un peu plus jeune que moi, était employé dans l'état-major de la garde nationale; il était très-rangé et très-économe, et nous soutenait tous par son travail; car les malheurs de la maison de Brissac avaient privé mon père de sa pension, et pour moi j'étais en chômage, vu qu'on ne portait guère de dentelle au temps de la Terreur. Un jour, mon frère ne rentra pas au logis à l'heure accoutumée. Je sortis pour avoir de ses nouvelles, et à mon retour je trouvai la maison déserte. Mon père, qui pouvait à peine marcher, avait été traîné en prison pendant mon absence. Mon frère y était depuis le matin. Je n'ai jamais pu savoir de quoi on les avait accusés. On n'a voulu ni m'enfermer avec eux, ni me laisser les embrasser. Je ne les revis que sur la charrette qui les conduisit au supplice. Quand je vis tomber la tête de mon père et celle de mon frère, Dieu me soutint; je restai debout, balbutiant quelques prières sans rien voir ni rien entendre. Lorsque tout fut fini, les curieux se dispersèrent, et les tombereaux ensanglantés se dirigèrent vers la campagne entourés de quelques gendarmes. Je les suivis avec peine; ils s'arrêtèrent à Picpus. Il faisait nuit; mais je reconnus bien la maison des Augustines, et je remarquai l'endroit. Depuis j'y vais souvent prier; c'est ma promenade des dimanches. »

Dès le lendemain Mmes de Montagu et Lafayette se rendirent au lieu désigné. Elles firent connaissance de M. l'abbé Beudot, qui les conduisit lui-même au champ des martyrs et leur montra la croix qu'il y avait plantée. Après avoir satisfait à leur douleur et à leur dévotion, ces dames songèrent à procurer le plus d'honneur et surtout le plus de prières possible aux martyrs de la révolution. Elles conçurent donc le projet de racheter les ruines du couvent des Augustines avec leur jardin et de réunir dans un même enclos tout ce terrain avec celui de la fosse commune; puis d'y élever une chapelle expiatoire et d'y fonder un cimetière pour les parents des victimes. Elles firent part de ce plan gigantesque à Mme de Hohenzollern, qui l'approuva avec empressement. Mais il n'était pas facile d'en venir à l'exécution. La plupart des familles intéressées avaient perdu presque toute leur fortune pendant la révolution. Dans leur perplexité ces pieuses dames reçurent un bon conseil et un puissant secours d'une personne plus pauvre qu'elles. Mlle Paris, leur ange conducteur, était devenue leur confidente; elle leur proposa d'ouvrir une souscription, s'engageant pour son propre compte à économiser sur le produit de ses veilles dix *sols* par semaine jusqu'à l'achèvement de l'entreprise.

Cette généreuse proposition fut acceptée. La souscription fut ouverte. M. de Lally-Tollendal, l'ancien orateur de la Constituante, en rédigea le touchant prospectus, et M. Lherbette, notaire, se chargea de gérer les affaires de la société des souscripteurs. L'œuvre réussit au delà des espérances. On vit sur une même liste des noms illustres à côté d'autres moins connus. Non-seulement les parents des victimes, mais encore leurs amis et d'anciens et fidèles domestiques venaient s'unir dans une même pensée de réparation. C'était comme une protestation publique contre la barbarie qui venait de déshonorer la France.

Dès l'an 1802 les fonds recueillis étaient déjà suffisants pour donner un commencement d'exécution à l'entreprise, et M. l'abbé Beudot, agissant au nom de la Société, achetait les restes du couvent des Augustines. Leur jardin n'appartenait pas au même propriétaire; en attendant qu'on en pût faire l'acquisition, on agrandit la chapelle provisoire qu'on avait déjà élevée, et l'on commença à y célébrer un service pour le repos de l'âme des suppliciés. Deux ans plus tard on obtint de Napoléon un sénatus-consulte qui permettait d'ouvrir un cimetière destiné à la sépulture des membres de la Société. Ce décret fut rendu sur la demande du prince Eugène de Beauharnais, dont le père se trouvait parmi les victimes.

C'était déjà beaucoup, mais ce n'était pas assez pour satisfaire pleinement aux vœux des fondateurs; ils voulaient qu'une prière continue s'élevât vers le ciel de ce sanctuaire expiatoire, et que le sang de l'Agneau sans tache vînt y couler chaque jour pour ceux dont les ossements reposaient en ce lieu. Une communauté pouvait seule accepter cette charge; mais elles étaient rares à cette époque. Cependant la Congrégation des Sacrés-Cœurs, qui ne comptait encore que quatre années d'existence, venait de commencer à Paris un nouvel établissement. Son but essentiellement réparateur la désignait naturellement au choix des associés. Un bail fut passé pour trente ans, et au mois de mars 1805 cette communauté entra en jouissance des bâtimemts de la rue Picpus, qui furent mis à sa disposition.

Mais d'où venait cette congrégation naissante, et quel concours de circonstances l'avait amenée dans la capitale de la France, à point nommé, pour commencer l'adoration réparatrice sur le sol encore fumant des victimes de la révolution? C'est ce que nous allons maintenant expliquer.

II

La Congrégation des Sacrés Cœurs de Jésus et de Marie a eu pour fondateur Pierre Coudrin, deuxième fils d'Abraham Coudrin et de Marie Riom, simples cultivateurs dans le Poitou. Il naquit à Coussay-les-Bois, près de Châtellerault, le 1er mars 1768. Sa première éducation fut confiée aux soins de son oncle l'abbé Riom, vicaire à Saint-Fêle de Maillé. Ce digne ecclésiastique donna plus tard un bel exemple de fermeté et de courage. Il refusa de prêter le serment schismatique de la constitution civile du clergé, et fut en conséquence déporté à l'île d'Aix, où il mourut rongé de vers à l'âge de quarante-deux ans.

L'abbé Coudrin n'eut donc qu'à marcher sur les traces de son pieux instituteur pour devenir lui-même un généreux confesseur de la foi. Après avoir ainsi reçu les premières leçons de la science et de la vertu, il vint achever au collége de Châtellerault le cours de ses humanités, fit sa philosophie à Poitiers où, après quelque temps passé dans un préceptorat, il entra au grand séminaire à l'aide d'une bourse obtenue au concours.

Cependant les temps étaient mauvais. Les nuages qui s'amoncelaient à l'horizon annonçaient un orage imminent. La licence de la presse philosophique allait toujours croissant. De vagues aspirations à une liberté sans limite agitaient les esprits. Le 4 mai 1789, Louis XVI ayant fait l'ouverture des États-Généraux, que ses prédécesseurs n'avaient plus convoqués depuis cent soixante-quinze ans, la tendance au libéralisme ne tarda pas à s'y accentuer avec une nouvelle audace. Après le serment du jeu de paume, l'assemblée nationale s'était déclarée souveraine, et le faible monarque, qui était censé la présider, prit le parti de suivre un mouvement qu'il ne croyait plus pouvoir arrêter; il consentit à l'abolition de toutes les institutions de notre monarchie séculaire, et signa une nouvelle constitution basée sur cette fameuse *déclaration des droits de l'homme* où l'on méconnaissait les droits de Dieu. Dans la séance du 2 novembre 1789 l'assemblée décréta que les biens du clergé seraient mis à la disposition de la nation, et dans celle du 13 février 1790 elle supprima les ordres religieux et abolit les vœux monastiques.

Les choses en étaient là lorsque le jeune Coudrin vint frapper aux portes du sanctuaire. L'Église de France avait plus que jamais besoin de ministres pieux, savants et dévoués. Les directeurs du séminaire de Poitiers crurent trouver ces qualités dans le courageux aspirant; aussi lui permirent-ils de recevoir en un seul jour la tonsure, les ordres mineurs et le sous-diaconat. Ce fut le 3 avril 1790 qu'eut lieu cette ordination, et aussitôt après, par un privilége singulier, les supérieurs ecclésiastiques donnèrent à l'abbé Coudrin la permission de prêcher. Il fit le premier essai de son zèle dans la petite ville de Maillé. Il parla sur le sacrilége, et le fruit de ce discours fut la conversion d'une religieuse qui avait abandonné son saint état, et qui prit plus tard le P. Coudrin pour directeur de sa conscience.

Cependant la révolution continuait le cours de ses attentats sacriléges. Sachant qu'elle ne pourrait disperser le troupeau des fidèles qu'en les séparant de leur premier pasteur, elle voulut donner au clergé de France une constitution civile qui le rendît indépendant du chef suprême de l'Église. Louis XVI, aveuglé par les conseils perfides de deux prélats courtisans, eut la faiblesse de signer cette charte schismatique, le 24 août 1790. Le 27 novembre suivant, l'assemblée constituante décrétait que tous les Évêques et curés qui n'auraient pas fait sous huit jours le serment de fidélité à la constitution civile du clergé, seraient censés avoir renoncé à leur titre. Ce fut le moment de l'épreuve, et comme le van qui sépara la paille du bon grain.

On vit alors quatre Évêques et plusieurs autres membres du clergé régulier et séculier donner le scandale de la défection, les uns par ambition, les autres par surprise ou par crainte. Cependant la plupart demeurèrent fermes dans la foi et s'efforcèrent de prémunir les fidèles contre la séduction. Irrités de cette résistance, les persécuteurs de l'Église en vinrent aux menaces et aux coups. Des femmes chrétiennes et des religieuses furent flagellées pour leur refus de communiquer avec les constitutionnels.

En voyant le spectre de l'impiété révolutionnaire se dresser ainsi devant lui, le lévite de Coussay-les-Bois ne songea à autre chose qu'à s'armer pour la combattre. Son évêque Mgr de Saint-Aulaire siégeait alors à la chambre, où il défendait la bonne cause avec un courage digne de tout éloge. Ce fut l'évêque d'Angers qui imposa les mains à l'abbé Coudrin et le fit diacre le 18 décembre 1790. Peu de temps après, les élèves du séminaire furent obligés de rentrer dans leurs familles. L'abbé

Coudrin revint donc à Coussay, et le jour des quarante heures il prêcha à Maillé son second sermon, qui avait pour objet *les souffrances*. Il y parla de l'abondance du cœur, tout pénétré des maux qu'il voyait fondre sur l'Eglise de Dieu. Il dut ensuite se retirer dans un village voisin pour échapper à la persécution qui commençait à sévir dans le Poitou.

Ceci se passait à la fin de 1790. L'année suivante fut marquée par des événements encore plus sinistres. La populace, ameutée par les démagogues, était venue à Versailles pousser des cris séditieux jusqu'à la porte du palais de son roi. Louis XVI était rentré à Paris plutôt en prisonnier qu'en monarque. Les nobles et les prêtres, ne trouvant plus de sûreté en France, commençaient à émigrer. Au mois de juin Louis XVI veut aussi assurer sa liberté et ses jours par la fuite : il est arrêté à Varennes, ramené à Paris, suspendu de ses fonctions et surveillé comme suspect de trahison. Puis, poursuivant ses exploits criminels, l'Assemblée constituante dépouille le Pape du territoire d'Avignon, et, transformant l'église de Sainte-Geneviève en Panthéon, elle la profane par les restes impurs des coryphées du philosophisme antichrétien. Au mois de septembre, l'Assemblée législative succède à la constituante, et dès ses premières séances elle décrète la déportation des prêtres insermentés, tandis qu'elle ouvre les portes de leurs prisons aux repris de justice, les laissant organiser impunément le pillage et le meurtre. Des massacres ont lieu à Avignon. Un corps de Marseillais marche sur la ville d'Arles avec dix-huit pièces de canon. Le club des jacobins et celui des cordeliers s'agitent à Paris auprès de la Chambre législative; celle-ci se divise en deux factions, celle des montagnards et celle des girondins. La guerre civile est imminente. Une sombre stupeur envahit tous les esprits.

Que va faire l'abbé Coudrin au milieu de tous ces désastres? Il n'était encore que diacre; et la prudence humaine aurait dû l'arrêter au début de la carrière ecclésiastique en des temps si périlleux ; mais une force surhumaine le poussait en avant. La pensée de tant d'âmes privées de leurs pasteurs et livrées à des mercenaires enflamme son zèle et exalte son courage. Il apprend que Mgr de Bonald, évêque de Clermont, est caché à Paris, et qu'il y impose les mains aux derniers volontaires de la milice cléricale. Malgré les périls auxquels il va s'exposer, il veut recevoir l'onction sainte des mains de ce vétéran du sacerdoce. Il arrive à la capitale au mois de février 1792, et le 3 mars suivant il est ordonné prêtre dans la bibliothèque du séminaire des Irlandais, tandis que les révolutionnaires tenaient leur club dans la chapelle de cet établissement.

Il est plus facile d'imaginer que de dire ce qui dut se passer dans l'âme du généreux ordinand pendant cette initiation héroïque. A peine eut-il reçu l'auguste caractère de la prêtrise qu'il commença à faire valoir le trésor qui lui était confié. De retour à Coussay, il eut bientôt à y remplacer le curé de la paroisse, expulsé par les révolutionnaires pour n'avoir pas voulu faire le serment schismatique ; mais il ne put lui-même y demeurer longtemps, car le dimanche suivant, comme il allait monter au saint autel, il vit le maire venir à lui un billet à la main. C'était une lettre d'un prêtre intrus, annonçant que le soir même il viendrait donner la bénédiction du saint-sacrement. Le maire aurait voulu qu'on lût cette lettre en chaire. Sans lui répondre, M. Coudrin dit tranquillement la messe. Puis, le sacrifice achevé, il se tourne vers les assistants et leur annonce qu'un faux pasteur va venir pour les tromper, ajoutant qu'il n'aurait, non plus que sa famille, aucun rapport avec lui. Cette déclaration courageuse affermit les fidèles dans les bons principes et excita la fureur des ennemis de la religion. Ils s'armèrent de piques et de bâtons et vinrent cerner la maison de l'abbé Coudrin, qui n'eut que le temps de s'évader et de s'enfuir jusqu'à Poitiers. Il y fut très-bien reçu par M. l'abbé de Bruneval, administrateur du diocèse, qui lui donna les pouvoirs les plus étendus. L'abbé Coudrin ne crut pas devoir pour le moment en faire usage. Par mesure de prudence, il alla se cacher dans un château, où son cousin M. Maumain était fermier. Ce château, appelé *la Motte*, est situé au bourg d'Usseau, près de Châtellerault. Il était alors habité par Mmes de Viard, qui furent heureuses de conserver les jours de ce jeune prêtre au péril de leur propre vie ; car elles étaient elles-mêmes suspectes pour leur attachement à la religion et à la royauté.

A l'extrémité des bâtiments occupés par le fermier se trouvait un petit grenier si étroit qu'on pouvait à peine s'y tenir debout, et si obscur que, pour avoir du jour et de l'air, il fallait écarter les tuiles du toit. Ce fut dans ce réduit que l'abbé Coudrin demeura caché depuis le mois de mai 1792 jusqu'au mois d'octobre suivant, partageant tout son temps entre l'étude et la prière. Il n'en sortait guère que pour dire la messe dans un cabinet inférieur communiquant par une trappe avec son grenier. Le saint sacrifice achevé, il remontait dans sa cachette, et, présumant qu'il devait rester quelques parcelles consacrées dans son corporal, il se mettait en adoration.

Or un jour qu'il faisait ainsi son action de grâces après la célébration des saints mystères, il se trouva comme transporté en esprit dans une vaste campagne ; il lui sembla voir se grouper autour de lui un grand nombre d'ouvriers évangéliques prêts à partir sur ses ordres pour aller annoncer l'Évangile jusqu'aux extrémités du monde. Ils lui paraissaient vêtus de blanc et formaient comme une longue procession dont on ne voyait pas la fin. A leur suite marchait un cortége de vierges portant un vêtement de même couleur et offrant leur concours aux travaux des missionnaires. Il vit en même temps la maison qui devait être le berceau de cette nouvelle famille. Cette vision lui parut une rêverie, et il tâcha d'en détourner son esprit. Mais une pensée le poursuivait sans cesse : celle des outrages que recevait Notre-Seigneur dans le sacrement de son amour et du grand nombre d'âmes exposées à se perdre, faute des secours de la religion. Comme David, il desséchait de douleur à la vue des prévarications qui se multipliaient autour de lui ; car, du fond de son cachot, il suivait d'un œil attentif l'horrible tragédie qui se déroulait sur le théâtre de la France.

Son hôte M. Maumain le tenait au courant de toutes les nouvelles religieuses et politiques. Il lui apprit au mois de juin que les insurgés avaient envahi les Tuileries, à la suite du refus que faisait le roi de sanctionner le décret de bannissement des prêtres insermentés. A la fin de juillet, il lui fit connaître la marche des Marseillais sur Paris. Bientôt après il dut lui raconter comment une bande de scélérats, sous la conduite de Santerre, avaient massacré les gardes du roi dans son palais, et écroué le monarque et sa famille dans la prison du Temple. C'était vers le même temps que la commune de Paris proscrivait le costume ecclésiastique, dépouillait et profanait les églises et lançait un arrêt de mort contre tous les prêtres fidèles à leurs devoirs. On était à la veille des plus épouvantables catastrophes. En effet, le 2 septembre, deux cents ecclésiastiques étaient assassinés dans le couvent des Carmes ; cette scène de carnage se répétait dans les autres prisons de Paris, et les exécutions sanglantes s'organisaient dans les provinces sous la direction du ministre de la justice, le féroce Danton. Plus de trois mille prêtres durent se réfugier en Angleterre dans ce seul mois de septembre.

Toutes ces nouvelles jetaient l'abbé Coudrin dans une consternation profonde, mais n'abattaient pas sa grande âme. Il relevait son courage par la lecture assidue de l'histoire de l'Église ; et, comparant les luttes précédentes avec le combat du moment, il ne doutait point que le triomphe ne dût succéder à l'épreuve. Il aimait surtout à relire les actes des martyrs et s'animait par leur exemple à verser lui-même son sang pour la défense de la religion.

Le 20 octobre, jour de la fête de S. Caprais, ses yeux tombèrent sur cette page du martyrologe romain: « A Agen dans la

Gaule, naissance au ciel de saint Caprais martyr, qui, étant caché dans une caverne pour se dérober à la fureur de la persécution et apprenant le glorieux combat qu'une vierge nommée Foi soutenait pour le Christ, pria le Seigneur que, s'il le jugeait digne de la gloire du martyre, il fît couler une eau limpide du rocher ; ce que le Seigneur lui ayant accordé, il courut avec assurance sur le champ de bataille, et remporta sous Maximin la palme du martyre par un valeureux combat. »

« Que fais-je ici ? se dit-il en achevant ces lignes. De faibles femmes versent leur sang pour le nom de Jésus-Christ. Mes confrères dans le sacerdoce s'exposent au martyre pour les soutenir dans la lutte, et moi, consacré prêtre, en cette heure suprême je demeure enseveli dans une lâche oisiveté. » Son parti en est pris ; il va se jeter dans l'arène. Aussi bien le lieu qu'il occupe ne lui offre plus de sûreté. Déjà l'éveil a été donné et son arrestation peut être funeste aux habitants de la maison. Il leur fait donc ses adieux et leur offre avant de les quitter le bienfait de l'absolution, leur déclarant que le schisme de l'Église de France ne finira pas avant dix ans. En vain s'efforce-t-on de le détourner de sa résolution. Il franchit le seuil du château, se met à genoux au pied d'un chêne, et, après avoir fait le sacrifice de sa vie, il marche sans savoir où l'Esprit de Dieu le conduira.

III

Les premières courses apostoliques de l'abbé Coudrin eurent lieu dans les environs de Poitiers. Les paroisses de Vaumauray et de Saint-Georges, mais surtout le faubourg de Montbernage, furent les principaux théâtres de son zèle. Il ne sortait ordinairement que la nuit, déguisé en mendiant ou bien en ouvrier, quelquefois même en gendarme. Le jour il se tenait caché dans les bois et dans les cavernes, n'ayant pour nourriture qu'un peu de pain et de fromage et pour boisson qu'une faible piquette. Il ne pouvait rester longtemps dans le même endroit, de peur de compromettre les bons villageois qui lui donnaient l'hospitalité. Il dut même changer plusieurs fois de nom. Il prit d'abord celui de Marche-à-terre ; puis il se fit appeler Jérôme.

Les limites d'une simple notice ne nous permettent pas de raconter en détail les épisodes pleins d'intérêt de cette vie vraiment évangélique. Il nous suffira de dire qu'elle fut semée de périls, signalée par la protection divine et abondante en célestes consolations. Parmi les dangers innombrables qu'affronta l'intrépide missionnaire, nous ne citerons que celui qui faillit l'arrêter au début de sa carrière.

Comme il cheminait à travers les champs, un gendarme le rencontre et lui demande son nom. « Peu importe mon nom, répond le jeune confesseur ; c'est un prêtre que vous cherchez ; je le suis ; vous pouvez m'arrêter ; je n'ai point fait le serment. » Cette courageuse franchise étonna le gendarme et le toucha tellement qu'il offrit à son prisonnier un asile dans sa maison. Dieu ne laissa pas cette bonne action sans récompense. Quelque temps après cet homme revenait sain et sauf d'une campagne où son régiment avait été presque entièrement détruit. L'abbé Coudrin ne fut pas le seul à évangéliser les environs de Poitiers dans ces temps calamiteux. Ses travaux furent partagés par plusieurs prêtres, entre lesquels nous devons mentionner l'abbé Soyer, depuis évêque de Luçon. On les voyait tour à tour baptiser les enfants, administrer les malades, bénir les mariages, entendre les confessions. Comme au temps des catacombes, ils célébraient la messe en tout lieu, tantôt dans une grange, tantôt dans un grenier; ils y faisaient des instructions, distribuaient la sainte Eucharistie, et quelquefois y donnaient la première Communion avec une certaine solennité.

Il y avait à peine quelques mois que l'abbé Coudrin avait commencé cette vie évangélique, lorsque la mort tragique de l'infortuné Louis XVI vint frapper de stupeur le monde entier. Après avoir rompu cette dernière digue, le torrent de la révolution ne trouvait plus d'obstacle à son cours dévastateur. Ce fut le commencement du règne de la Terreur, et l'on vit des flots de sang inonder la France sous les coups des Carrier, des Fouché, des Lebon. — Un an s'était écoulé au milieu de ces horreurs ; l'abbé Coudrin ne trouvait plus de retraites assez sûres dans les environs de Poitiers ; d'ailleurs sa présence était nécessaire en cette ville, où les fidèles étaient décimés chaque jour par de nouvelles persécutions ; il essaya donc au commencement de 1794 de venir s'y fixer, mais bientôt des dangers, auxquels il n'échappa que comme par miracle, l'obligèrent à se réfugier de nouveau à la campagne avec plusieurs ecclésiastiques dont la tête, comme la sienne, avait été mise à prix.

Ces messieurs pensaient qu'en raison de l'imminence du danger il fallait s'abstenir de dire la messe et faire disparaître les bréviaires avec les ornements sacrés. M. Coudrin jugea ces précautions excessives et ne put consentir à se priver de l'aliment qui faisait toute sa force. Il crut même qu'en rentrant à Poitiers il se déroberait plus aisément à la poursuite des méchants ; et le mardi de Pâques 22 avril 1794, il fit son entrée définitive dans cette ville, où il allait bientôt enfanter dans les angoisses l'œuvre qu'il avait conçue deux ans auparavant dans son grenier de la Motte d'Usseau. Il y entra déguisé en garçon boulanger, portant un grand pain rond sur la tête. Il portait en même temps un autre pain sur sa poitrine. C'était le pain de vie dont il était toujours muni pour donner le saint viatique aux moribonds et le prendre lui-même en cas de besoin.

Dès l'année 1793, plusieurs personnes pieuses, sentant le besoin de se soutenir mutuellement dans ces temps agités, avaient formé à Poitiers une association ayant pour but d'honorer d'un culte spécial le Cœur adorable de Jésus, et de lui faire amende honorable pour tous les crimes qui souillaient la France. Elles se réunissaient dans la rue d'Oléron. Elles y avaient un oratoire où elles entendaient la messe, écoutaient la parole de Dieu et recevaient les sacrements, lorsque quelque prêtre venait les visiter. Ce furent elles qui donnèrent asile à l'abbé Coudrin, lorsqu'il vint dans la ville pour s'y fixer.

Il commença dès lors à cultiver ces jeunes plantes avec un soin particulier; il employait une bonne partie de son temps à les instruire, les fortifier et les diriger.

Cependant il ne bornait pas son zèle aux limites de ce petit champ; il ne consacrait à sa culture que les dimanches et les fêtes; les autres jours de la semaine, il allait dans les différents quartiers porter les secours de la religion. Souvent il sortait en plein jour pour aller visiter les malades dont le danger était plus pressant. Plusieurs fois il vit marcher devant lui les agents de police lancés à sa poursuite. Un jour l'un d'eux le rencontra et, ne le reconnaissant pas : « Citoyen, lui dit-il, as-tu vu passer Marche-à-terre ? — Il vient de passer par ici, » répondit le P. Coudrin, en montrant la rue qu'il venait de traverser; et, tournant le dos, il poursuivit sa route sans se déconcerter.

Comme les fidèles accouraient en grand

nombre dans les maisons où il se trouvait, ces réunions éveillaient l'attention des révolutionnaires toujours aux aguets. Un jour qu'il avait confessé toute la matinée dans une maison, les terroristes arrivèrent au moment où il allait se mettre à table. Il voulait se cacher; mais les personnes chez qui il se trouvait, craignant d'être compromises, le forcèrent de sortir, au risque de se faire arrêter. Il avoua depuis qu'il n'avait pas pu s'empêcher d'être sensible à un traitement si dur.

L'esprit des populations avait tellement été perverti par la mauvaise presse que bien des gens simples et ignorants croyaient rendre service à la république en poursuivant les prêtres insermentés. Des habitants de la campagne, revenus depuis à de meilleurs sentiments, ont avoué à l'abbé Coudrin que plusieurs fois ils l'avaient guetté le fusil à la main. Quelques-uns se laissaient gagner par l'appât du gain. De ce nombre fut une malheureuse femme, qui vint un jour frapper à la porte du logis où notre confesseur se tenait caché. « Madame, dit-elle à la personne qui vint lui ouvrir la porte, pourriez-vous m'indiquer un prêtre que j'aille dénoncer ? — Comment ! misérable, répondit cette dame, comment osez-vous me faire une pareille proposition ? — Mais, Madame, reprit cette vile créature, que voulez-vous ! quand on est pauvre il faut bien trouver le moyen de gagner un peu d'argent. D'ailleurs, ajouta-t-elle, ces gens-là font tant de mal à la nation ! »

Les prisons regorgeaient alors d'une foule de personnes coupables d'attachement à la religion et à la royauté. L'abbé Coudrin et son confrère l'abbé Soyer conçurent le généreux dessin d'aller porter à ces nobles victimes les secours spirituels dont elles avaient besoin. Ils parvinrent à gagner un concierge, qui les introduisit pendant la nuit. Enhardi par ce premier succès, M. Coudrin alla jusqu'à dire la messe au sein de la prison. Lorsqu'il apprenait que quelques personnes allaient être mises à mort, il se rendait au lieu du supplice pour leur donner une dernière absolution. Quelquefois même il escaladait pendant la nuit les murs du cimetière pour bénir les tombes des suppliciés.

Un zèle si courageux parut exagéré à plusieurs prêtres dont il censurait la timidité excessive. Il y avait alors environ cent cinquante ecclésiastiques cachés dans la ville de Poitiers. Plusieurs, comme nous l'avons dit, partageaient les travaux de M. Coudrin; d'autres au contraire n'osaient sortir de leurs retraites, même pour porter secours aux mourants. Quelques-uns dénoncèrent l'abbé Coudrin à M. de Bruneval : *Sa conduite*, disaient-ils, *ne peut qu'augmenter la haine des persécuteurs et compromettre ses confrères.* « Messieurs, répondit ce sage administrateur, au lieu de critiquer la conduite de M. Coudrin, vous feriez mieux de l'imiter. D'ailleurs n'êtes-vous pas en partie la cause des dangers qu'il court, puisque, au lieu d'aller le trouver pour vous confesser, vous le faites venir au risque de se voir arrêté? Pour moi, je me croirais bien coupable si j'enchaînais le zèle d'un prêtre qui fait tant de bien. »

Loin de se laisser intimider par ces lâches jalousies, l'abbé Coudrin étendait de plus en plus le cercle de son activité. Le diocèse de Tours ressentit plus d'une fois les effets de son zèle. Dans le printemps de 1794, il s'y rendit à pieds, marchant pendant la nuit et se tenant le jour caché dans les blés.

De retour à Poitiers, l'abbé Coudrin y reprit ses travaux. Il revit surtout avec un plaisir sensible la petite société de la rue d'Oléron. Elle venait de prendre quelques accroissements à la faveur d'un calme passager. Plusieurs personnes du monde, tout en restant dans leurs familles, s'étaient associées à celles qui essayaient la vie commune. Toutes ensemble commençaient à faire l'adoration perpétuelle. Les sœurs de la maison faisaient seules l'adoration pendant la nuit, et celles du dehors venaient à certaines heures du jour les aider dans ce saint exercice. Elles s'adonnaient aussi à plusieurs occupations extérieures, telles que le soin des malades et l'éducation de l'enfance. Il y avait pour cela deux bureaux, celui de la charité, qui pourvoyait spécialement aux besoins des prêtres pauvres et infirmes et des religieuses chassées de leurs couvents, et celui de l'instruction, qui s'efforçait de retirer les enfants, et surtout les enfants pauvres, de l'ignorance où ils étaient plongés par le malheur des temps. Ces personnes n'étaient d'abord liées par aucun engagement; il y avait même parmi elles des personnes mariées, et chacune suivait simplement les avis du directeur de sa conscience. Elles ne tardèrent pas à sentir la nécessité de se donner un chef. Elles choisirent Mlle Geoffroy, qui, tout en demeurant dans sa famille, entreprit la direction générale des diverses branches de cette société. Vers le même temps plusieurs ecclésiastiques qui dirigeaient séparément l'une ou l'autre des associées, se concertèrent de l'agrément de leurs pénitentes et formèrent un conseil de direction, qui se reunissait tous les mois sous la présidence d'un doyen : les associées avaient aussi leurs réunions mensuelles ; mais la diversité des vues empêchait d'arriver à quelque chose d'homogène et de stable.

Dès que M. Coudrin se fut mis en rapport avec les associées et leurs directeurs, il gagna bientôt leur confiance et leur estime, et fut appelé à remplacer par intérim le doyen du conseil des ecclésiastiques. Il se trouvait par là en état d'avoir une part plus active dans la direction de l'œuvre ; son action cependant se trouvait bien restreinte, vu que les résolutions se prenaient à la pluralité des voix et que la sienne était souvent sans écho. Il était toujours poursuivi par la pensée de former une congrégation religieuse; mais il ne trouvait pas encore autour de lui les éléments nécessaires pour une fondation de ce genre ; il résolut donc d'attendre que la volonté du Ciel se manifestât plus clairement. Elle se fit connaître en effet lorsqu'au mois de novembre 1794, Mlle Henriette Aymer de la Chevalerie vint se mettre sous sa direction ; car il reconnut bientôt en elle la coopératrice que Dieu lui destinait, et dès lors ils s'appliquèrent de concert à construire l'édifice dont le plan leur avait été tracé.

Issue d'une noble et ancienne famille du Poitou, nièce de deux évêques, celui de Châlons-sur-Saône et celui de Saint-Claude, Mlle Henriette avait passé sa jeunesse dans le monde. Les agréments de son extérieur, la finesse et la gaieté de son esprit, la beauté de sa voix jointe à une grande connaissance de la musique, la faisaient rechercher dans tous les cercles de la bonne société. Très-jeune encore, elle fut nommée chanoinesse de Malte. Elle avait vingt ans au commencement de la Révolution. Son père était déjà mort; ses deux frères s'étaient rangés sous les drapeaux du prince de Condé; elle se trouvait donc seule avec sa mère. D'un commun accord elles donnèrent hospitalité à un prêtre catholique, qui fut découvert et traîné avec elles en prison. La mère et la fille auraient infailliblement péri si le Seigneur n'avait veillé sur elles.

Une dame de Poitiers, héritière d'un grand nom, avait donné dans tous les écarts de la révolution, sans pouvoir cependant échapper elle-même à ses fureurs; elle se trouva donc enfermée avec Mmes Aymer dans une même prison. Sa conduite précédente n'était pas propre à lui concilier l'estime de ses compagnes de captivité; néanmoins la jeune Henriette, bonne et indulgente par caractère, pensa qu'il valait mieux s'efforcer de ramener cette personne à de meilleurs sentiments, en lui faisant bon accueil, que de mettre un nouvel obstacle à son retour en la repoussant avec indignation; elle lui témoigna donc beaucoup de bonté, et lui rendit tous les services qui étaient en son pouvoir. Cette dame ne fut pas insensible à ces bons procédés, et s'ils ne suffirent pas pour la convertir, ils lui inspirèrent du moins de la reconnaissance pour celle de qui elle avait reçu tant de marques de charité. Aussi, dès qu'elle fut sortie de prison, la première démarche qu'elle fit fut de solliciter l'élargissement de Mlle Henriette et de sa mère. *Je ne puis t'accorder leur délivrance,* lui dit le président du tribunal; *tout ce que je puis faire c'est de retarder leur jugement.* Il le fit en effet, en mettant de côté le dossier de leur procès. Sur ces entrefaites Robespierre périt le 27 juillet 1794, et la persécution se ralentit. A la faveur de ce calme relatif, on parvint à introduire deux prêtres catholiques dans la prison. Mlle Henriette, qui avait concouru à l'exécution de ce projet, mit à profit sa réussite. La vue de l'échafaud qui se dressait devant elle lui avait inspiré de salutaires réflexions. Elle fit une confession générale à l'un de ces prêtres, M. l'abbé Soyer, et eut le bonheur de recevoir la sainte communion. Dès ce moment elle renonça pour toujours au monde et commença à se donner entièrement à Dieu.

Au mois de novembre 1794, Mlle Henriette recouvra sa liberté avec sa vertueuse mère. M. Soyer ayant alors quitté Poitiers, elle se vit obligée de chercher un autre directeur. On lui en indiqua plusieurs, entre autres l'abbé Coudrin, en ajoutant toutefois que c'était un homme d'une grande sévérité. *C'est précisément là ce qu'il me faut*, répliqua-t-elle. C'était bien en effet celui que le Ciel lui destinait. A partir de cette époque, elle fit des progrès rapides dans la perfection. Tout le temps qui n'était pas employé aux soins dus à sa mère, elle le consacrait à la prière. Elle lisait peu et méditait beaucoup. Elle passa plusieurs mois à ne s'occuper que de la douleur de ses péchés; elle s'entretenait presque tout le jour dans la pensée de la présence de Dieu. Cependant elle n'était pas sans inquiétude sur son oraison, elle n'avait encore osé jusqu'ici s'en ouvrir à personne. Les instructions du P. Coudrin, auxquelles elle assistait assidûment, commencèrent à la rassurer. *Je ne me trompe pas*, se disait-elle, *puisqu'il prêche comme je prie*. Cependant, pour plus de sûreté, elle commença à lui ouvrir son intérieur, et bientôt elle s'abandonna entièrement à sa pieuse direction.

Le désir de servir Dieu en la meilleure manière qui lui serait possible la porta à solliciter son entrée dans l'association du Sacré-Cœur. Comme on connaissait sa mondanité passée et qu'on ignorait ses dispositions présentes, on refusa d'abord de l'admettre en cette société ; mais lorsqu'elle eut fourni les preuves de la sincérité de sa conversion, on la reçut comme novice, et bientôt après comme agrégée vers le mois de mars 1795. Elle se fit dès lors remarquer par son amour pour le silence, l'oraison et la mortification. Elle venait chaque matin, un morceau de pain dans sa poche, à la maison commune, située alors rue du Moulin-à-Vent. Elle y passait presque tout le jour en adoration.

Le P. Coudrin ne tarda pas à distinguer cette âme d'élite parmi celles qui s'étaient mises sous sa direction et à fonder sur elle son principal espoir pour le succès de l'œuvre que Dieu lui avait inspirée, et dont le plan se développait peu à peu devant lui.

La France offrait alors un bien triste spectacle. Les temples étaient fermés ou profanés, les prêtres bannis ou massacrés, les élèves du sanctuaire dispersés, les ordres religieux supprimés. Il s'agissait de travailler à réparer ces ruines. Avant tout il fallait des victimes dont la pureté et le sacrifice pussent apaiser le courroux du Seigneur. De plus, comme le mystère adorable de l'Eucharistie avait été l'objet des plus abominables profanations, c'était aux pieds des saints autels que ces victimes volontaires devaient se présenter et faire amende honorable. Leur immolation devait ensuite se réaliser par la mortification soit intérieure soit extérieure, réglée et sanctifiée par l'obéissance. L'éducation de l'enfance se présentait ensuite comme un des besoins les plus impérieux. Des principes subversifs de tout ordre religieux et social pénétraient de plus en plus dans les masses et infectaient surtout la jeunesse abandonnée sans frein à la fougue des passions. Une société religieuse composée de deux branches pouvait seule, en s'emparant à la fois des deux sexes, arrêter ce torrent dévastateur. Il y avait peu d'espoir de voir les anciens ordres religieux se relever prochainement en France; mais une nouvelle congrégation, humble et modeste dans son principe et dans ses développements, avait actuellement plus de chances de succès. Il fallait bien aussi aider et remplacer au besoin, pour l'exercice du saint ministère, le clergé séculier si décimé par la persécution. D'ailleurs la chaire évangélique ne retentissait plus des éloquentes prédications des enfants de S. Dominique, de S. François d'Assise et de S. Ignace de Loyola. Les confessionnaux étaient déserts, les pieuses confréries et les tiers ordres abandonnés. Il s'agissait de suppléer à toutes ces choses; il fallait encore et surtout songer à remédier au mal incalculable que causait la suppression des séminaires en tarissant le sacerdoce dans sa source : l'instruction de la jeunesse cléricale était une des plus urgentes nécessités. Tel était donc l'immense héritage qu'il y avait à recueillir, sans parler des missions lointaines qui devaient être pour la France une source de bénédictions. Une œuvre si gigantesque était évidemment au-dessus des forces humaines. Dieu seul pouvait inspirer la hardiesse de l'entreprendre à un pauvre prêtre destitué de tout secours humain.

Parmi les ecclésiastiques associés à l'abbé Coudrin, aucun ne partageait ses vues à ce sujet; ils pensaient au contraire que c'était une folie de vouloir établir une congrégation religieuse au moment même où tous les ordres monastiques étaient proscrits. On se moquait du fondateur et de la fondatrice. Ce ne sont, disait-on, que deux enfants; ils ne savent ce qu'ils font. Parmi les associées, un petit nombre seulement montrait quelque disposition pour l'œuvre. Le P. Coudrin et la Mère Henriette, après s'être communiqué leurs vues, convinrent de cultiver le mieux possible ces premiers germes, en attendant qu'il plût à Dieu de leur donner accroissement et fécondité.

IV

Tandis que cette congrégation naissante commençait l'œuvre de la réparation, le bras de la justice divine s'appesantissait sur ceux qui l'avaient irritée par leurs crimes. L'hydre de la révolution s'était enivrée du sang des martyrs; ses lèvres étaient encore trempées dans la coupe, lorsque le fer qu'elle avait aiguisé vint abattre plusieurs de ses têtes hideuses. Déjà le 9 thermidor (27 juillet 1794) Robespierre avait expié par une mort violente ses froides atrocités; vingt-quatre de ses complices périssaient avec lui. Deux jours après, quinze charrettes menaient à la guillotine les autres membres de la municipalité proscrite, au nombre de quatre-vingt-onze. C'était le parti jacobin qui triomphait de ses adversaires. Bientôt il dut faire place à la Convention, qui remit le pouvoir exécutif entre les mains du Directoire. La persécution, ralentie pendant quelque temps, reprit alors une nouvelle force, puis se modéra encore. C'est au milieu de ces alternatives d'apaisement et de fureur que l'œuvre réparatrice s'organisait en silence. La reprise des hostilités l'obligea à changer plusieurs fois de domicile. De nouvelles perquisitions venaient sans cesse troubler les adoratrices dans les modestes sanctuaires où elles allaient cacher le divin proscrit.

Un jour les sbires entrèrent au moment où l'abbé Coudrin allait commencer la sainte messe. La chapelle était pleine de fidèles qui étaient venus y assister. Le prêtre n'eut que le temps de se glisser dans sa cachette, et les assistants de s'enfuir par une porte, tandis que les gendarmes entraient par l'autre. Cependant l'une des adoratrices resta courageusement à son poste d'honneur. *Qu'y a-t-il là?* lui dit l'un des gendarmes en lui montrant le tabernacle. — *Le Saint-Sacrement*, répondit-elle. Et comme le perquisiteur semblait ne pas comprendre : *Oui*, ajouta-t-elle, *votre Dieu et le mien.* — *Que faites-vous donc ici?* lui demanda un autre sergent. — *Nous prions*, répondit-elle, *pour vous et malgré vous.* Le ton de fermeté qui accompagnait ces paroles ferma la bouche aux persécuteurs. Ils inscrivirent ces réponses dans leur procès-verbal, et se retirèrent sans aller plus loin.

Ce qui contribuait le plus à soutenir le courage de ces vierges chrétiennes, c'était, après la divine Eucharistie, une image du sacré Cœur de Jésus exposée au-dessus du tabernacle. Elles aimaient à en reproduire des copies : une broderie qu'elles firent à cet effet devint la source de plusieurs grâces extraordinaires qui augmentèrent singulièrement leur dévotion envers ce Cœur adorable.

Dieu voulait sans doute par ces faveurs encourager les fondateurs dans leur sainte entreprise. Ce n'était pas sans besoin ; car l'œuvre ne progressait pas au gré de leurs désirs. La divergence des vues dans les membres de l'association y mettait un obstacle insurmontable ; une séparation était nécessaire. L'abbé Coudrin le voyait bien; mais son humilité et sa charité le faisaient reculer devant cette mesure, qu'il savait devoir être pénible à des confrères qu'il estimait. Il préféra patienter et laisser agir la Providence. Elle agit en effet conformément à ses desseins. Plusieurs des associées, qui avaient un goût plus prononcé pour la retraite et le silence, obtinrent du conseil des ecclésiastiques la permission de choisir M. Coudrin et Mlle Henriette comme leurs supérieurs particuliers, tout en restant sous la dépendance de Mlle Geoffroy. Dès lors elles se chargèrent d'une manière spéciale du pieux exercice de l'adoration, et reçurent de leurs compagnes le nom de solitaires. Peu après elles prirent la laine et une sorte d'habit religieux qu'elles portaient sous leurs vêtements séculiers. Puis, le 25 août 1797, elles prononcèrent des résolutions de pauvreté, de chasteté et d'obéissance.

C'était déjà un commencement ; mais ce n'était pas tout. La réunion des solitaires avec celles de leurs sœurs qui ne voulaient point adopter le même genre de vie offrait plusieurs inconvénients ; elles résolurent de chercher un local séparé, où elles pussent plus librement suivre l'attrait de l'Esprit-Saint. Mlle Henriette Aymer y consacra sa modeste fortune. On fit choix d'une maison située rue des Hautes-Treilles, en un quartier retiré. Avant de conclure l'achat, on voulut avoir l'agrément du P. Coudrin. Il vint donc visiter la maison et dit en y entrant : « Ah ! voilà bien ce que j'ai vu ! » Les personnes qui étaient présentes le prièrent d'expliquer le sens de cette parole qui venait de lui échapper. Il ne crut pas devoir dissimuler une chose qui d'ailleurs lui paraissait si simple ; il parla donc pour la première fois de ce qu'il avait vu dans son grenier de la Motte d'Usseau.

On se disposait à aller habiter cette maison, lorsqu'une nouvelle secousse vint encore agiter la France. Le pouvoir était comme un champ de bataille, où diverses factions se disputaient le terrain, se renversant mutuellement, pour se relever et se renverser encore. Le Directoire, en abolissant les édits de mort, avait occasionné une réaction qui aboutit au coup d'État du 18 fructidor (4 septembre 1797). La persécution recommença, et de Paris s'étendit dans les provinces. Ce n'était plus la guillotine, mais un exil pire que la mort qui venait cette fois décimer les restes du clergé. A Poitiers, M. de Bruneval fut arrêté, et l'on saisit chez lui des papiers où l'abbé Coudrin était représenté à ses confrères comme un modèle de zèle qu'ils devaient imiter. Ce nouveau danger ne fit que hâter le départ pour la maison des Hautes-Treilles où l'on espérait être moins inquiété. La Mère Henriette proposa d'y transporter le Saint-Sacrement, s'offrant de l'accompagner avec ses solitaires et d'y soutenir avec elle l'adoration de jour et de nuit. L'offre fut acceptée, et cette translation eut lieu dans le mois de septembre ou d'octobre 1797.

Les autres associées ne tardèrent pas à venir se joindre aux solitaires de la rue des Hautes-Treilles, dont l'établissement commença à s'appeler la *Grand'Maison*; mais cette réunion devint la source de nouveaux embarras, car la divergence des vues ne cessait point d'exister entre les membres qui composaient l'association. D'un autre côté, la nouvelle habitation fut bientôt dénoncée aux révolutionnaires, qui dès le commencement de 1798 y firent encore une perquisition. Cette fois encore le P. Coudrin eut le temps de se blottir dans une cachette. Il n'en fut pas de même dans une autre alerte, qui eut lieu quelques jours après. Pris en flagrant délit, l'abbé Coudrin se vit forcé de recourir au miracle; il se mit simplement derrière une statue de la sainte Vierge haute de deux pieds et demi, et cette sainte image le déroba à la vue de ses ennemis.

L'année suivante, profitant d'un moment de relâche, il alla avec un autre ecclésiastique faire une petite mission à Verruyes, paroisse à trois lieues de Saint-Maixent. Il eut le bonheur d'y convertir un des principaux habitants, qui vint un cierge à la main faire amende honorable des scandales qu'il avait donnés pendant la révolution.

De retour à Poitiers, l'abbé Coudrin y continua son ministère dans les différents quartiers de la ville ; car les prêtres y étaient peu nombreux et devaient encore s'y tenir cachés. Ces œuvres de zèle ne lui faisaient pas perdre de vue son affaire capitale, la fondation d'une société religieuse. L'heure était venue où le plan divin manifesté à cet humble prêtre allait recevoir son exécution. Un travail d'épuration s'opérait insensiblement dans les éléments primitifs réunis sous sa main. M. l'abbé Perrin venait d'être nommé président du conseil ecclésiastique de l'association : il reconnut la volonté de Dieu et persuada à ses confrères de laisser à M. Coudrin et à Mlle Henriette toute liberté d'action. Dès ce moment l'œuvre commença à prendre une direction sérieuse. Les associées externes se retirèrent et firent une société distincte sous le gouvernement de Mlle Geoffroy ; celles qui avaient déjà choisi M. Coudrin et Mlle Henriette pour supérieurs s'attachèrent à eux plus fortement, et celles qui restaient encore indécises ne tardèrent pas à opter pour l'un ou l'autre parti.

Vers le même temps quelques jeunes gens de bonne volonté vinrent se grouper autour du P. Coudrin, et lui fournirent le premier appoint de cette société de missionnaires dont l'établissement lui avait été révélé. Le premier qui s'attacha à lui fut M. de Vilmors, alors âgé d'environ vingt-quatre ans. Il renonça généreusement à la brillante position qu'il pouvait espérer dans le monde, pour s'enrôler sous le drapeau de la pauvreté religieuse. Il fut admis aux premières épreuves vers la fin de 1798, et prit le nom de frère Bernard. Le second, nommé Lucas, n'avait que dix-sept ans lorsqu'au commencement de 1799 il fut présenté au P. Coudrin. Les malheurs des temps l'avaient forcé à différer jusque-là sa première communion. Le P. Coudrin l'accueillit avec bonté, le prépara à cette grande action, et l'admit à la table sainte à la fin du mois de mai; puis, reconnaissant en lui des dispositions à la vie religieuse, il l'adopta pour le second de ses enfants et le nomma Hilarion.

Pour initier ces jeunes disciples aux travaux du saint ministère, il leur fit faire le catéchisme dans les faubourgs de la Tranchée et de la Cueille. Il fallait pour cela prendre de grandes précautions; car la persécution n'était que suspendue, elle ne finit à Poitiers qu'en 1801. Parmi les enfants catéchisés, plusieurs appartenaient à des parents impies ou schismatiques; on pouvait cependant les réunir dans des maisons particulières, où le P. Coudrin venait de temps en temps les confesser. Après les travaux de la journée, nos missionnaires allaient se reposer aux pieds des saints autels; ils y faisaient l'adoration réparatrice; y récitaient ensemble les heures canoniales; et le reste du temps était consacré à la méditation, aux pieuses lectures et aux études théologiques.

Les sœurs, de leur côté, par leurs aus

térités jointes à la prière, s'efforçaient d'attirer les bénédictions du Ciel sur les travaux de leurs frères. Dès le premier janvier 1799, elles commencèrent ce qu'elles appelaient les grands jeûnes; elles ne mangeaient que du pain bis avec des fruits, des légumes et du laitage. Leur lit n'était qu'une simple planche. Ces austérités, prises de la règle des trappistes de la *Val Sainte*, n'étaient adoptées qu'à titre d'essai; on en tempéra plus tard la rigueur. Les frères, malgré la fatigue de leurs travaux, observèrent eux-mêmes pendant cinq ans le maigre habituel et le coucher sur la planche.

Le moment approchait où ces victimes volontaires allaient consommer leur sacrifice par la profession des vœux. Sur la fin de 1799, les sœurs prirent la robe blanche, symbole de l'innocence qu'exige l'œuvre de la réparation. Le 17 juin de l'année suivante, les vicaires capitulaires approuvèrent leur association et leur donnèrent l'abbé Coudrin pour supérieur; puis le 17 octobre ils confirmèrent l'élection de la Révérende Mère Henriette Aymer de la Chevalerie. Trois jours après, le 20 octobre 1800, fête de saint Caprais, le Père Coudrin prononçait ses résolutions sous le nom de ce saint martyr, dont l'exemple avait déterminé huit ans auparavant sa vocation à l'apostolat. Les frères Bernard et Hilarion firent le même jour leurs résolutions à la suite du bon Père; puis la Mère Henriette et les quatre sœurs : Gabrielle de la Barre, Thérèse Clara de la Garelie, Madeleine Chevalier et Gertrude Godet émirent des vœux temporaires, selon la formule approuvée par l'autorité diocésaine. Elles ne firent d'abord que les deux vœux de chasteté et d'obéissance.

Ce n'était encore qu'un acheminement à la vie religieuse, qui exige, comme on le sait, la profession des trois vœux perpétuels de pauvreté, de chasteté et d'obéissance. Le Père Coudrin et la Mère Henriette résolurent de faire les premiers ce sacrifice avant d'admettre leurs enfants à les imiter. Ils choisirent pour cela la nuit de Noël, estimant à bon droit que leur institut ne pouvait prendre naissance en un jour plus favorable que celui qui a été honoré par la nativité du Sauveur. Toute la petite communauté se trouvait réunie autour du Dieu de la crèche. L'heure de minuit approchait; l'abbé Coudrin attendait dans le silence de l'adoration la plus profonde l'heureux instant où il allait se consacrer irrévocablement au service de Notre-Seigneur et de sa très-sainte Mère. Enfin le moment arriva, et d'une voix forte et animée le bon Père prononça la formule suivante, qu'on a retrouvée dans ses papiers après sa mort : « Le 24 décembre à onze heures trois quarts de la nuit, en l'année 1800, moi frère Marie-Joseph fais vœu de chasteté, de pauvreté et d'obéissance, selon les lumières de l'Esprit-Saint, comme zélateur des sacrés Cœurs de Jésus et de Marie, au service desquels je veux vivre et mourir, au nom du Père et du Fils et du Saint-Esprit. *Amen.* » Puis il monta au saint autel et célébra le saint sacrifice; après quoi il reçut les vœux de la Mère Henriette. Ayant ensuite béni un manteau blanc, il commença à s'en revêtir, comme marque de sa consécration à Marie.

Telles furent les particularités de cet événement si mémorable dans l'histoire de la Congrégation des Sacrés-Cœurs, la profession de ses pieux fondateurs. Le titre de *zélateur des Sacrés Cœurs de Jésus et de Marie*, que prit alors le Père Marie-Joseph, montre assez le cachet qu'il voulait imprimer à son œuvre, ou plutôt à l'œuvre de l'*Esprit-Saint*, dont il affirme suivre en cela *les lumières*. Il voulait donc que son institut fût spécialement dévoué à propager la dévotion aux sacrés Cœurs de Jésus et de Marie, et cela dans un but de réparation, comme il s'en explique ailleurs.

Quant au manteau blanc que bénit notre Père au moment de sa consécration religieuse, il a aussi une signification d'une importance majeure. On y voit un commencement d'exécution du plan conçu dans la retraite d'Usseau. L'habit monastique a toujours été considéré dans l'Eglise comme un des signes distinctifs des ordres religieux; aussi, dans les négociations poursuivies à Rome relativement à l'approbation de notre Société, comme il fut question de prime abord de la mettre sur le pied d'un ordre religieux proprement dit, on traita à cet effet d'une manière spéciale la question de l'habit; le rapport qui fut présenté à ce sujet faisait une mention expresse du manteau blanc bénit et revêtu par notre fondateur au jour de sa profession. Le Saint-Siége, de son côté, fit les plus vives instances pour l'adoption d'un vêtement religieux; il voulut que la question fût traitée dans le premier chapitre général de la Congrégation; elle le fut en effet, et, après la plus mûre délibération, l'habit blanc fut adopté en principe avec un concours des circonstances qui donnèrent à cet acte un caractère exceptionnel de solennité. Cependant, quelque importance que le P. Coudrin attachât lui-même tout d'abord à l'habit de son ordre, il se vit contraint de le quitter, lui et les siens, au bout de trois ans. Les temps étaient trop mauvais pour maintenir alors cette observance, même dans l'intérieur de la maison; d'ailleurs il y avait eu pratique suffisante pour une prise de possession.

V

La profession religieuse du très-révérend Père Marie-Joseph Coudrin fut pour lui comme le début d'une vie toute nouvelle. Voici comment il s'en expliqua lui-même un jour dans une conférence spirituelle qu'il faisait à ses religieux : « Je suis bien misérable, mes pauvres enfants, leur disait-il, le plus misérable de vous tous ; mais, depuis que le bon Dieu m'a appelé à cette œuvre, je suis devenu tout autre. J'ai eu beaucoup de combats à soutenir, beaucoup d'incertitudes à vaincre avant de faire mes vœux. Je prévoyais les peines, les tribulations, les persécutions que j'aurais à supporter ; mais je ne fus pas plutôt lié à Dieu, que je me trouvai tout changé dans ma vie spirituelle. Depuis ce moment j'ai commis bien des fautes que je pleure tous les jours ; mais toutes les fois que je renouvelle mes vœux, ce qui m'arrive quatre ou cinq fois par jour, je me sens consolé. »

Les peines, les tribulations, les persécutions que prévoyait le P. Coudrin avant de faire ses vœux ne tardèrent pas en effet à venir éprouver sa constance. Il eut en particulier à subir ce que S. Paul appelle *periculum ex falsis fratribus*, les attaques des faux frères. Il fut en butte aux sarcasmes et aux calomnies de certains ecclésiastiques jaloux du bien qu'il faisait. Il porta cette croix sans amertume comme sans faiblesse, et laissa à la Providence le soin de le justifier. Il voyait en cela le glaive de Dieu qui frappait une victime dévouée à la réparation.

La Mère Henriette, de son côté, eut beaucoup à souffrir. Aux peines intérieures qui crucifiait son âme vinrent s'ajouter des souffrances corporelles qui plus d'une fois la conduisirent aux portes du tombeau; mais ce n'était pas encore assez pour étancher sa soif des souffrances : pour mieux remplir sa vocation expiatrice, elle s'infligea, sous la direction de l'obéissance, des macérations effrayantes. Son corps était tout macéré par des instruments de pénitence que l'on conserve encore et dont la seule vue fait frémir. Aussi Dieu, qui dévoile ses secrets aux cœurs purs, n'avait rien de caché pour cette âme d'élite; elle fut favorisée de plusieurs vues surnaturelles sur le but et l'esprit de notre institut, ainsi que sur l'avenir qui lui était réservé.

Vers la fin de décembre 1800, le R. Père Coudrin envoya à Paris l'un de ses deux premiers enfants, le frère Bernard, pour y recevoir les ordres sacrés. Il admit peu après deux novices, dont l'un prit le nom de Siméon et l'autre celui de Paul; un troisième vint s'adjoindre à eux dans les premiers jours de janvier suivant; il se nommait David et fut appelé Bruno, puis Isidore. Il témoigna une telle ferveur dès son entrée dans la maison que le bon Père lui permit de faire ses vœux le 2 février 1801. Le P. Hilarion fit également ses trois vœux le même jour, mais seulement pour un an; il les renouvela à perpétuité le 18 avril suivant. Les quatre sœurs que nous avons vu émettre deux vœux temporaires le 20 octobre 1800 firent aussi les trois vœux perpétuels en la même fête. Le bon Père et la bonne Mère voulurent profiter de cette circonstance pour faire une rénovation solennelle de leur profession. Tous se préparèrent à cette grande action par un redoublement de ferveur. Le jour étant arrivé, le bon Père, après une exhortation touchante adressée à ses enfants, commença par faire une amende honorable un cierge à la main; il prononça ensuite la formule de ses vœux; puis il se prosterna par terre : on étendit sur lui un drap mortuaire et l'on récita quelques prières analogues à l'état de mort mystique qui résulte de la profession. La même cérémonie fut répétée pour les PP. Isidore et Hilarion, ainsi que pour la révérende Mère Henriette et ses quatre filles ; et cet usage, approuvé depuis par le Saint-Siége, s'est toujours maintenu dans la Congrégation.

Le 20 mai de cette même année 1801, l'administrateur du diocèse M. de Mondion approuva, provisoirement encore, la branche des frères sous le titre de *Société apostolique* ayant pour objet de *travailler au bien de l'Église*, et par là la Congrégation des Sacrés-Cœurs reçut le complément de sa première forme canonique. Il ne lui restait plus qu'à se consolider et à se propager, et c'est ce qu'elle fit rapidement.

Dans les premiers mois de 1800, les sœurs avaient déjà entrepris l'éducation gratuite de quelques enfants pauvres de leur sexe. C'était une œuvre à laquelle les fondateurs attachaient la plus grande importance ; aussi les frères ne tardèrent-ils pas à en faire autant de leur côté. De plus, ils commencèrent vers le même temps l'instruction de la jeunesse cléricale, l'un des principaux buts de notre Congrégation. Quelques aspirants à l'état ecclésiastique s'étant donc présentés au P. Coudrin, il les admit avec empressement en attendant la réouverture du séminaire; et vers le mois de juin 1801, il chargea de leur donner des leçons le P. Hilarion, qui n'avait encore que dix-neuf ou vingt ans, mais dont les talents précoces révélaient une aptitude exceptionnelle pour l'enseignement.

Peu après la nouvelle famille s'accrut d'un membre qui fit éclore les plus belles espérances. M. l'abbé de Beauregard ex-vicaire général de Luçon, frère d'un martyr et lui-même confesseur de la foi, renonça aux honneurs qu'il pouvait espérer dans le monde pour embrasser un institut qui ne lui promettait que la pauvreté et l'oubli. Il fit ses résolutions sous le nom de frère Polycarpe; mais Dieu avait d'autres desseins sur lui. Il ne resta pas longtemps parmi nous. Il devint grand-vicaire de Poitiers, puis évêque d'Orléans; mais dans ces hautes positions il n'oublia jamais l'humble Congrégation dont il avait pu apprécier l'esprit, et dans les lettres qu'il écrivit au P. Coudrin, il lui témoigna toujours le plus profond respect et le plus sincère attachement.

A la perte d'un sujet si brillant vint s'adjoindre celle du frère Bernard. Envoyé à Paris, comme nous avons vu, pour y prendre les ordres sacrés, il confirma d'abord les espérances qu'il avait fait concevoir en supportant avec courage quelques jours d'emprisonnement ; mais sa constance fut bientôt mise à une épreuve plus difficile. Son père, qui revenait de l'exil, le rencontra à la capitale, et s'efforça de le détourner de sa vocation. Frère Bernard résista d'abord à ces sollicitations ; il revint même à Poitiers, où il fit ses vœux pour un an ; mais au bout de ce temps il prit le parti de se retirer. On le regretta d'autant plus que sa conduite avait toujours été pour ses frères un sujet d'édification.

Une épreuve d'un autre genre vint encore affliger nos pieux fondateurs ; ce fut la mort de plusieurs sœurs, qui eut lieu dans les mois d'avril et de mai de l'année 1801 ; mais cette croix ne fut pas sans onction, car le décès de ces premières victimes de l'amour des divins Cœurs fut accompagné des circonstances les plus édifiantes. L'une d'elles, sœur Thérèse-Clara de la Garélie, était éprise d'un tel amour pour l'adorable sacrement, qu'elle eût voulu rester toujours aux pieds des saints autels; elle était, comme elle l'avouait elle-même, dévorée du désir de voir se propager notre ordre; elle voulut mourir sur la cendre et rendit sa belle âme à Dieu le troisième mois après sa profession.

La sœur Madeleine Chevalier la suivit de près dans la tombe. C'était aussi une ardente zélatrice; elle avait sauvé l'image du Sacré Cœur que les compagnes de Mlle Geoffroy voulaient emporter avec elles en se retirant de la Grand'Maison. Elle finit sa vie à l'âge de quarante-cinq ans, accablée d'infirmités, mais remplie de consolations célestes. Peu de jours avant sa mort elle s'était refusée aux instances de son frère qui voulait l'emmener chez lui pour lui procurer du soulagement.

Tandis que notre Congrégation donnait ainsi au ciel les prémices de ses fruits, elle s'enracinait sur la terre. Vers le commencement du carême de cette même année 1801, le F. Isidore partit pour aller recevoir les saints ordres des mains de Mgr Daviau, archevêque de Vienne. Il fit ce voyage à pied et parvint à trouver le pieux prélat alors caché dans le Vivarais. Le vénérable archevêque l'accueillit avec bonté, et, après lui avoir conféré l'onction sacerdotale, il le chargea d'exprimer à notre fondateur tout l'intérêt qu'il portait à son œuvre. Ce fut une grande joie lorsque cet aîné de la famille put célébrer sa première messe en présence du bon Père et de la bonne Mère, de ses frères et de ses sœurs, dans le modeste oratoire de la Grand'Maison. Ainsi entouré de ses enfants le P. Marie-Joseph ne songeait qu'à faire le bien en silence sur le théâtre de ses premiers travaux, lorsque la voix du Seigneur appela cette société naissante à dilater ses pavillons pour étendre l'influence des divins Cœurs.

Le Concordat venait de rendre la paix à l'Église ; les évêques et les prêtres exilés rentraient en France ; on commençait à pourvoir aux siéges vacants. Mgr de Rohan-Chabot, ancien évêque de Saint-Claude, revint à Poitiers, où il avait été chanoine de Saint-Hilaire avant sa promotion à l'épiscopat. Il arriva au commencement de l'automne 1801. La Mère Henriette, qui était sa proche parente, alla le voir et lui parla de notre établissement. Il goûta beaucoup le plan de cette œuvre et s'y intéressa vivement. Il entra même en des relations intimes avec notre pieux fondateur. Peu de temps après, il fut nommé à l'évêché de Mende, qui venait d'être uni à celui de Viviers. Cette dernière partie de son diocèse était dans un triste état. Mgr de Savines y avait donné le scandale d'une apostasie publique ; plusieurs de ses prêtres, entraînés dans le schisme par son exemple, persévéraient dans leur rébellion contre l'Église ou ne revenaient à l'unité catholique que par des calculs intéressés. Il y avait en outre dans ces contrées un grand nombre de protestants. En présence d'une mission si laborieuse, Mgr de Chabot sentait le besoin d'appeler à son secours un auxiliaire zélé, ferme et prudent. Il jeta pour cela les yeux sur l'abbé Coudrin. Celui-ci n'eût pas reculé devant le travail et la fatigue ; mais comment s'éloigner si tôt du berceau de sa Congrégation. Il se demanda cependant si ce n'était pas un moyen ménagé par la Providence pour en procurer l'extension. Il pria, il réfléchit et se décida enfin à accepter la proposition qui lui était faite. Dieu se chargea de justifier cette entreprise, téméraire en apparence ; car Mende devint bientôt une pépinière abondante pour les deux branches de notre institut.

Ce fut dans le cours du mois de juin 1802 que le P. Coudrin arriva à Mende avec Mgr de Chabot. Nous n'entreprendrons pas de rapporter ici tout le bien qu'il fit dans ce diocèse. Nous reviendrons plus tard, s'il plaît à Dieu, sur ces détails et sur bien d'autres qui pourront entrer dans le plan d'une histoire complète de notre Congrégation. Pour le moment, nous nous contenterons de dire que le ministère du T. R. P. Marie-Joseph dans les montagnes du Gévaudan fut abondant en fruits de bénédictions. Il releva le séminaire diocésain de ses ruines, rétablit le pèlerinage de S. Jean-François Régis à La Louvesc, fonda à Mende un double établissement de son ordre, et de là envoya à Cahors une nouvelle colonie de frères et de sœurs. Il travailla aussi avec succès à évangéliser les peuples des villes et des campagnes et à ramener les protestants.

Tant de bonnes œuvres auraient dû lui conquérir l'estime générale; il y eut cependant quelques ecclésiastiques qui furent jaloux de l'ascendant dont il jouissait auprès de l'Évêque et formèrent un parti contre lui. Il ne fallait plus qu'une étincelle pour faire éclater l'orage : elle ne tarda pas à se produire, et ce fut son zèle à maintenir la discipline ecclésiastique qui fournit des armes contre lui.

Le 30 janvier 1803, Mgr de Chabot, après avoir obtenu le consentement de Mgr Bailli nouvellement promu au siége de Poitiers, avait conféré à l'abbé Coudrin le titre de vicaire général pour tout son diocèse, et le 24 mai suivant il le nommait archidiacre de la partie qui comprenait le département de la Lozère. On eût voulu contraindre l'évêque de Mende et son grand-vicaire à donner des pouvoirs aux prêtres jureurs qui n'avaient pas encore rétracté leur serment. Ils s'y refusèrent constamment, et même ne craignirent pas d'interdire quelques prêtres scandaleux soutenus par des personnages influents. Vers le commencement de 1804, l'abbé Nogaret, évêque intrus de la Lozère, vint à mourir, sans avoir voulu abjurer ses erreurs et réparer le scandale de sa consécration sacrilége. Le curé de la Canourgue, sur la paroisse duquel il était décédé, dut, par ordre de Mgr de Chabot, lui refuser la sépulture ecclésiastique. On fit honneur à l'abbé Coudrin de cet acte de fermeté épiscopale, qui passait pour un délit aux yeux du gouvernement.

M. Chaptal, originaire de Mende, était alors ministre de l'intérieur; on lui dénonça donc l'abbé Coudrin comme un homme turbulent, qui mettait le désordre dans tout le diocèse. On se plaignit en même temps de l'Évêque, comme d'un prélat faible qui se laissait gouverner par son grand-vicaire. Ces imputations produisirent l'effet qu'on s'en était promis. Le ministre se laissa prévenir contre les accusés et prit fait et cause pour les mécontents. Il voulut contraindre Mgr de Chabot à renvoyer son vicaire général; et comme l'évêque de Mende se montra inflexible à cet endroit, un mandat d'arrêt fut lancé contre l'abbé Coudrin. Heureusement la nouvelle en parvint à ses oreilles avant que l'ordre ne fût transmis à celui qui devait l'exécuter. Il se hâte d'en informer l'Évêque. Celui-ci, se sentant frappé en la personne de son grand-vicaire, veut aller avec lui braver l'orage à son point de départ. Ils montent tous deux en chaise de poste, et, luttant de vitesse avec les agents de la police, ils arrivent à Paris et tombent à l'improviste dans l'antichambre de M. Chaptal, et de là se rendent chez le ministre des cultes M. Portalis, qu'on avait aussi prévenu contre eux. Ces deux personnages se trouvèrent déconcertés par la hardiesse d'une démarche si inattendue. Ils écoutèrent la justification qui leur fut présentée et donnèrent de bonnes paroles aux deux accusés.

Mais tout n'était pas fini pour cela : les adversaires du P. Coudrin multipliaient les accusations contre lui ; on le représentait comme un fanatique et un intrigant ; on lui reprochait d'avoir fondé une société qui n'était pas dans les principes du gouvernement, non plus que dans l'esprit du siècle. On réussit à prévenir contre lui des sénateurs, des ministres, des évêques. Le cardinal de Belloy, archevêque de Paris, qui lui avait d'abord donné des pouvoirs pour tout son diocèse, se laissa aussi influencer par tous ces bruits. Enfin Napoléon, encore premier consul, mais sur le point de se faire proclamer empereur, ne crut pas au-dessous de lui de s'occuper de cette affaire. Il manda l'évêque de Mende, lui fit des reproches au sujet du refus de sépulture en question, et lui demanda s'il

avait puni le curé coupable de ce délit.
« Non, général consul, répondit Mgr. de
Chabot ; car il n'a fait que son devoir. »
Napoléon fut frappé de la fermeté de cette
réponse et ne répliqua rien. Bien plus,
quelques jours après, vers la fin de juin
1804, il signa le décret qui donnait à
l'abbé Coudrin le titre légal de grand-vicaire de Mgr. de Chabot.

Vers le même temps plusieurs personnages se déclarèrent en faveur de l'abbé
Coudrin. Un député de la Lozère, qui était
en même temps conseiller d'État, M. Pelet,
quoique protestant, lui avait rendu bon
témoignage. Portalis de son côté avoua
qu'on l'avait trompé ; il fit même connaître
à Mgr de Chabot plusieurs choses qui décelaient les trames ourdies contre lui et
contre M. Coudrin. Le prélat indigné retira ses pouvoirs à l'un de ses vicaires généraux, qu'il crut avoir abusé de sa confiance en favorisant ce complot. Il interdit
en même temps un autre ecclésiastique
pour le même sujet. Le P. Marie-Joseph
n'était pour rien dans ces actes d'autorité ;

ils lui furent cependant attribués. Aussi, lorsque la nouvelle en fut arrivée à Mende, il y eut une véritable émeute dans la ville. Les Pères des Sacrés Cœurs entendirent proférer contre eux des menaces. On fit plus : on assiégea leur maison à coups de pierre, ainsi que le couvent des sœurs ; une religieuse fut atteinte par un de ces projectiles, et mourut peu après d'une maladie qu'on regarda comme la suite du coup qu'elle avait reçu. Ceci se passait au mois d'août 1804. Le 8 de ce même mois, la Mère Henriette arrivait à Paris, mandée par le bon Père, pour y fonder une nouvelle maison. C'est ainsi que le vent de la persécution, au lieu d'abattre le jeune arbustre de notre Société, ne faisait que jeter au loin la semence qui devait le propager.

Une demoiselle de Quemmerais, qui habitait Paris depuis quelques années, désirait se consacrer entièrement au service de Dieu ; ayant vu le P. Marie-Joseph, et connu par lui le but de notre institut, elle voulut y entrer. Ce fut dans sa maison, rue d'Argenteuil, que descendit la Mère

Henriette ; mais le local était trop petit pour y fonder un établissement ; on loua donc une maison située sur la place Vendôme. Le maire de cet arrondissement se montra très-favorable à la fondation, et dès le 3 septembre la bonne Mère entrait en jouissance de cette nouvelle maison ; elle y fit venir quelques sœurs, y reçut des novices et y commença l'adoration.

Le P. Coudrin de son côté s'occupait activement de son œuvre. Malgré les embarras de sa position, il eut un instant la pensée de faire reconnaître son institut par Napoléon, qui venait de fonder l'Empire ; mais il ne tarda pas à s'apercevoir qu'il n'y avait rien de bon à attendre de la part d'un gouvernement qui regardait la religion comme un des ressorts de sa politique, et non point comme la base de son autorité. Il eut même sujet de craindre pour l'avenir de sa Congrégation en apprenant ce qui venait de se faire à l'égard d'une société qui avait beaucoup de rapports avec la nôtre.

Dès l'année 1800, M. l'abbé Clorivières,

de concert avec Mgr de Pressigny évêque de Saint-Malo, avait formé une association du Sacré-Cœur, conçue sur un vaste plan. Un de nos amis de Poitiers, M. l'abbé Perrin, avait vivement sollicité notre Père fondateur de fusionner son œuvre avec cette société ; mais le bon Père avait compris que cette affiliation ferait perdre à à notre institut son esprit propre et sa physionomie individuelle ; il n'accepta donc point l'alliance en question. Il put s'en applaudir lorsqu'en 1804 un décret impérial vint supprimer cette association. Il y avait cependant lieu de craindre que notre Congrégation ne subît le même sort, d'autant plus que, sur la fin du mois de juin, un autre décret impérial supprima toutes les congrégations religieuses, à l'exception des sœurs de Charité.

Ces attentats inspirèrent, il est vrai, à notre fondateur de légitimes appréhensions, mais elles n'ébranlèrent point l'espérance qu'il avait établie dans le secours d'en haut. « Ne perdez point courage, écrivait-il à la supérieure du couvent de Cahors, ne perdez point courage, ni les personnes de mes amis qui font le bien si généreusement dans votre ville. J'ai la confiance que Dieu couronnera votre œuvre d'un heureux succès. »

Cependant les adversaires du P. Coudrin ne cessaient de lui faire une vive opposition ; ils eussent voulu forcer Mgr de Chabot à lui retirer, de guerre lasse, les pouvoirs qu'il lui avait donnés, ce qui eût été une sorte de désaveu de sa conduite. Le pieux évêque de Mende vit bien le piége qu'on lui tendait ; aussi ne voulut-il à aucun prix séparer sa cause de celle de son vicaire général : c'était à ses yeux une question de principes bien plus que de personne. C'est pourquoi, voyant l'insistance avec laquelle on poursuivait celui qui représentait sa ligne de conduite aussi bien que son autorité, il résolut de quitter un diocèse dans lequel il ne croyait plus pouvoir faire le bien. Le P. Coudrin pensait au contraire que les intérêts de l'Église demandaient que ce saint prélat n'abandonnât point son troupeau. Il fit tout ce qu'il put pour le détourner de ce dessein ; mais ce fut inutilement ; car Mgr de Chabot persista à offrir sa démission, qui fut enfin acceptée au commencement du carême de 1805.

Ainsi délivré des soucis que lui causait son titre de vicaire général, le P. Coudrin put se livrer avec plus de liberté aux œuvres du saint ministère pour lesquelles il avait toujours un attrait tout particulier. Dès son arrivée à Paris, il s'était mis à prêcher, d'abord à la Salpêtrière, puis en diverses paroisses de la capitale, et spécialement à Saint-Roch, où ses travaux produisirent les plus heureux fruits. Aussi lorsque Pie VII vint en France pour le couronnement de l'empereur, ce fut l'abbé Coudrin qui eut l'honneur de porter la parole en présence du Souverain Pontife, dans une cérémonie religieuse qui eut lieu à Saint-Roch, le 29 décembre 1804. Loin de se prévaloir de cet avantage pour améliorer sa position, le bon Père continua modestement ses fonctions de prêtre auxiliaire, employant tout son temps à prier, prêcher et confesser; mais sa réputation le suivait comme l'ombre qui s'attache au corps qui la fuit; on accourait à lui de tous côtés, et il ne pouvait suffire à entendre les pénitents qui voulaient s'adresser à lui. C'est dans ces circonstances qu'il fonda, sans dessein prémédité, la maison qui devint le chef-lieu de son ordre.

V.

Tout ce que nous avons dit jusqu'ici, sur la formation de notre Institut, sur les persécutions dont il a été l'objet dès son berceau, et sur les circonstances qui ont déterminé l'établissement de sa maison-mère auprès de la chapelle expiatoire des crimes de la Révolution, explique suffisamment la mission providentielle qui a fait coïncider sa naissance avec le siècle où nous vivons. Nous ne pourrions pas, sans nous éloigner de notre plan, poursuivre davantage l'histoire détaillée de notre Congrégation; nous nous contenterons donc d'esquisser rapidement les principaux traits qui achèveront de la peindre, et donneront la raison de l'acharnement spécial dont elle a été l'objet dans ces derniers temps.

Ce fut vers la fin de 1804 que le P. Coudrin et la Mère Henriette Aymer de la Chevalerie entrèrent en pourparlers avec la société des souscripteurs. Sept ou huit filles des Sacrés-Cœurs se tenaient déjà en adoration, jour et nuit, au centre de Paris, cette Babylone des temps modernes, ivre du sang de ses martyrs. On avisa à les installer près du cimetière dont la garde allait leur être confiée. On rédigea un cahier de charges expliquant les droits et les obligations des deux parties contractantes. La Congrégation des Sacrés-Cœurs s'obligeait, en la personne de Mme Aymer, se portant comme locataire, à faire célébrer annuellement un service solennel pour le repos de l'âme des victimes : tous les jours la sainte messe devait être offerte à la même intention, excepté les dimanches et fêtes. De son côté, la société des familles intéressées, tout en conservant la propriété de l'immeuble, en accordait la pleine jouissance aux dames adoratrices, moyennant un certain prix de location. Le bail fut d'abord consenti pour trente ans, puis renouvelé à diverses reprises. Les susdites charges ont été jusqu'ici fidèlement accomplies par les membres de notre Congrégation. La chapelle de l'établissement a reçu successivement des augmentations et des embellissements, parmi lesquels il faut compter l'inscription des noms des victimes sur des plaques de marbre qui garnissent entièrement les murs latéraux des deux bras de la croix. Sans être un monument, cet oratoire présente un ensemble de propreté et de simplicité architecturale qui le rend très-convenable à sa destination.

A peine les religieuses des Sacrés-Cœurs furent-elles installées dans leur nouvelle demeure, qu'elles joignirent à l'adoration perpétuelle l'œuvre de l'éducation, qui est un de leurs principaux buts. Elles commencèrent par l'école gratuite, selon l'esprit de leur institut ; bientôt après, elles ouvrirent un pensionnat qui leur procura des moyens de subsistance et répandit dans les diverses classes de la société le bienfait d'une éducation chrétienne à la fois solide et simple. Elles achetèrent une partie des bâtiments qui avoisinaient le terrain de location, et leur couvent de Picpus devint une maison-mère que Dieu bénit par une heureuse fécondité. Outre les établissements de Poitiers, de Mende, de Cahors et de Laval, qui précédèrent celui de Paris, les religieuses de l'adoration virent se former jusqu'à quinze maisons du vivant de leurs fondateurs ; à savoir ceux du Mans, de Séez, de Sarlat, de Rennes, de Tours, de Troyes, de Mortagne, de Sainte-Maure, d'Alençon, de Rouen, d'Yvetot, de Châteaudun, de Coussay, de la Verpillière et de St-Servan. Ces trois dernières furent établies entre la mort de Mᵐᵉ Aymer et celle du P. Coudrin. Toutes ces fondations eurent pour base la sainte pauvreté et commencèrent ordinairement, malgré le petit nombre des sujets, par l'adoration perpétuelle et par l'école gratuite.

Nous devons mentionner ici un précieux trésor qui vint enrichir la maison de Picpus dès l'année 1806 : je veux parler de la statue miraculeuse de Notre-Dame de Paix. Cette sainte image appartenait autrefois aux ducs de Joyeuse. Un membre de cette famille, en entrant chez les Capucins, y apporta ce précieux trésor. Après la grande révolution, il devint la propriété de Mme d'Albert de Luynes, qui en fit don à la Mère Henriette. La translation de ce monument eut lieu le 6 mai.

Tandis que l'établissement des sœurs se développait et se propageait ainsi, le nôtre se formait et s'étendait pareillement sous la direction de notre Père fondateur. Le quartier de Picpus n'était guère qu'un désert quand il vint y fixer le centre de ses opérations. On y voyait un amas de guinguettes où se divertissaient les faubouriens. Le P. Marie-Joseph acheta plusieurs de ces masures et y installa une colonie de ses religieux, qu'il fit venir de Mende, au mois de juin 1805, et qui commencèrent par ouvrir une école gratuite en faveur des enfants pauvres. Rien de plus simple ni de plus modeste que la vie de ces successeurs des anciens frères de Picpus ; leur table était plus que frugale, leurs vêtements sans aucun luxe, et leur logement si exigu qu'une même pièce devait servir tour à tour de salle d'étude et de réfectoire.

Dieu se plut à bénir ces commencements : à côté de l'école gratuite s'éleva un collége, qui en peu de temps devint très-florissant. Plusieurs étudiants, élevés dès l'enfance soit à Picpus soit dans les autres maisons de la Congrégation, s'y attachèrent et en prirent tellement l'esprit qu'ils ne voulurent pas en sortir : de là un noviciat et une maison d'études pour les jeunes profès. Ces deux institutions furent d'abord plus ou moins mêlées avec le collége ; car les choses ne s'organisèrent que peu à peu. La maison de Picpus commençant à jouir d'une certaine réputation, plusieurs aspirants au sacerdoce voulurent y venir faire leurs études théologiques ; ils y furent bien accueillis et formèrent le premier noyau du séminaire de Picpus, d'où sortirent des docteurs et des professeurs en Sorbonne, qui combattirent avec courage les tendances gallicanes de cette école.

En 1814, après la rentrée des Bourbons, plusieurs évêques d'Irlande, espérant recouvrer leur ancien séminaire de la rue des Postes, envoyèrent à Paris quelques étudiants pour l'état ecclésiastique. Leur espoir fut trompé, et ces jeunes gens se trouvèrent ainsi sans ressources en un pays étranger; mais la charité inépuisable du P. Coudrin vint alors à leur secours. Heureux de pouvoir acquitter sa dette de reconnaissance pour l'hospitalité qu'il avait reçue au séminaire des Irlandais à l'époque de son ordination, il accueillit gratuitement d'abord quatorze de ces émigrés; leur nombre alla ensuite en augmentant, et ils étaient environ soixante lorsque la révolution de 1830 vint encore chasser de France ces nobles enfants de la catholique Irlande.

Picpus n'était pas seulement un foyer de science : on y cultivait aussi la piété. Le P. Marie-Joseph en inspirait le goût à ses disciples plus encore par ses exemples que par ses paroles. Voici ce que rapporte son biographe, le P. Hilarion, qui fut aussi l'un de ses deux premiers enfants : « Il donnait à la prière tous les moments qui n'étaient pas consacrés aux travaux de son saint ministère et aux autres bonnes œuvres extérieures. Dans les intervalles qu'il pouvait avoir de libres, ou il disait son chapelet, ou bien il méditait les vérités éternelles. Continuellement il pensait à Dieu : il employait la plus grande partie des nuits à s'entretenir avec le Seigneur ; il ne pouvait prononcer le nom de Jésus sans éprouver une joie intérieure qui se manifestait au dehors. Oh ! que ce nom de Jésus est beau ! disait-il un jour devant moi. On ne doit pas être surpris si, quand il offrait le saint sacrifice de la messe, il inspirait le respect par son recueillement profond. On a remarqué de lui, comme de S. Philippe de Néri, qu'alors son visage était enflammé, surtout au moment de la communion. »

Pour initier ses élèves au ministère évangélique, il les conduisait souvent aux cérémonies religieuses qu'il devait présider. Plusieurs d'entre eux ont conservé, après un demi-siècle, l'impression toujours vivace des prédications du bon Père à Saint-Roch dans les stations du chemin de la croix. Son zèle pour annoncer la parole de Dieu ne connaissait point de bornes. Il parlait avec tant de feu que la voix lui manquait quelquefois au milieu de son sermon. Il tomba même un jour de défaillance dans la chaire, et l'on crut qu'il y allait expirer. On le vit, en 1807, prêcher les stations du carême dans quatre églises de Paris. Outre cela, il faisait chaque dimanche le prône à sa communauté pendant la grand'messe, qu'il célébrait le plus souvent lui-même avec une piété angélique.

Il consacrait aussi beaucoup de temps au ministère du sacrement de pénitence. Un grand nombre de personnes venaient le trouver à Picpus des différents quartiers de Paris pour lui confier la direction de leur conscience. Il allait lui-même confesser les malades qui réclamaient son ministère, et souvent il leur portait des secours temporels avec ceux de la religion. C'est encore lui qui confessait du moins au commencement les frères et les sœurs, les novices et les pensionnaires des deux maisons ; car tous avaient en lui une confiance sans bornes, et les paroles qui sortaient de sa bouche allaient tout droit au cœur.

A son exemple, les enfants des Sacrés-Cœurs s'adonnaient avec zèle aux travaux du saint ministère; les uns faisaient le catéchisme, d'autres prêchaient ou confessaient; quelques-uns remplissaient les fonctions de prêtres auxiliaires en divers lieux du diocèse ; c'est ainsi que l'un d'eux a desservi provisoirement pendant assez longtemps la paroisse de Charonne, et qu'un autre a eu durant quelques années le titre de curé de Villemonble, dont il a reconstruit l'église.

Tout en cultivant ainsi la piété et le zèle dans l'âme de ses enfants, le bon Père n'oubliait pas d'y entretenir une sainte émulation pour les sciences ecclésiastiques. C'est dans ce but qu'il consentit, sur les instances de M. l'abbé Burnier, doyen de la Sorbonne, à faire suivre les cours théologiques de cette université par quelques-uns de ses disciples. L'un d'eux, le R. P. Hilaire Maigret, s'y distingua si bien qu'il fut appelé à remplir les fonctions de professeur de dogme, comme suppléant de M. l'abbé Groult, ancien bénédictin. Malgré ses nombreuses occupations, le P. Coudrin trouvait encore le temps de faire lui-même à Picpus une classe de théologie, à laquelle assistaient, outre les scolastiques, tous les prêtres de la maison. C'est dans ces conférences qu'il faisait part à ses disciples des fruits de sa propre expérience ; aussi nos anciens Pères profitèrent-ils plus d'une fois de cette ouverture pour lui dérober des secrets que son humilité eût voulu tenir cachés. Mais ce qu'il avait le plus à cœur dans ces entretiens c'était d'inculquer à ses élèves un inviolable attachement au Saint-Siége et à toutes ses doctrines, surtout relativement à l'institution canonique des évêques, question qui agita beaucoup les esprits au moment de l'intrusion de l'abbé Maury. On vit alors un prêtre de

Picpus, le P. Hilarion, attaquer vigoureusement et avec succès les idées gallicanes qui se produisaient dans une thèse de doctorat.

La maison de Picpus n'était pas seulement un foyer de science théologique, c'était aussi un lieu de retraite pour d'illustres prélats; nous n'en citerons ici que deux. Le premier, Mgr Duchilleau, ancien évêque de Châlons-sur-Saône, avait commencé durant son exil d'Angleterre à se désabuser de certains préjugés dont il n'apercevait pas d'abord les conséquences extrêmes. Son séjour à Picpus acheva de l'affermir dans les principes de la saine doctrine; aussi lorsque, après sa réconciliation avec le Saint-Siége, il se vit nommé à l'archevêché de Tours, il ne voulut confier qu'à des prêtres de Picpus la direction de son grand et de son petit séminaire. Le second, Mgr de Chabot, s'était retiré à St-Mandé après sa démission de l'évêché de Mende. Pour se rapprocher davantage de son cher abbé Coudrin et de sa nièce Mme Aymer, il acheta un hôtel contigu à l'une et l'autre maison de Picpus. C'est là qu'il passa le reste de ses jours, dans une touchante intimité avec son ancien grand vicaire. On les voyait prendre ensemble leurs repas, puis se promener dans un petit jardin dépendant du pavillon épiscopal. On montre encore un buis qu'ils y plantèrent et qui est devenu un grand arbre monument de leur constante amitié. Ce bon prélat mourut dans cette retraite le 28 avril 1819. Il fut enterré au cimetière de Picpus, où il repose encore entre le P. Coudrin et la Mère Henriette.

VII

Après avoir crayonné par ces quelques traits l'intérieur de Picpus, nous allons dire un mot de son expansion au dehors. Une de nos premières œuvres fut l'érection de colléges dans plusieurs maisons de province. Voici en général comment se faisaient ces fondations. Quand un couvent de sœurs s'établissait dans une ville, le T. R. P. Marie-Joseph y envoyait un prêtre avec le titre de supérieur. Ce prêtre, autant que les circonstances pouvaient le permettre, consacrait ses loisirs à élever quelques enfants. Si ce premier essai était couronné de succès, on lui donnait un ou plusieurs collègues, et ainsi son école de venait une véritable institution. C'est ainsi que se formèrent successivement les collèges de Poitiers, de Mende, de Cahors, de Laval et de Sarlat. Leur succès a été assez considérable pour exciter la jalousie de l'Université. Celui de Cahors en particulier a été l'objet de poursuites que nous rapporterons peut-être en temps opportun. Pour le moment nous nous contenterons de dire que ces établissements, comme ceux du même genre, ont dû être fermés par suite des trop fameuses ordonnances de Mgr Feutrier.

Avec l'érection des collèges, mentionnons celle des séminaires. Nous avons déjà dit que celui de Mende dut sa restauration à l'initiative du P. Coudrin. A Cahors notre maison des petits Carmes, dirigée par le P. Launay, fut le théâtre d'une semblable opération. Il y eut quelque chose de semblable à la Grand'Maison de Poitiers pour le petit séminaire diocésain. Mgr Duchilleau, nous venons de le dire, nous confia ses deux séminaires. L'évêque de Séez, Mgr de Boischolet, compatriote et ami du P. Coudrin, eut aussi recours à lui pour relever son séminaire de ses ruines. L'œuvre eut un plein succès ; mais l'attachement de nos Pères aux doctrines romaines fit allumer contre eux le feu de la persécution. Napoléon exigea de l'Évêque le changement du personnel. Ce prélat crut devoir céder à l'orage, et, pour récompense de sa soumission, il fut exilé en Bretagne, où il mourut bientôt de chagrin. Plus tard le prince de Croï, archevêque de Rouen, choisit le P. Coudrin pour son vicaire général et donna la direction de son grand séminaire à notre Congrégation.

Le détail de ces événements pourra prêter matière à des chroniques locales, qui ne manqueront point d'intérêt; mais ce qui fournira les plus belles pages de notre histoire, ce seront les annales de nos missions. Retracer la vie évangélique du Sauveur est une des fins principales de notre institut. C'est une troupe de missionnaires qui fut montrée au P. Coudrin dans sa vision de la Motte d'Usseau; et quand un de nos Pères alla solliciter à Rome l'approbation de nos règles, le souverain pontife Pie VII insista d'une manière toute spéciale sur l'œuvre des missions.

Or le premier essai que nous fîmes en ce genre furent les missions de Troyes. Voici à quelle occasion. Mgr de Boulogne, évêque de ce diocèse, était venu à Paris pour le concile de 1811, où il défendit les droits du Saint-Siége avec une noble fermeté qui lui valut les honneurs de la prison de Vincennes. Sans craindre de se compromettre en unissant sa cause avec celle de cet illustre confesseur de la foi, le P. Coudrin entretint avec lui des relations intimes. Mgr de Boulogne s'en souvint lorsque, quelques années plus tard, il vit le P. Coudrin en butte aux tracasseries de certains membres du clergé de Paris. Il lui offrit alors un asile dans son diocèse avec le titre de vicaire général, et l'invita à y commencer l'œuvre importante des missions.

Ce n'était pas sans besoin. Le jansénisme avait fait bien des ravages en ce pays. Là comme ailleurs, en exagérant la morale, il était parvenu à éloigner les fidèles des sacrements et de toute pratique de religion. De là, un affreux débordement dans les mœurs. Le P. Coudrin vint défricher ce champ avec six ou sept de ses collaborateurs. L'un d'eux fut spécialement chargé de faire des conférences sur les erreurs du temps ; il s'en acquitta avec un talent remarquable. L'œuvre se propagea et se maintint jusqu'en 1830, époque à laquelle les troubles politiques obligèrent nos prédicateurs à se disperser. On se souvient encore dans le diocèse de Troyes du bien que firent les religieux des Sacrés-Cœurs dans les paroisses de Bouilly, d'Essoyes, d'Auxon, d'Ervy, de Beugnon et d'Arcis-sur-Aube.

Après la mort de Mgr de Boulogne, le P. Coudrin éprouva sous son successeur quelques difficultés qui l'engagèrent à quitter le diocèse. Sur ces entrefaites Mgr le cardinal prince de Croï l'invita avec beaucoup d'instance à venir se fixer à Rouen. Il se l'attacha, lui aussi, par les fonctions de grand vicaire et l'engagea à ouvrir des missions. Là, comme à Troyes, le P. Coudrin se montrait toujours le premier à l'ouvrage. Si quelque paroisse voulait récalcitrer contre l'aiguillon de la grâce, il venait en personne prêter main forte aux combattants, et un succès brillant couronnait toujours ses efforts. Voici les lieux où s'exerça principalement le zèle du P. Coudrin et de ses enfants dans le diocèse de Rouen. Ce furent les paroisses de Saint-Jacques-sur-Darnetal, Forges-les-Eaux, Écales-Villers, Pavilly, Sommery, Bouville, Grainville-la-Teinturière, Bois-Héroult, Bosc-Roger, Étouteville, Houtot-Saint-Sulpice, Veauville-les-Bains. Le cardinal archevêque envoyait les missionnaires devant lui pour préparer les voies à ses tournées de confirmation. C'était Notre-Seigneur envoyant ses apôtres dans les lieux où il devait passer. *Misit illos binos ante faciem suam, in omnem civitatem et locum quo erat ipse venturus.* (Luc. x, 1.)

Outre l'œuvre des Missions, le P. Coudrin accepta encore la direction des communautés religieuses. Il a laissé dans tous ces pieux asiles la bonne odeur de ses vertus. Les deux petits séminaires de Mont-aux-Malades et d'Yvetot lui durent en partie leurs heureux développements.

Mais l'œuvre qui a le plus illustré sa carrière c'est l'établissement des missions de l'Océanie orientale. La première fut celle des îles Sandwich. Parmi les différentes versions qui ont eu cours sur son origine, nous citerons la suivante sans en garantir l'authenticité. Un aventurier, nommé Rives, ayant touché le rivage des îles Sandwich, le roi de ces contrées le retint à son service et l'admit même à son intimité; puis il lui fit sur la religion de son pays diverses questions auxquelles notre jeune homme répondit le mieux qu'il put. Ces notions élémentaires du christianisme firent une bonne impression sur l'esprit du prince infidèle et lui inspirèrent le désir de s'instruire plus à fond. Dans ce dessein il s'embarqua avec la reine, et, sous la conduite de Rives, ils vinrent l'un et l'autre en Europe chercher des prêtres de notre sainte religion. On aborda en Angleterre, et nos Sandwichois restèrent à Londres, tandis que Rives revint en France pour accomplir sa promesse de procurer un envoi de missionnaires. Il fit en effet auprès du ministère des démarches en ce sens. C'était en 1825 : le gouvernement accueillit bien cette ouverture et en donna connaisance à Rome. Mgr della Somaglia, qui remplissait alors *par interim* les fonctions de préfet de la Propagande, avait entre les mains un mémoire du P. Coudrin dans lequel notre fondateur mettait les prêtres de sa Congrégation à la disposition du Saint-Siége, pour aller travailler à la conversion des infidèles en quelque endroit du globe qu'on les envoyât. Il fit donc part au Souverain Pontife de cette généreuse proposition, qui concordait si bien avec l'occasion présente, et le Saint-Père le chargea de répondre qu'aux nouveaux ouvriers il confiait cette nouvelle moisson : *novis novæ messis operariis* (laborem) *concessit*.

Le P. Coudrin fit donc appel au zèle de

ses enfants. Il ne fut embarrassé que du choix, et six d'entre eux, trois prêtres et trois catéchistes, furent désignés pour cette première mission. Cependant bien des difficultés vinrent se jeter à la traverse : le démon semblait faire un effort suprême pour garder le royaume qui allait lui échapper. Enfin, tous les obstacles ayant été surmontés, notre fondateur reçut les bulles qui instituaient le R. P. Alexis Bachelot préfet apostolique de la mission des îles Sandwich. En lui remettant ces titres, le bon Père se jeta aux pieds de son enfant et ne voulut se relever qu'après avoir reçu sa bénédiction. On fit ensuite à la chapelle la cérémonie touchante du baisement des pieds. Les missionnaires étaient en habit blanc pour recevoir cet adieu suprême. Ils partirent ensuite, emportant avec eux les saintes joies de la pauvreté; car leur bagage était d'une simplicité extrême. Le gouvernement français leur avait refusé les secours qu'on avait cru d'abord pouvoir en attendre. Ils se rendirent à Bordeaux, où, après plusieurs autres contre-temps, ils purent enfin mettre à la voile le 21 novembre 1826, fête de la Présentation de Marie au temple, jour consacré à la rénovation des vœux.

Ainsi s'ouvrait pour nous la carrière des missions. Nous devons renoncer à donner ici même l'aperçu le plus rapide de cette partie de l'histoire de notre Congrégation. Je dirai donc simplement que la mission de Sandwich fut éprouvée par beaucoup de traverses. Le roi et la reine étant morts dans leur voyage, Rives fut accusé d'avoir conjuré leur perte; l'odieux de cette imputation retomba sur sa nation et sur les missionnaires qu'il amenait avec lui. Ils ne purent débarquer qu'au péril de leur vie. Les méthodistes de Boston, qui les avaient précédés dans ces îles, n'omirent rien de ce qui était capable de les discréditer. Les ruses, les sarcasmes, les calomnies, tout leur était bon, pourvu qu'ils atteignissent leur exécrable but.

Ils réussirent en effet à susciter une persécution violente qui eut pour résultat de faire déporter nos Pères en Californie, où ils utilisèrent leur séjour en faisant le bien. Pendant ce temps-là les néophytes qu'ils avaient déjà convertis firent preuve d'un courage que la mollesse de leur caractère ne donnait pas lieu d'espérer. On vit de faibles femmes se soumettre à des travaux forcés aussi humiliants que pénibles plutôt que d'abjurer leur croyance. L'orage enfin s'apaisa : les prêtres des Sacrés-Cœurs purent reprendre leurs travaux, et, malgré les tracasseries d'un gouvernement à la merci des hérétiques, ils virent en quelques années le tiers de la population entrer dans le sein de la vraie Eglise de Jésus Christ.

La mission de Sandwich fut suivie de celle de Gambier, dont l'origine est marquée au coin d'une action manifeste de la divine Providence. Longtemps avant l'arrivée de nos Pères en cette île, et vers l'époque où le P. Coudrin commençait à réunir les premiers éléments de sa Congrégation, une sorte de sibylle fit entendre sa voix dans ces régions sauvages. Elle disait aux anthropophages habitants de ces lieux que dans quelques années des hommes bons venus d'un pays lointain leur annonceraient un Dieu bien grand, *si grand*, ajoutait-elle, *que ses pieds touchent à la terre et que sa tête se cache dans les cieux* (1). *Ils viendront ici*, disait-elle, en montrant le rivage où elle se trouvait; *ils apporteront avec eux des animaux qui fouillent la terre*. Et comme on lui demandait toujours quand ces hommes devraient arriver : *Attendez*, répondait-elle, *il faut auparavant que je meure*. Elle mourut en effet peu de jours avant l'arrivée de nos missionnaires, qui débarquèrent précisément à l'endroit qu'elle avait indiqué. Le vaisseau qui les portait jeta dans l'île des poules et des pourceaux, qui se mirent à fouiller la terre et vérifièrent ainsi dans leurs plus petits détails cette singulière prédiction.

Mais ce qu'il y eut de plus remarquable dans la mission de Gambier, ce fut la

(1) Il y a textuellement : « que sa lèvre supérieure touche au ciel et sa lèvre inférieure descend jusqu'aux abîmes. »

promptitude et la solidité de la conversion des insulaires. Après quelques mois seulement de résistance à la grâce, ils courbèrent docilement la tête sous le joug de la foi et devinrent de fervents chrétiens. Chose étonnante : cette terre naguère encore couverte des ronces de l'infidélité, vit s'épanouir sur son sein les fleurs odoriférantes des vertus monacales. Conduites par un mouvement du Saint-Esprit, quelques jeunes filles se retirèrent dans une espèce d'ermitage construit de leurs propres mains. Là elles se mirent à travailler ensemble et à prier. Et comme on leur demandait ce qu'elles prétendaient faire, *Nous voulons*, dirent-elles, *imiter la sainte Vierge Marie*. On crut que ce n'était qu'un enfantillage; on les laissa donc faire, pensant qu'elles ne tarderaient pas à se séparer. Il n'en fut rien ; car au contraire elles persévérèrent si bien dans leur pieuse résolution, et leur nombre s'accrut à tel point, que les missionnaires furent obligés de prendre en considération un phénomène si étrange. Ils donnèrent donc une direction à cette petite communauté, qui depuis s'est transformée en un nombreux couvent où se pratiquent maintenant tous les exercices de la vie religieuse.

Je passe sous silence les missions laborieuses des Marquises et des îles Taïti et Pomotou, qui se sont formées plus tard à travers des difficultés de tout genre ; ainsi que celle de l'île de Pâques, dont les Annales de la Propagation de la foi ont annoncé dernièrement les heureux commencements. J'ajouterai seulement que c'est à nos missions d'Océanie que nous devons rapporter la fondation de nos maisons d'Amérique.

Un second départ de missionnaires ayant eu lieu en 1834, trois prêtres et un catéchiste arrivaient dans le courant du mois de mai à Valparaiso dans le Chili. Ils y furent accueillis par un vieux missionnaire de l'ordre de Saint-François, le P. André Caro. Ce bon religieux s'efforça de faire comprendre à nos Pères tout le bien qu'il y avait à faire dans ce pays.

Les instructions qu'avaient reçues nos apôtres n'étant pas bien précises, le supérieur de la mission, le P. Chrysostôme Liausu, crut pouvoir rester à Valparaiso, tandis que ses confrères, le P. Caret et le P. Laval, continueraient leur route à travers l'Océan. Dieu bénit cette entreprise : il y eut bientôt à Valparaiso une résidence, un collége, une paroisse, une maison de procure et un couvent de nos sœurs. De là notre institut s'étendit successivement à Santiago, à Lima, à Quito et en d'autres lieux du Chili, du Pérou et de l'Équateur.

VIII

Nous avons dit jusqu'ici comment s'est établie la Congrégation des Sacrés-Cœurs à travers les temps orageux de la première révolution; nous avons vu son fondateur venir fixer le centre de son œuvre éminemment réparatrice sur les restes encore fumants des victimes de la Terreur et au foyer de l'incendie qui menaçait la terre entière d'un embrasement général. De là nous avons vu son institut se propager, non-seulement en divers lieux de la France, mais jusqu'aux îles lointaines de l'Océanie et sur les côtes de l'Amérique méridionale. Nous avons vu le père de ces hommes apostoliques partager les travaux de ses enfants, non-seulement au berceau de sa Congrégation, à Poitiers et à Mende; mais encore à Paris, à Troyes et à Rouen.

La divine Providence, par un concours d'événements qui n'entrent point dans le cadre de cette notice, conduisait notre pieux fondateur sur ces différents théâtres où son zèle devait s'exercer, afin qu'il pût laisser à ses enfants ce puissant enseignement de l'exemple bien plus durable et plus efficace que celui de la parole et même des écrits. Comme Gédéon conduisant ses soldats à la victoire, du haut du ciel il dit encore à chacun de nous : « Faites ce que vous me verrez faire. *Quod me facere videritis, hoc facite.* » (Judic. VII, 17.)

Le P. Coudrin approchait du terme de sa carrière, et néanmoins ses occupations ne faisaient que se multiplier. La confiance dont l'honorait le cardinal archevêque de Rouen, dont il était le premier grand vicaire, lui attirait une multitude d'affaires. Mgr de Croï voulait toujours l'avoir auprès de lui dans ses tournées pastorales. C'était son conseiller, son confident le plus intime. La conscience délicate du bon prélat le portait à recourir souvent aux lumières de notre Père. Celui-ci se prêtait à tout avec une bonne volonté inépuisable. Cependant ses forces finirent par succomber sous le fardeau. Dans la visite pastorale de 1828, une blessure qu'il se fit à la jambe vint aggraver ses fatigues. Le Cardinal voulait qu'il prît du repos; mais lui, croyant pouvoir aller jusqu'au bout de la tournée, s'obstina à lutter contre son mal, jusqu'à ce qu'un jour il tombât sans connaissance, à Bois-Guilbert dans le canton de Buchy. On dut le ramener à Rouen et le mettre dans son lit.

Il était à peine remis de cette indisposition qu'il lui fallut accompagner à Rome le cardinal prince de Croï en qualité de conclaviste pour l'élection du successeur de Léon XII. C'était au commencement de 1829. Il reçut dans la Ville Sainte l'accueil le plus bienveillant de la part de plusieurs Cardinaux, qu'il avait déjà vus soit à Rome soit à Paris. Il y fit aussi connaissance du cardinal Capellari, depuis Grégoire XVI, qui daigna plusieurs fois l'appeler son ami. Le conclave se termina par l'élection de Pie VIII le 31 mars 1829, et le bon Père put alors satisfaire tout à son aise son ardente piété par la visite des saints lieux. Puis il suivit le prince de Croï à Naples et en Sicile. Chemin faisant, ils s'arrêtèrent au Mont-Cassin, sanctifié par les prières du patriarche des moines d'Occident, S. Benoît, dont la règle est le fondement de la nôtre.

Cependant, comme le séjour du Cardinal en Italie se prolongeait considérablement, le P. Coudrin lui demanda la permission de revenir en France pour les besoins de sa Congrégation. Il l'obtint, et en rentrant il passa par Troyes, où il dut subir malgré lui une sorte d'ovation. Enfin le 16 septembre il se retrouvait à Paris au milieu de ses enfants.

Des bruits sinistres annonçaient l'approche d'un nouvel orage. Déjà les ordonnances de 1828 étaient venues comme un éclair percer le sombre nuage qui recélait la tempête dans ses flancs. Le P. Coudrin ne se dissimulait point la gravité du péril ; il disait même à ses enfants qu'ils devaient se tenir prêts à toute sorte d'éventualités. Les journées de juillet 1830 ne tardèrent pas à réaliser ces tristes prévisions. Notre maison de Picpus ayant été à cette époque le théâtre d'événements qui sont comme le prélude des fureurs de la Commune, je crois devoir donner quelques détails à ce sujet ; mais je laisserai la parole au P. Hilarion, qui se trouvait alors en possession de représenter l'autorité.

« Dès le 28 juillet les révolutionnaires firent une irruption dans la maison des frères de Picpus, y firent quelques dégâts, y demeurèrent trois quarts d'heure et se retirèrent avec l'intention de revenir le soir du même jour et d'y mettre le feu ; mais Dieu nous protégeait. Le 30 juillet 1830, une cohorte, qui prenait le nom de garde révolutionnaire de la barrière du Trône, vint encore à Picpus, sous prétexte qu'on y cachait des armes ; mais elle n'y fit qu'une apparition de quelques moments. Le 5 août suivant, des hommes qui s'étaient donné le nom de volontaires de la Charte, se présentèrent de nouveau sur les neuf heures du soir. Ils avaient avec eux un prétendu commissaire de police : nous sûmes plus tard qu'il ne l'était pas. Ils insistèrent pour faire une recherche. C'était s'exposer aux plus grands maux; je ne pouvais cependant pas résister à la force. Comme on prétextait toujours que nous avions des armes cachées, je dis au prétendu commissaire qu'il n'avait aucun ordre par écrit qui l'autorisât à entrer chez nous, surtout la nuit; que je consentais cependant à lui laisser faire des recherches, pourvu qu'il n'introduisît dans la maison que douze des hommes qui l'environnaient. Il en demeura d'accord. Cette fouille, qui rappelait les malheureux temps de 1793 et 94, dura jusqu'à une heure du matin.

Nous pensions n'avoir plus de visite à craindre : nous nous trompions. Le 1er novembre 1830, un véritable commissaire de police, M. Le Clerc, se présenta avec quatre mouchards pour examiner tous nos papiers et parcourir de nouveau toute la maison; il était muni d'un ordre de M. Treillard, préfet de police. Cette perquisition dura depuis deux heures après midi jusqu'à sept heures du soir. Ne trouvant rien qui leur fût suspect, ils s'en allèrent. Je dois rendre cette justice à M. Le Clerc, qu'il mit beaucoup d'honnêteté dans toute sa conduite; il ne lui échappa aucune parole qui pût offenser. Seulement on trouva dans un coin un vieux boulet de canon qu'un de nos frères convers avait acheté deux ou trois ans auparavant, sur le quai de la Ferraille, et dont nos séminaristes irlandais se servaient quelquefois pour jouer à la boule. Ce fut un incident grave. Il fallut faire une enquête; ce qui nous eût fait rire dans toute autre circonstance ne laissa pas de nous donner quelque inquiétude. Enfin tout s'éclaircit, et M. Le Clerc se retira, bien convaincu que nous n'avions pas de dépôt d'armes, et qu'il ne se trouvait rien de suspect dans nos papiers. »

Les émeutes de 1830 eurent, comme on le sait, leur contre-coup en 1831. Voici comment le même père Hilarion raconte ce qui se passa chez nous dans cette dernière circonstance : « Paris était toujours livré aux désordres. Le 13 février 1831 la populace, conduite par quelques hommes influents, se porta à Saint-Germain l'Auxerrois et y commit les plus grands excès, suivis de la dévastation de l'archevêché. Le 16 février nous eûmes aussi notre part du calice d'amertume. Des pillards en grand nombre escaladaient les murs de Picpus, emportaient tout ce qui leur tombait sous la main, brisant les portes, les fenêtres et les meubles, jetant dans la rue ce qu'ils ne jugeaient pas à propos d'emporter. Presque tous ceux qui habitaient la maison furent contraints de fuir promptement ; quelques-uns furent maltraités et frappés avec assez de violence, mais cependant ne furent pas blessés ; d'autres furent arrêtés dans leur fuite, et mis en prison en différents endroits. Ils furent bientôt relâchés et ils cherchèrent un asile dans nos maisons de province.

Au moment de l'invasion, à laquelle on

ne s'attendait pas, le Saint-Sacrement était dans la chapelle du séminaire. Un des brigands s'empare du saint ciboire qui contenait les hosties consacrées. C'était déjà une profanation; mais on pouvait craindre de plus grands excès d'impiété. Le père François d'Assise Caret était présent ; s'armant d'un saint courage, il s'adressa à celui qui paraissait être le chef de la bande, et qui se montrait plus ardent que les autres à tout briser; il le conjura de faire restituer les vases sacrés qui contenaient la sainte Eucharistie. Le brigand se laissa toucher et fit rendre le saint ciboire. Tandis que la troupe dévastatrice emportait ou déchirait les ornements sacrés, la garde nationale survint, et un détachement de cette garde emmena au poste du faubourg Saint-Antoine le père François d'Assise et deux autres prêtres de notre maison. L'agitation croissait ; quelques hommes du poste faisaient eux-mêmes entendre des cris de blasphème. On ne savait pas ce qui allait arriver : il fallut qu'un des prêtres captifs consommât les saintes hosties dans le corps de garde et purifiât le saint ciboire. Le maire arriva peu d'instants après et mit en liberté les trois prêtres, qui se réfugièrent chez une personne pieuse. Deux d'entre eux coururent deux jours après un grand danger. Etant sortis de leur asile, habillés en laïques, ils furent reconnus comme prêtres par quelques perturbateurs, qui voulurent les jeter dans la Seine; cependant ils les laissèrent aller, malgré les cris forcenés d'une femme plus féroce que les autres. »

Après cette bourrasque plusieurs de nos Pères restèrent dans les provinces, où quelques-uns avaient pris du ministère dans les paroisses; les autres revinrent à Picpus, où ils recommencèrent les exercices réguliers. Il en est un cependant qui ne put être rétabli tout de suite : c'est celui de l'adoration perpétuelle. Il avait commencé dans la chapelle des frères d'une manière solennelle le 2 février 1819, et depuis cette époque jusqu'en 1831 il n'y avait éprouvé aucune interruption. Il tardait beaucoup à nos pères de reprendre ce pieux exercice, l'un des plus importants parmi nos observances régulières. Le 9 août 1833, on profita du passage du Père fondateur pour opérer cette restauration. Tous les frères étant réunis à la chapelle, le bon Père célèbre la sainte messe, fait une courte mais vive exhortation, et l'adoration recommence pour se poursuivre sans relâche jusqu'aux jours néfastes de la Commune.

IX

Cependant le bon Père sentait, de jour en jour ses forces diminuer et ses infirmités s'accroître. Ses enfants de Picpus, le priaient avec beaucoup d'instances de venir enfin se fixer au milieu d'eux; lui-même sentait le besoin de « mettre, comme il disait, une distance entre la vie et la mort. » En conséquence, le 7 novembre 1833, il écrivit de Picpus à l'Archevêque de Rouen pour le prier d'accepter sa démission. Le Cardinal dans sa réponse lui exprima combien il regrettait ses services, et lui promit de conserver toujours le plus vif intérêt pour les prêtres de sa Congrégation. La suite fit voir que ce n'était point une vaine formule de politesse, mais l'expression de ses vrais sentiments.

La retraite du P. Coudrin à Picpus ne fut pas un repos inactif; bien loin de là, il employa ce qui lui restait de forces à travailler pour ses enfants. Quoique son mal de jambe le fît beaucoup souffrir, on le voyait presque tous les dimanches se rendre à la chapelle des sœurs, où il avait coutume de prêcher pendant la messe; il confessait aussi un grand nombre de personnes, tant de la maison que du dehors; et même il allait encore quelquefois annoncer la parole de Dieu dans les églises paroissiales; de plus, il entretenait une correspondance suivie avec les différentes maisons de l'institut; mais ce qui est le plus surprenant, c'est qu'avec tout cela il trouvait le temps de faire une classe de théologie.

L'année 1834 affligea le P. Coudrin par une peine sensible. La mère Henriette rendit son âme à Dieu le 23 novembre, après avoir enduré pendant cinq ans les souffrances d'une paralysie occasionnée par ses travaux et ses austérités. Ce fut aussi une bien grande perte pour les religieuses des Sacrés-Cœurs qu'elle dirigeait depuis le commencement de l'institut avec autant de prudence que de bonté.

Depuis ce moment la santé du bon Père déclina à vue d'œil. Un assoupissement habituel lui rendait le travail très-pénible ; mais si son œil sommeillait, son cœur veillait toujours au bonheur de ses enfants. Il les embrassait tous dans sa sollicitude, mais sa prédilection paternelle était pour ceux qui étaient le plus loin de lui. Il recommandait souvent de prier pour les missionnaires. Il voulait qu'à l'adoration les frères et les sœurs, à l'exemple de Moïse, levassent les mains au ciel, tandis que d'autres combattaient dans la plaine. Lui-même leur écrivait souvent pour les encourager dans leurs pénibles travaux.

Les dernières années de sa vie furent encore marquées par diverses fondations et par les visites des maisons de son ordre.

En 1836 il fit pendant le carême une petite mission dans son pays natal de

Coussay-les-Bois. Il associa deux Pères à ce travail, qui ne fut pas infructueux ; car on venait des paroisses voisines assister aux instructions ; et il eut le bonheur de ramener à Dieu plusieurs personnes qui demeuraient éloignées des sacrements.

De retour à Picpus, il ne tarda pas à être atteint de la maladie qui devait le conduire à la tombe. Il fut saisi d'une grippe, qui se changea finalement en fluxion de poitrine. Le carême étant survenu, le bon Père ne voulut rien relâcher de ses austérités accoutumées. On ne put pas davantage obtenir de lui qu'il cessât le cours de ses instructions : il fit l'exercice du chemin de la croix jusqu'au troisième vendredi inclusivement. Obligé enfin de céder à la violence de la maladie, il ne se résigna qu'avec peine à accepter les remèdes prescrits par les médecins. On essaya de lutter contre le mal par des moyens énergiques ; mais il était trop tard, et l'on conçut bientôt les inquiétudes les plus graves. Le P. Coudrin vit arriver la mort avec le calme du serviteur fidèle qui va recevoir le prix de ses travaux. Il se confessa, reçut l'extrême-onction et l'indulgence plénière en pleine connaissance; mais on ne put pas lui donner le saint viatique, à cause de ses expectorations incessantes. Ce fut sans doute une grande privation pour ce fervent adorateur du très-saint sacrement de l'autel.

Comme sa dernière heure approchait, ses enfants se réunirent autour de lui et le prièrent de leur donner une suprême bénédiction. Il le fit avec une effusion de cœur qui fit couler bien des larmes des yeux des assistants. Il n'oublia, dans la longue formule qu'il voulut encore prononcer, aucune classe de son institut; il y eut aussi une mention spéciale pour ses enfants d'outre-mer ; et même on remarqua que, lorsque ses lèvres ne pouvaient plus produire de sons bien articulés, il s'efforçait encore de murmurer les noms de Gambier et de Valparaiso, et paraissait inquiet des moyens de subsistance que ses chers enfants y pourraient trouver. Il perdit enfin la parole, et le saint jour de Pâques, vers l'approche de la nuit, il entra dans son agonie, qui se termina le lendemain matin par un heureux trépas en ce beau jour de la Résurrection.

C'était le 27 mars 1837, en la soixante-neuvième année de son âge, et la trente-septième de sa profession. Peu avant son dernier soupir, il avait renouvelé ses vœux. On le revêtit de ce saint habit blanc qu'il avait tant désiré de porter. Son manteau était bordé de rouge, et sur son scapulaire on voyait l'image des Sacrés-Cœurs brodée en fils d'or. Son corps resta exposé jusqu'au mercredi matin. Tous ses enfants, plongés dans la désolation la plus profonde, venaient pleurer et prier auprès des restes de ce Père vénéré. Chacun voulait que sa main inanimée sanctifiât encore par son attouchement quelques objets de dévotion.

L'enterrement eut lieu le mercredi matin. Retenu ce jour-là par une cérémonie de confirmation, l'Archevêque de Paris témoigna son regret de ne pouvoir assister en personne à la sépulture; il se fit représenter par son vicaire général, M. l'abbé Trévaux, qui voulut bien tenir d'un des coins du drap mortuaire. Mgr de Forbin-Janson, évêque de Nancy, fit la cérémonie des obsèques. Le corps de notre pieux fondateur fut déposé au cimetière de Picpus, dans le caveau où reposaient déjà Mgr de Chabot et la révérende mère Henriette, ainsi qu'il l'avait lui-même désiré.

Un grand nombre de prélats, en apprenant la perte que nous venions de faire, nous exprimèrent la part qu'ils prenaient à nos justes regrets. Leurs lettres, que nous conservons dans nos archives, seront comme un monument de l'estime universelle que le bon Père s'était acquise par ses éminentes vertus. Mais ce qui restera surtout comme une gloire impérissable pour la mémoire de notre Père, c'est le bref que Sa Sainteté le pape Grégoire XVI nous adressa à l'occasion de sa mort. En voici la traduction ; c'est la réponse à une lettre du P. Hilarion :

« Très-cher fils, salut et bénédiction apostolique. Nous avions une affection particulière pour notre très-cher fils l'abbé Coudrin, et la nouvelle de sa mort, que nous avons apprise par votre lettre du 2 avril, a été bien amère pour notre cœur. Cependant nous nous consolons avec vous par le souvenir d'une vie qui s'est écoulée dans la pratique de la vertu, et nous avons la confiance que ses derniers moments ont été semblables à ceux du juste. Cependant, comme les cœurs religieux eux-mêmes contractent quelque souillure de la poussière du monde, nous ne négligerons pas de secourir son âme par nos suffrages, afin que le Dieu très-clément lui pardonne ce qui lui resterait à expier des faiblesses de l'humanité. Pour ce qui vous regarde, notre très-cher fils, nous vous renouvelons et confirmons l'assurance de notre affection paternelle, et nous vous donnons de tout notre cœur notre bénédiction apostolique, en vous souhaitant tout ce qui peut contribuer à votre véritable bonheur. Nous la donnons aussi, comme vous le demandez, à tous les frères et sœurs de votre pieuse Congrégation. Donné à Rome, à Saint-

Pierre, le 26 avril 1837, l'an sept de notre pontificat. »

Le T. R. P. Marie-Joseph Coudrin n'était plus de ce monde, mais il devait se survivre dans l'œuvre qu'il avait fondée : sa congrégation. Là en effet étaient son esprit, son cœur, son âme, sa vie tout entière. Comme un père avant de mourir laisse à ses enfants l'expression de sa volonté suprême, de même notre bon Père nous a laissé dans un testament spirituel une révélation lumineuse du but de notre institut et de l'esprit qui doit animer tous ses membres. Nous ne croyons pouvoir mieux terminer cette notice qu'en insérant ici cette pièce importante. Elle suffit pour donner une idée complète du plan de notre Congrégation.

X

« Frère Marie-Joseph, supérieur général de la Congrégation des Sacrés-Cœurs de Jésus et de Marie et de l'Adoration perpétuelle du très-saint Sacrement de l'autel, à ses bien-aimés frères et à ses très-chères sœurs salut en Notre-Seigneur Jésus-Christ.

«Comblés de tant de faveurs du Dieu des miséricordes, prenons garde, nos bien-aimés frères et nos très-chères sœurs, d'oublier la grandeur de notre vocation. Nous sommes destinés à adorer le cœur de Jésus, à réparer les outrages qu'il reçoit tous les jours. Nous devons entrer dans la douleur intérieure de ce cœur sacré. Un de nos principaux devoirs est de retracer les quatre âges de la vie de l'Homme-Dieu, son enfance, sa vie cachée, sa vie apostolique et sa vie crucifiée. Ne perdons pas de vue que Notre-Seigneur veut que nous entrions particulièrement dans le crucifiement intérieur de son cœur : nous devons donc, comme Madeleine, nous tenir à ses pieds, et comme S. Jean l'accompagner jusqu'à la croix.

« La première vertu que nous vous recommandons, pour imiter Notre-Seigneur, c'est la simplicité. C'est la première vertu que ce divin Seigneur ait pratiquée lui-même. Sans la simplicité, on n'arrive jamais à la perfection. La première raison qui prouve l'amour que Notre-Seigneur a pour la simplicité, c'est qu'en naissant il avait la raison d'un homme parfait, et qu'il a voulu conserver la simplicité d'un enfant. C'est par amour pour nous, et aussi pour nous faire sentir que nous pouvions l'imiter en tout, qu'il a voulu conserver l'apparence de la faiblesse de l'enfance : il joignait à cela une gaieté douce, une naïveté tendre et une tendance naturelle au bien, qui le rendait le plus beau comme le plus aimable des enfants des hommes. La deuxième raison, c'est que les bergers ont été les premiers appelés, et cela en raison de leur grande simplicité. Le cœur du saint Enfant s'est épanoui quand ils sont venus l'adorer, et les Mages ont été reçus avec une tendre gravité. La troisième raison, c'est qu'on ne cesse d'être simple que quand on commence à connaître le mal. La quatrième raison, c'est qu'un pécheur converti devient simple à mesure que Notre-Seigneur efface la rouille que le péché avait laissée dans son âme. La cinquième, c'est que le scrupule provient d'un défaut de simplicité; c'est pourquoi les scrupuleux n'arrivent jamais à un certain degré de perfection. Enfin sans une grande simplicité, point de ces tendres communications avec Dieu. L'humilité est la fidèle compagne de la simplicité. Ces deux vertus ont un rapport infini : point de véritable humilité sans simplicité; et l'humilité nous est spécialement recommandée par notre bienheureux Père S. Benoît.

« Rappelez-vous aussi, nos bien-aimés frères et nos très-chères sœurs, qu'après le cœur adorable de Jésus, nous devons honorer particulièrement le très-doux cœur de Marie. La sainte Vierge a été conçue sans péché, elle est née avec toutes les vertus. Elle n'a jamais eu de tentations. Elle a été de tout temps prédestinée pour être la mère de Dieu ; mais elle a mérité cette insigne faveur, d'abord par une entière fidélité aux grâces de Dieu, ensuite par les trois vertus qu'elle a éminemment pratiquées à l'instant où l'ange est venu lui annoncer cette grande nouvelle. La première est son amour pour la virginité ; la deuxième est son humilité ; la troisième, qui est le complément des autres, est son parfait abandon à la volonté de Dieu par pur amour pour lui. Quand Notre-Seigneur fut conçu dans son sein, elle eut le sentiment, c'est-à-dire la connaissance de la vie, des souffrances et de la mort de son divin Fils, et elle reçut dans son cœur la même blessure que Notre-Seigneur devait recevoir à sa passion, c'est-à-dire que la sainte Vierge a éprouvé un sentiment douloureux qu'elle a conservé jusqu'à l'instant où les anges l'ont enlevée dans le ciel. L'amour de Marie pour Jésus a augmenté jusqu'à l'instant de sa glorieuse assomption : car ce sentiment ne peut point être fixe ; s'il n'augmente, il diminue.

« La sainte Vierge n'a jamais senti la malice du péché, ni l'odieux du cœur humain : voilà pourquoi elle est si grandement miséricordieuse.

« Consolons-nous dans nos peines, en pensant que Marie est et sera notre protectrice, notre soutien ; que nous aurons même toujours part aux effusions de son cœur. Il faut avoir recours à elle quand Dieu se retire, dans nos peines, dans nos désolations, dans nos infidélités. Elle priera pour nous, si nous l'invoquons au lieu de nous désoler.

« Au culte de Marie vous devez, nos bien-aimés frères et nos très-chères sœurs, joindre une dévotion tendre à S. Joseph, patron de notre institut, père nourricier de Jésus, gardien de la virginité de Marie. S'il n'eut pas, comme Marie, toutes les vertus infuses, il fut élevé à un haut degré de contemplation; il fut embrasé d'amour pour Jésus : il a un très-grand crédit auprès du Fils et de la Mère. Vous ne manquerez pas de l'invoquer tous les jours.

« Regardez aussi comme vos protecteurs S. Joachim et Ste Anne. Que les prêtres de notre congrégation prêchent la dévotion à ces deux saints, dont l'invocation est très-peu en usage, et par le moyen desquels on obtiendrait beaucoup de grâces. Nous espérons un jour en faire dans nos maisons une fête particulière.

« Vous n'oublierez pas non plus de réclamer l'intercession de notre bienheureux Père S. Benoît, patriarche des cénobites d'Occident.

« Vous savez, nos bien-aimés frères et nos très-chères sœurs, que nous devons compter spécialement parmi nos protecteurs S. Pacôme, S. Augustin, S. Dominique et S. Bernard. Nous honorons

S. Pacôme, parce que nous devons, à l'exemple de ses disciples, mener une vie pénitente, imiter son silence, son oraison, et élever des enfants qui, en menant une vie différente, auront le même esprit. Nous devons, comme S. Dominique, prêcher la foi parmi les peuples. Ce saint est un des enfants chéris de la sainte Vierge, dont il a défendu les privilèges contre les hérétiques de son temps. Il est pour la prédication, l'éducation de la jeunesse et la science. S. Augustin nous apprend que nous devons recevoir les pécheurs, les aider, et que nous en convertirons beaucoup avec un abord facile. Mais c'est principalement S. Bernard que nous devons imiter dans son amour pour la solitude, dans l'ardeur de son zèle. Nous devons nous attendre que nous serons comme lui persécutés, critiqués : souffrons avec résignation pour nous unir davantage au cœur souffrant de Jésus.

« Nous vous recommandons également une grande dévotion pour S. Jean-François Régis, apôtre du Vivarais, que nous avons donné pour patron à la société extérieure des fidèles en communion de prières avec nous.

« Notre nombre s'augmente tous les jours. Notre divin Maître semble nous ouvrir son cœur et nous dire : *Venez tous à moi*, ou bien : *Vous êtes tous à moi*. Soyez donc à lui sans réserve, si vous voulez obtenir la récompense !

« Pourrais-je ne pas vous adresser particulièrement quelques avis, à vous nos bien-aimés frères, qui, déjà revêtus du caractère auguste du sacerdoce, ou destinés à le recevoir, devez retracer la vie apostolique de l'Homme-Dieu ? Souvenez-vous que plus vous êtes élevés à une dignité sublime, plus vous devez vous efforcer de vous rendre semblables à Jésus-Christ. Rappelez-vous aussi qu'il n'y a pas une action du prêtre, faite à raison de son saint état, qui n'obtienne une grâce pour lui et pour celui pour qui elle est faite. Les prêtres ne sauraient surtout faire trop d'attention à la bénédiction qu'ils donnent avant la confession. Plusieurs pécheurs, venant avec de mauvaises dispositions, se sont trouvés convertis par la grâce de la bénédiction du prêtre, et forcés malgré eux d'avouer leurs forfaits. Dieu est comme contraint d'accorder u n grâce plus qu'ordinaire, si le prêtre qui bénit la lui demande. Quand on ne confesse que des fautes vénielles, non-seulement la bénédiction du prêtre les efface, mais encore elle donne la force de ne pas y retomber si souvent. »

Tel est le précieux héritage que notre Père fondateur a légué à ses enfants. Son œuvre, continuée à travers bien des épreuves par Mgr Bonamie, de 1837 à 1853, fut ensuite poursuivie au milieu des difficultés d'un autre genre par le T. R. P. Euthyme Rouchouze, de 1853 à 1869. L'année suivante elle passait aux mains du T. R. P. Marcellin Bousquet, destiné par la Providence à diriger cette barque parmi les orages que nous allons maintenant rapporter.

LES MARTYRS
DE PICPUS

D'après l'esquisse des origines de notre Congrégation que nous venons de tracer, on a pu voir quel est son but et quel doit être son esprit. Née dans un temps fécond en toutes sortes de crimes, elle fut particulièrement destinée à la réparation et, par suite, à la souffrance et à l'immolation.

Les tribulations qu'elle a endurées depuis son berceau jusqu'à ces derniers temps, l'obligation qui lui est imposée de retracer la vie souffrante du Sauveur par les pratiques de la mortification, de propager le culte du cœur sacré de Jésus et de faire l'adoration perpétuelle du très-saint sacrement de l'autel, tout lui rappelle sa vocation au sacrifice. Il n'est donc pas étonnant qu'elle ait une part spéciale dans les persécutions de la *Commune*.

C'est ce qu'avait bien compris Mgr Pie, lorsque, le 29 octobre 1871, il daignait nous écrire : « La pensée qui a réuni à Poitiers les premiers membres de votre famille religieuse a été d'offrir à Notre-Seignenr des victimes expiatrices et des hosties de réparation. A ce titre votre Congrégation ne pouvait être frustrée de l'honneur du martyre. Elle vient de le conquérir glorieusement, et ce sera le signal d'une nouvelle ère de bénédiction et de fécondité pour votre Institut. »

Ce fut aussi ce qui frappa un éminent publiciste, M. Louis Veuillot, dont la plume a si bien vengé notre Congrégation des calomnies absurdes dont elle a été l'objet. Ayant appris de notre Supérieur général l'origine et le but de notre société : « J'en sais assez, dit-il au T. R. P. Bousquet, votre Congrégation est maintenant à sa place : *elle fait son œuvre.* »

Le récit que nous entreprenons montrera toute la profondeur de cette parole.

Les faits que nous devons raconter sont de ceux qui traversent les siècles et fournissent aux générations futures d'utiles enseignements. Il ne s'agit point de satisfaire une curiosité fébrile par des descriptions tragiques ou des nouvelles à sensation ; mais bien d'offrir aux fidèles l'exemple d'une vertu simple et modeste aux prises avec l'astuce et la fureur inspirées par Satan.

A cet effet nous présenterons d'abord un exposé substantiel des événements dont plusieurs membres de notre famille religieuse ont été les victimes ; puis, sur ce canevas, nous essaierons de dessiner la figure de ceux d'entre eux qui ont versé leur sang pour la cause de la religion.

I

Durant le premier siége de Paris notre maison de Picpus avait été mise à réquisition pour cause d'utilité publique; huit à neuf cents gardes nationaux y avaient été casernés; et, malgré le bon vouloir des chefs, il y avait peu de discipline dans les rangs de ces soldats improvisés. Cependant quatre de nos Pères allaient sur le champ de bataille ramasser les blessés et leur offrir les secours de la religion, passant les nuits dans l'exercice de ce ministère par un froid de 17 degrés.

De leur côté, les Dames adoratrices transformèrent en ambulance leur vaste et gracieux parloir et mirent plusieurs sœurs au service des blessés. Elles avouent avoir trouvé une bien douce récompense de leurs soins assidus dans les sentiments religieux que ces braves soldats montrèrent au milieu de leurs souffrances.

Nous pensions que ces actes de patriotisme et d'humanité seraient pris en considération par les agents de la Commune. Peut-être nous eussent-ils en effet mérité une note favorable s'ils avaient porté le cachet de la philanthropie moderne; mais ils se présentaient sous l'aspect du dévouement religieux et de la charité chrétienne. C'était un titre de plus à la persécution de la part d'un gouvernement usurpateur et impie.

Un mois ne s'était pas encore écoulé depuis que l'occupation de Picpus avait cessé par les ordres bienveillants du général d'Aurelles de Paladines, quand eut lieu l'envahissement que nous allons raconter. Profitant de ce moment de répit, le R. P. prieur avait fait commencer les exercices d'une retraite qu'on a coutume de faire à la maison principale pendant la semaine sainte. Les premiers jours se passè rent assez bien. Des bruits sinistres parvenaient, il est vrai, aux oreilles des supérieurs ; mais ils ne pensaient pas que les choses pussent en venir au point que nous dirons plus tard. Ils espéraient que la modestie de notre Congrégation lui servirait encore de sauvegarde, comme cela avait eu lieu surtout à l'origine de notre société ; ils croyaient qu'après tout on ne s'attaquerait qu'à eux-mêmes, et qu'on laisserait tranquilles tous leurs subordonnés ; puis, ils regardaient comme une lâcheté coupable d'abandonner les âmes confiées à leurs soins. Toutes ces choses se trouvent parfaitement exposées dans une lettre du R. P. Radigue, qui gouvernait, comme prieur, notre maison principale. Elle est adressée de Mazas à notre T. R. P. Supérieur général, lequel ayant quitté Paris pour aller visiter les maisons de province, quelque temps avant les troubles de la Commune, se trouvait à Versailles quand il a pu recevoir cet écrit. Je le citerai presque en entier à cause de son importance. En voici la première partie, relative aux circonstances qui ont précédé l'arrestation.

V. C. J. S. — Mazas, 1ᵉʳ mai 1871.

« Mon Très-Révérend Père,

« Puisque j'ai l'espoir de communiquer avec vous, je vais en profiter pour vous envoyer une relation des faits accomplis au moment de notre arrestation. La responsabilité qui pèse sur moi, aux yeux de la Congrégation, me fait un devoir de vous exposer les motifs de ma conduite en cette circonstance.

« Depuis quelque temps, des actes hostiles à la religion nous avaient fait craindre pour notre tranquillité. J'ai eu l'honneur de vous écrire plusieurs fois, mon Très-Révérend Père, pour vous exposer nos alarmes. J'ignore si vous avez reçu mes lettres. Rien cependant ne semblait nous menacer en particulier. La tranquillité qui régnait dans notre quartier nous portait à croire que nous étions à l'abri d'une invasion.

« Dans la semaine sainte cependant, des perquisitions ayant été faites chez M. ***, chez les Petites Sœurs des Pauvres (1), je crus qu'il pouvait être bon de prendre des mesures de sûreté. Le vendredi saint, dans la soirée, je réunis les membres du conseil, présents à Paris (2); nous étions quatre seulement. J'exposai la situation, que tous connaissaient comme moi. Après plusieurs réflexions, il fut décidé, à l'unanimité, que je devais donner à tous les Pères et les Frères la liberté de sortir de Paris. Après le souper, je fis part de cette décision aux Pères et aux Frères réunis.

---

(1) Les Petites Sœurs des Pauvres ont un établissement dans notre rue. C'est nous qui desservons leur chapelle.

(2) Sur les six membres du conseil du Supérieur général, deux étaient en province, les quatre autres sont précisément nos quatre martyrs.

Je leur exposai que nous étions dans une situation très-critique, que nous pouvions être exposés aux plus grands dangers, que tous étaient libres de s'y soustraire. J'assignai les lieux où ils devaient se rendre pour attendre vos ordres. Trois seulement partirent le samedi matin (1).

« J'avoue qu'aujourd'hui, après les événements, j'agirais autrement ; je forcerais de partir ; mais alors la position était bien différente : j'ignorais le danger qui nous menaçait et je voyais les inconvénients d'une fuite générale. J'étais persuadé que les vieux Pères et les simples prêtres n'avaient rien à redouter ; que les visites se faisant seulement pour chercher des armes, de l'argent et des réfractaires, il n'y avait du danger que pour les chefs de l'administration et pour les jeunes frères. Ceux-ci devaient prendre

(1) C'étaient un prêtre, un frère étudiant et un frère convers. Le prêtre, P. Ignace Oursel, venait de prêcher la retraite. Rien n'exigeant sa présence dans la maison, il prit le sage parti de s'éloigner. Il put ainsi faire à Versailles la classe de dogme à la place du P. Tauvel que nous verrons le remplacer lui-même en prison.

leurs mesures. Je m'attendais à être arrêté avec le P. Tuffier (1); mais j'étais résolu à rester à mon poste, ma conscience m'en faisait un devoir. Ce qui s'était passé ailleurs me maintenait dans cette illusion. On n'avait arrêté que des personnes importantes : Mgr de Paris, M. Deguerry, les supérieurs et procureurs des Jésuites; le supérieur du séminaire de Saint-Sulpice étant absent, on avait pris M. Icard; plusieurs communautés d'hommes avaient reçu des visites sans arrestations; pouvions-nous penser que nous, les derniers de tous, ignorés du monde entier, placés à l'extrémité de Paris, où tout était calme, nous aurions des dangers à courir ?

« Trois délégués de la Commune s'étaient déjà présentés chez nous pour demander si nous avions des armes. Sur ma réponse négative, ils étaient allés faire la même question chez nos Sœurs, toujours dans les termes les plus convenables. J'en avais conclu que nous n'avions rien à craindre

(1) Le P. Tuffier était le procureur. Nous le verrons au nombre des victimes.

de l'administration ; que le danger pouvait venir seulement d'une émeute populaire ; mais que, notre quartier étant très-calme, nous n'étions pas exposés.

« Ces considérations ne me laissaient pas sans crainte ; mais si je voyais assez de danger pour permettre la fuite, je n'en voyais pas d'assez imminent pour l'ordonner, surtout aux prêtres, chargés pour la plupart du ministère dans diverses communautés. Dans toutes les églises de Paris on faisait les offices. Fallait-il laisser les communautés sans messes et sans confessions ? Je n'ai pas cru pouvoir le faire. Nos Pères, qui étaient tous libres, ne l'ont pas pensé non plus ; chacun est resté à son poste par dévouement. On pourra dire qu'il a été imprudent, ce *dévouement*. Je préfère qu'on le qualifie ainsi plutôt que de constater son absence ; mieux vaut être trop dévoué que lâche ! Que n'aurait-on pas eu droit de dire si nous avions tous pris la fuite ? Il n'y aurait eu qu'un cri d'indignation contre notre timidité.

« Ainsi, mon Très-Révérend Père, nous

sommes restés à notre poste pour remplir notre charge ou notre ministère, pour ne pas laisser seuls ces vieux frères qui tremblaient de se voir abandonnés, pour ne pas priver des secours de la religion les âmes confiées à notre sollicitude.

« Je m'aperçois, mon Père, que je parle comme un accusé qui veut se justifier. Je dois vous dire que jusqu'à présent je n'ai reçu de reproches de personne, et que, malgré la grandeur de mon amertume, ma conscience ne me reproche rien. J'ai voulu simplement vous éclairer sur les faits accomplis et répondre à des observations qui doivent venir naturellement à l'esprit de ceux qui ignorent l'état des choses. Ce qui me console, mon Père, c'est qu'à en juger par vos paroles et vos actes pendant le siége où nous avions tout à craindre, vous auriez, à ma place, agi comme j'ai fait. J'ai toujours cherché à m'inspirer de votre esprit dans ma conduite. »

II

Telles étaient les dispositions d'esprit de nos Pères de Picpus lorsque le 12 avril, à quatre heures du soir, leur maison fut envahie par les insurgés. Ceux-ci, avant d'opérer cette capture, voulurent faire un coup d'essai, en s'emparant du couvent des Dames Blanches (c'est le nom qu'on donne aux religieuses des Sacrés-Cœurs dans le quartier).

Donc le 12 avril, mercredi de Pâques, à une heure et demie de l'après-midi, la portière du couvent entendit sonner par trois fois au portail. Au lieu d'ouvrir, elle court avertir la supérieure de l'arrivée des gardes nationaux. Ceux-ci dans leur impatience frappaient déjà à grands coups de crosse de fusils, en criant d'ouvrir au nom de la loi. La porte s'ouvre enfin, et une cinquantaine au moins de gens armés se précipitent dans la maison, menaçant la portière de la mettre en prison pour n'avoir pas ouvert sur-le-champ.

Le chef de la bande était un nommé Clavier se disant commissaire de police. « Où est la supérieure ? » dit-il. Celle-ci arrive, marchant assez péniblement; car elle relevait à peine de maladie. Elle salue ces brigands avec sa douceur ordinaire et leur demande ce qu'ils désirent. « Nous n'avons pas de compte à vous rendre, répond Clavier, apportez toutes vos clefs et suivez-nous. » — Puis, se tournant vers un capitaine appelé Lenôtre : « Va, lui dit-il, poster une sentinelle à toutes les portes, et si quelqu'une de ces femmes cherche à sortir, qu'on lui passe la baïonnette à travers le corps. — Monsieur, répliqua l'économe, la révérende Mère Télesphore Alla, personne ne nous retient ici par force ; ce n'est pas au moment où vous attaquez notre Mère que nous essayerons de nous sauver. »

Alors Clavier monte à la chambre de la Supérieure générale, la Très-Révérende Mère Benjamine Leblais. Il commence par s'asseoir dans son fauteuil et laisse cette respectable religieuse debout. Puis il se fait ouvrir son secrétaire et y fait les perquisitions les plus odieuses, lisant ses lettres les plus confidentielles et ouvrant même son testament, sous prétexte de s'assurer si elle n'entretenait pas des relations suspectes avec Versailles. La T. R. Mère fit alors observer à Clavier que cette pièce était toute personnelle et qu'il n'avait pas le droit de s'en emparer. « Rien ici n'est à vous, citoyenne Leblais, » répondit ce grossier personnage ; puis il ajouta : « Si j'apprends par les journaux que vous ayez donné connaissance de ce qui se passe aujourd'hui chez vous, je vous fais conduire toutes à Saint-Lazare. » Se faisant ensuite apporter un panier, il y jeta pêle-mêle tous les papiers qui lui tombèrent sous la main, se réservant de les examiner plus à loisir

Cette perquisition dura plus d'une heure. Quand elle fut finie, le commissaire mit une sentinelle à la porte de la Mère générale, avec ordre de monter la garde jour et nuit. La citoyenne supérieure a joui pendant onze jours de cet honneur.

Cependant une scène bien autrement désolante se passait dans la maison. Un des premiers soins de Lenôtre avait été de s'emparer de la chapelle. Il y était entré avec ses hommes, comme dans un lieu profane, le képi sur la tête et la pipe à la bouche. Au bruit de cette invasion, la sacristine accourt pour sauver les saintes espèces qu'on avait conservées pour faire l'adoration, mais qu'on avait ôtées du saint ciboire pour éviter autant que possible le danger de profanation. Elle se dirige vers l'autel ; mais elle y trouve un factionnaire qui l'empêche d'avancer. Elle court aussitôt vers la chambre de la supérieure pour l'avertir de ce qui se passait. La Prieure se trouvait là avec quelques autres assistantes. « Monsieur, dit-elle au commissaire, ordonnez au moins qu'on ne touche à rien avant que vous ne soyez là. — Soit! dit Clavier ; allez donner cet ordre de ma part. »

Madame Egidie (c'est le nom de la Prieure) descend aussitôt à la chapelle. « Arrêtez! s'écrie-t-elle, le chef vous ordonne d'attendre qu'il soit là. — Est-ce que nous avons à recevoir des ordres de vous? répond le capitaine ; je vais vous faire fusiller. » Sans s'effrayer de ces menaces, la Mère Prieure s'avance vers l'autel ; mais hélas! qu'y voit-elle ? la porte du tabernacle ouverte et les saintes hosties répandues sur le tapis rouge qui recouvre la nappe d'autel.

En effet les sacriléges, après avoir vainement essayé d'ouvrir la porte du tabernacle à la pointe de l'épée, avaient fini par trouver la clef, et, ne voyant point le vase d'argent que convoitait leur avarice, ils avaient déchargé leur rage satanique sur le corps adorable du Sauveur, jusqu'à couper en deux plusieurs saintes espèces. Ils avaient ensuite fait main basse sur tous les objets précieux qu'ils avaient pu découvrir à la sacristie ; calices, ciboire, ostensoir, croix, voiles, écharpes, etc., tout devenait la proie de leur rapacité.

Cependant la Mère Supérieure était accourue avec bon nombre de ses filles pour arrêter, s'il se pouvait, ces horribles profanations. Elle essaya de racheter au moins l'ostensoir, offrant de rendre pour cela une certaine somme trouvée dans son secrétaire, qu'on lui avait laissée ; mais ce fut sans succès.

Elle fut plus heureuse pour la statue de Notre-Dame-de-Paix. Cette précieuse image, objet d'un culte si antique et si constant, était déjà entre les mains de ces brigands. La Mère Benjamine les supplie de leur laisser ce précieux trésor, qui n'est pour eux d'aucune valeur. Toutes les sœurs joignent leurs supplications aux siennes. Un des chefs en parut touché. « Ce n'est que du bois, dit-il, laissons-leur ça. Prenons seulement les bijoux. » C'étaient deux couronnes et une palme ; le reste des ornements avait été mis en lieu sûr.

Fières de leur trophée, les sœurs vont

replacer la statue vénérée sur son trône. Puis la sœur sacristine va au maître-autel ; elle prend un corporal et une cuiller d'argent, et, avec un respect mêlé de crainte et d'amour, elle remet dans le saint tabernacle le corps adorable du Sauveur. Et les adoratrices qui étaient restées à leur poste d'honneur continuent l'adoration.

Clavier sortit alors de la chapelle et fit le tour du jardin pour voir si tous ses hommes étaient bien à leur poste ; quand il se fut ainsi assuré que personne ne pouvait lui échapper, il entreprit une autre opération. Sous prétexte de découvrir dix-huit cent chassepots qui devaient être cachés quelque part, il ordonna de faire des fouilles dans toute la maison. Puis, prenant avec lui environ vingt-cinq de ses sbires, il vint à la maison des Pères et demanda le supérieur. C'était le R. P. Radigue qui, en sa qualité de Prieur, avait alors la responsabilité en l'absence du Supérieur général. Il descendit aussitôt au parloir, et le commissaire de police lui déclara qu'il venait, par ordre de la Commune, faire la visite de la maison, et lui ordonna en conséquence de le conduire à sa chambre. Le P. Radigue dut céder à cette injonction faite à main armée. Clavier et ses satellites se mirent donc à faire les fouilles les plus minutieuses dans le bureau du R. P. Prieur et dans ses autres meubles. Ils vidèrent ses cartons et saisirent plusieurs papiers en sa présence. « Que cherchez-vous là-dedans ? leur dit alors le Père Prieur : nous ne faisons point de politique. — Ce n'est point votre politique que nous craignons, lui fut-il répondu; mais vous dites la messe et vous portez des scapulaires. Nous ne voulons plus de ces superstitions-là. »

Le P. Tuffier, Procureur, était présent à cette perquisition. Il reçut l'ordre de rassembler tout le monde au parloir. L'ordre fut communiqué; et tous, Pères et Frères (à l'exception d'un petit nombre qui avaient pu s'évader), vinrent docilement sur l'invitation de la sainte obéissance affronter le danger.

Ce fut là qu'après une longue attente se fit une espèce d'interrogatoire dans lequel on demanda à chacun ses noms, prénoms et qualités. Le Prieur, le Procureur, le Secrétaire et le quatrième Conseiller présent furent mis en tête de la liste ; c'étaient les RR. PP. Radigue, Tuffier, Rouchouze et Tardieu. C'était un périlleux honneur de se trouver aux premiers rangs : aucun d'eux ne se le dissimulait ; mais aucun n'eût voulu céder sa place. Quand le récensement fut fini, on déclara aux Pères et aux Frères qu'ils étaient prisonniers. Et, de peur qu'ils ne concertassent ensemble quelque complot, on les mit sous la garde de soldats bien armés ayant ordre d'exécuter immédiatement celui qui dirait un seul mot. Les communeux se firent alors remettre toutes les clefs de la maison, sans en excepter celle de la chapelle, qu'ils eurent soin de bien fermer après s'être assurés qu'il n'y restait plus personne.

Pendant que les fédérés se répandaient dans la maison pour piller, il se passait au parloir une scène bien touchante, qu'un témoin oculaire, le R. P. Tauvel, décrit de la manière suivante : « J'arrivai au parloir vers quatre heures et demie. Tous nos Pères et nos Frères y furent bientôt réunis. Alors commença une scène que je n'oublierai jamais. Les Pères étaient rangés le long du mur qui donne sur l'escalier; nos anciens étaient assis; nous autres jeunes prêtres, nous disputions à qui resterait debout. Nos Frères convers étaient aussi debout pour la plupart, tandis que nos deux gardiens s'étalaient chacun dans un fauteuil. Nous restâmes dans cette position durant deux heures, au bout desquelles nos gardiens permirent enfin au sacristain d'introduire un modeste banc pour que tout le monde pût s'asseoir. Pendant tout ce temps le silence fut religieusement observé, non tant par crainte des menaces de nos geôliers que par un sentiment de recueillement religieux. C'était vraiment l'attitude de la prière ; plusieurs Pères disaient leur bréviaire, les Frères convers récitaient leur chapelet. Tous nous faisions l'oraison dans l'intervalle de nos prières vocales. Je n'ai remarqué aucune expression de peur ou de dépit, mais au contraire une résignation pleine de calme et de dignité. J'ai surtout été frappé de la tenue si modeste et si pieuse de nos anciens parmi les Frères convers. Il me semble que les communeux eux-mêmes ont dû en être touchés. Une seule inquiétude se faisait jour à travers cette attitude si paisible, c'était la crainte de se voir séparer. Pour moi, je dois l'avouer, en voyant le R. P. Prieur si souffrant et pourtant si ferme; je me disais en moi-même : Si ces gens-là veulent nous l'enlever, je m'offrirai à partir avec lui, et je les prierai si bien qu'il leur sera difficile de me résister. Je crois pouvoir affirmer que cette disposition ne m'était pas personnelle; car il me semble que nous n'avions jamais si bien réalisé que dans cette circonstance cette devise que nous a laissée notre pieux fondateur : « *Cor unum et anima una*, un seul cœur et une seule âme. » Aussi grande fut notre joie quand on nous déclara, à nous autres prêtres, que nous allions partir tous ensemble.

Quant à nos bons Frères convers, ils

furent bien attristés sans doute de cette cruelle séparation, mais ils ne me parurent point abattus.

Nous nous regardions comme privilégiés, et nos Frères eussent voulu partager nos opprobres.

Une chose impressionna péniblement nos Pères et nos Frères au moment de leur arrestation, c'est la jeunesse de ceux que la Commune lançait à leur poursuite : ils n'avaient, pour la plupart, que de quinze à vingt ans. Comment, se disaient-ils, le cœur humain peut-il être à cet âge si corrompu ! Voilà donc le fruit de nos idées modernes !! C'était vraiment un étrange spectacle de voir ces vieillards vénérables à la merci de ces imberbes, obligés de leur demander permission pour sortir du local dans lequel ils étaient enfermés ; car pendant les six ou sept heures que dura leur détention préventive, aucun des prisonniers ne put s'absenter pour les nécessités les plus urgentes que sur le bon vouloir de leurs geôliers, qui ne les quittaient pas un seul instant.

Pendant que nos prisonniers commençaient au parloir de Picpus cette vie de silence et de prière qu'ils allaient bientôt continuer sous les verrous, les gens de la Commune parcouraient la maison en tous sens, furetaient dans toutes les chambres, brouillaient toutes les clefs. Cependant la nuit approchait, il fallait songer à dîner. Les cuisiniers mis à réquisition durent servir aux envahisseurs le souper qu'ils avaient commencé à préparer pour leurs Pères et leurs Frères. Ces derniers n'avaient encore rien pris depuis midi lorsque dix heures du soir vinrent à sonner.

Ce fut alors que les chefs de l'expédition entrèrent de nouveau au parloir, non point pour apporter quelques aliments à leurs captifs, mais pour leur déclarer qu'ils étaient prisonniers de la Commune. Ce ne fut qu'à force d'instances que nos Pères obtinrent la permission de prendre une légère réfection avant leur départ. On vint leur apporter du pain et de l'eau, puis un peu de fromage, puis un peu de viande et de vin. On ne voulait pas leur permettre d'aller prendre dans leur chambre les objets les plus nécessaires. Quelques-uns cependant purent y aller, accompagnés par les gardes nationaux, qui ne leur donnèrent que le temps de faire une bien légère provision ; d'autres reçurent des Frères convers un tout petit paquet de voyage. Pour les tranquilliser, on leur disait qu'il ne s'agissait que d'une absence de vingt-quatre heures.

Enfin, comme onze heures sonnaient, on signifia aux Pères qu'il fallait monter en voiture, et aux Frères qu'ils restaient dans la maison pour y continuer leurs travaux. Sept voitures de place stationnaient à la porte ; les Pères y montèrent deux à deux, accompagnés d'un garde national. Ils étaient treize, y compris le Frère sacristain. Voici les noms de ces généreux confesseurs de la foi ; outre les quatre que j'ai déjà nommés, c'étaient :

1° Le R. P. Siméon Dumonteil, du diocèse de Lyon, compatriote et ancien condisciple de l'abbé Deguerry, ancien missionnaire de l'Océanie orientale, âgé de soixante-dix-sept ans et profès depuis 1824.

2° Le R. P. Louis Lafaye, du diocèse de Limoges, où il a exercé les fonctions de curé avant d'entrer dans notre Congrégation. Il fit ses vœux en 1847. Entre autres charges importantes, il a exercé pendant plusieurs années celle de supérieur du grand séminaire de Versailles. Il vient d'être promu, en chapitre général, au poste éminent de maître des novices.

3° Le R. P. Daniel Holtermann, Hollandais d'origine, appliqué depuis plusieurs années dans la maison-mère aux travaux du saint ministère, surtout à l'égard des enfants pauvres et des soldats. Il se dispose à partir pour l'Amérique méridionale, où il doit reprendre des occupations qu'il y a déjà exercées.

4° Le R. P. Philibert Tauvel, du diocèse de Rouen, ex-professeur de dogme, maintenant économe au Séminaire de Versailles. Ce cher confrère a mérité les honneurs de la prison par son dévouement pour ses élèves et la fidélité de son obéissance. Il se trouvait *par intérim* à notre noviciat d'Issy lorsque éclatèrent les événements de la Commune. Après avoir beaucoup souffert de la mauvaise conduite des gardes nationaux durant le premier et le second siége, il voyait arriver avec anxiété le jour de la rentrée du grand séminaire de Versailles fixée au mardi de Pâques. Les communications directes entre Versailles et Issy se trouvant alors interrompues, le P. Tauvel vint à Paris le 11 avril, espérant se jeter dans les lignes prussiennes et parvenir ainsi jusqu'à son poste; mais la garde sévère qui se faisait alors aux portes de Paris l'empêcha d'exécuter ce plan. Le lendemain mercredi s'opérait à Picpus l'arrestation dont il fut la victime.

5° Le R. P. Sosthènes Duval, du diocèse de Versailles. Après avoir été élève de nos Pères au grand séminaire, il y fut professeur de philosophie; rappelé ensuite à la maison-mère, il y donnait des leçons de littérature à de jeunes aspirants à notre noviciat, et exerçait depuis quelque temps les fonctions de chapelain à l'hospice d'Enghien. Il a reçu comme récompense de sa captivité une partie de l'héritage de notre glorieux martyr le R. P. Tuffier : il exerce les fonctions d'aumônier auprès des élèves du pensionnat de la Mère de Dieu.

6° Le R. P. Laurent Besqueut, né au diocèse du Puy et agrégé à celui de Versailles, où il a exercé les fonctions de vicaire et de curé avant d'entrer dans notre Congrégation. Depuis sa profession qu'il fit au mois d'octobre 1861, ce Père n'a cessé de remplir les fonctions d'aumônier auprès des sœurs de la maison de Picpus. Il vient d'être appelé, par les suffrages des capitulants, à la charge de conseiller du supérieur général.

7° Le R. P. Séverin Kaiser, du diocèse de Trèves (Prov. Rhénane), est entré dans la congrégation avec ses deux frères, dont l'un vient de mourir à Valparaiso et l'autre est maintenant avec lui professeur au grand séminaire de Versailles. N'ayant rien qui exigeât sa présence à la maison-mère, ce Père se disposait à se retirer en province lorsqu'une circonstance insignifiante vint empêcher son départ ; il ne cesse d'en bénir la divine Providence.

8° Le R. P. Saintin Carchon, du diocèse de Verdun, entré déjà prêtre dans notre congrégation, venait de faire ses vœux le 2 octobre 1870, malgré les nuages orageux qui assombrissaient l'horizon. Il était aumônier de l'admirable institution des petites sœurs des Pauvres, qui ont un établissement au bout de notre rue. Il crut, comme ses autres confrères, qu'ayant une certaine charge d'âmes il ne lui siérait pas de fuir au moment du danger.

9° Enfin le frère Constantien Lemarchand, du diocèse de Séez, profès depuis 1851, a passé presque toute sa vie religieuse à l'ombre du tabernacle en qualité de sacristain. Etant revêtu de la soutane, il fut arrêté comme prêtre. Il se montra jusqu'au bout de sa captivité parfaitement digne de l'honneur que lui avait fait la Commune, en l'adjoignant à nos révérends Pères confesseurs de la foi.

Tous partirent donc de Picpus à onze heures de la nuit. Quelques curieux témoignèrent leur surprise en voyant passer ce convoi. Un homme, qui voyageait en fiacre, mit la tête à la portière, et, voyant bien que c'était des ecclésiastiques qu'on menait en prison : « Etouffez-les, s'écria-t-il, ces c... là ! » C'était un présage des cris de mort qui allaient bientôt retentir aux oreilles de nos captifs. Après bien des détours dans les environs du palais de justice, le convoi entra à la Conciergerie, lorsque minuit sonnait à Notre-Dame. On fit mettre les prisonniers sur deux rangs, et, après leur avoir fait parcourir différents quartiers de la maison, on les conduisit enfin dans les appartements qui sont en face de ceux qu'occupa l'illustre Marie-Antoinette ; ils y furent renfermés quatre ou cinq ensemble, mais comme le P. prieur était souffrant, ses confrères obtinrent pour lui, le lendemain, une chambre où il put être seul. C'est lui qui va maintenant nous parler du séjour à la Conciergerie et du transfert à Mazas. C'est un extrait de la lettre qu'il écrivait le 2 mai à son supérieur général, de cette dernière prison.

« Nous ignorions en entrant, lui dit-il, si nous resterions enfermés tout le temps sans sortir. Le lendemain matin à sept heures et demie, un gardien vint nous ouvrir, en nous disant que nous pouvions descendre au préau et y rester tous ensemble jusqu'à cinq heures et demie du soir, moment où nous devions être écroués de nouveau dans nos cellules. Vers huit heures et demie, un cuisinier, accompagné d'un gardien, entrait dans la cour avec un seau de bouillon. Nous dûmes tous venir, armés de notre gamelle, en face du corps de garde, recevoir notre ration ; elle nous fut versée avec profusion. Nous avions reçu un pain pour notre journée, et nous pûmes en mettre dans notre bouillon. Il y avait dans un coin un robinet qui laissait couler l'eau à volonté ; nous allâmes nous y désaltérer, et ainsi se termina notre déjeûner.

« A trois heures, même cérémonie, pour aller recevoir dans la gamelle une portion de haricots, de pois ou de riz ; car tel était notre ordinaire, excepté le jeudi et le dimanche, où l'on servait un morceau de viande, qu'on appelait du bœuf et qui offrait aux dents une résistance assez ferme. Notre bouillon, qui était habituellement maigre, devenait gras ces deux jours-là. Je n'ai rien trouvé qui ne fût mangeable ; mais il est certain que ceux qui n'ont que cet ordinaire doivent souffrir, s'ils ont été dans l'abondance, ou s'ils sont d'une santé délicate. Pour nous, vieux et infirmes, nous aurions bien souffert si la bonne Providence ne nous eût envoyé une sainte âme, surnommée par nous *l'Ange de la prison*. Par son moyen, nous avons pu avoir un supplément de vivres et passer les jours de la Conciergerie sans trop souffrir.

« Le jeudi 13, à onze heures du matin, nous fûmes conduits au greffe pour donner nos noms. Là, des marques de sympathie nous furent données. Je dois dire que depuis notre entrée à la Conciergerie aucun acte d'hostilité ne s'est manifesté à notre égard. Au contraire : les gardiens et les autres employés ont toujours été très-convenables.

« Nous sentions vivement la privation d'offrir le saint sacrifice. Le samedi 15, je fis au directeur de la prison la demande de pouvoir dire la sainte messe le lendemain. Le dimanche 16, le directeur me fit appeler et me dit qu'il avait le regret de ne pouvoir accéder à mes désirs; qu'il fallait une permission de la Commune. Le directeur fut très-convenable en cette circonstance.

« Le lundi soir, vers trois heures et demie, on vint nous avertir que nous devions partir à l'instant pour être transférés ailleurs. — Où ? demandons-nous. — Nous ne pouvons rien vous dire. Telle fut la réponse. On nous fit monter dans l'affreuse voiture cellulaire, et à quatre heures nous étions à Mazas. Après les formalités remplies au greffe, nous avons été écroués dans nos cellules, sans pouvoir ni nous parler, ni nous voir, ni même nous entendre. »

Avant de suivre nos confesseurs dans cette nouvelle prison, arrêtons-nous à quelques détails du séjour dans la première.

Arrivés à la Conciergerie, nos Pères

n'eurent rien de plus pressé que de se préparer à la mort. L'un d'eux s'était déjà confessé au parloir de Picpus; un autre en fit autant en voiture, d'autres dans la prison. Tous prirent leurs précautions; car ils s'attendaient aux plus graves événements. Cela fait, ils s'adonnèrent à la joie la plus expansive. « Vraiment, me disait l'un d'eux, notre gaieté était si grande qu'en toute autre circonstance j'aurais eu quelque scrupule de m'y livrer avec tant d'abandon. Nous prolongions notre récréation jusqu'à neuf ou dix heures du soir; nous plaisantions sur la pitance de la Conciergerie, sur les pointes gracieuses dont ses murs étaient décorés, etc. Le P. Tuffier et le P. Tardieu excellaient à entretenir cette innocente jovialité. Nous pensions tous qu'elle ne pouvait pas déplaire à celui qui a dit : « *Hilarem datorem diligit Deus* : Dieu « aime les sacrifices joyeux. » Nous avions soin cependant d'entremêler ces récréations d'exercices plus sérieux. Nous faisions en commun dans nos cellules nos prières et nos lectures selon la règle; nous y joignîmes une neuvaine en l'honneur de saint Joseph, dont le Patronage approchait. En un mot, notre joie était toute spirituelle et selon Dieu, conformément à cette parole de l'Apôtre : « *Gaudete in* « *Domino semper; iterum dico, Gaudete.* « Réjouissez-vous dans le Seigneur : je « vous le dis encore, Réjouissez-vous. »

Cependant cette joie était mêlée de tristesse. Ce qui préoccupait nos Pères, ce n'était pas le sort qui leur était réservé. Ils s'attendaient tous à mourir et dissertaient paisiblement sur le genre de mort qui les introduirait au ciel. L'un était pour la balle, l'autre pour la guillotine, mais tous s'apitoyaient d'un commun accord sur leurs bons Frères convers, qu'ils avaient laissés sans défense entre les griffes du lion, et sur les communautés voisines qui restaient privées des secours de la religion.

Nous avons vu le P. Radigue, dans son rapport au T. R. P. Supérieur général, lui parler d'une *sainte âme* surnommée par nos Pères *l'Ange de la prison*. Voici quelques détails que je trouve à son sujet dans une relation collective de plusieurs de nos Pères :

« Dès le lendemain de notre emprisonnement, comme nous étions tous ensemble dans le préau, nous vîmes, vers les huit heures du matin, une respectable dame venir se présenter à une fenêtre grillée donnant sur notre cour et nous offrir ses services. C'était la directrice de la lingerie. Ses offres furent acceptées et non sans besoin; car nous manquions de beaucoup de choses. Le P. procureur lui donna donc ses commissions, sans songer à lui demander son nom. L'air vénérable de cette personne et son empressement religieux à secourir des prisonniers qu'elle n'avait jamais vus, nous la fit surnommer *l'Ange de la prison*. Quand elle revint à l'heure du déjeûner nous apporter ses provisions, le P. procureur la pria d'accepter cette dénomination; ce qu'elle fit de très-bonne grâce, en promettant de remplir la charge que lui imposait ce nom. C'est ce qu'elle fit avec un dévouement au-dessus de tout éloge. Par elle, nous pûmes obtenir le supplément de nourriture que réclamaient l'âge et la santé de plusieurs d'entre nous ; elle nous procura quelques journaux ; elle se chargea aussi de faire parvenir nos lettres et d'aller dans la rue de Picpus pour savoir ce qui se passait.

« Cependant nous ignorions toujours le nom de ce mystérieux personnage, lorsqu'un jour le P. Tuffier reçut une lettre de cette excellente dame, dans laquelle elle lui disait qu'elle était fille, sœur, femme et mère d'officiers supérieurs de l'armée française ; que son fils Maurice d'Aubignosc, nommé capitaine du 110ᵉ de ligne à l'âge de vingt ans, était encore retenu au lit par suite d'une blessure qu'il avait reçue à l'affaire de Montretout. Pour récompense de ses services, cette pieuse mère demandait que l'on priât pour son enfant. Elle en fit tant pour nous qu'elle devint suspecte aux gens de la Commune. Un mandat d'arrêt fut lancé contre elle, et elle fut obligée de sortir de Paris pour échapper aux poursuites dont elle était l'objet. »

Les cinq jours que nos prisonniers passèrent à la Conciergerie ne furent donc pas les plus durs de leur captivité. Le local qu'ils occupaient était, il est vrai, humide et malsain; mais ils y goûtaient les charmes de la vie commune, et cela leur suffisait. Aussi, grande fut leur tristesse quand, le lundi soir, on vint les inviter à monter en voitures cellulaires. Lorsque, après une demi-heure de trajet, ils reconnurent qu'ils étaient à Mazas, ils profitèrent des quelques instants qu'ils passèrent dans leurs cellules d'attente pour s'encourager mutuellement.

En entrant dans ce triste séjour, le Père prieur prononça cette parole que tous ses frères répétèrent du fond du cœur : « *Dominus pars hereditatis meæ et calicis mei; tu es qui restitues hereditatem meam mihi* : Vous êtes, Seigneur, la portion de mon héritage et de mon calice; c'est vous qui me rendrez l'héritage qui m'est dû. » Puis il ajouta : « *Non mea voluntas, sed tua fiat!* Mon Dieu, que votre volonté se fasse et non pas la mienne. » Et s'adressant à ses confrères : « Mes chers Pères, leur dit-il, voilà l'heure du combat qui approche; je vous demande de réciter chaque jour les uns pour les autres les litanies des saints. » Cette proposition fut acceptée avec empressement. Puis chacun comparut tour à tour devant le greffier et fut ensuite conduit dans sa cellule.

III

Tandis que nos vénérables Pères faisaient ainsi leurs stations douloureuses, que devenaient nos Frères convers entre les mains des communeux ? Ceux-ci voulurent d'abord affecter de ne les traiter que comme des gens de service ; mais ils ne tardèrent pas à s'apercevoir qu'ils avaient affaire à de véritables religieux. Dès lors ils organisèrent à leur endroit une série de tracasseries et de persécutions dans laquelle nous allons voir éclater la puissante protection des divins Cœurs.

La première chose que firent les envahisseurs fut de bien s'assurer qu'ils avaient en main toutes les clefs de la maison. Un jeune frère belge, nommé Liévin, gardait alors la porte. Ils lui enlèvent son trousseau. « Ne reste-t-il plus rien ? disent-ils. — Non, » répond innocemment ce Frère, ne songeant pas à une clef qu'il portait suspendue à son cou. C'en fut assez pour le faire traiter de fourbe et de menteur. On lui arrache cette clef, on le traîne au réfectoire, on le dépouille pour le fouiller, on l'accable d'injures, tout en lui faisant faire sa profession de foi; puis on le jette dans une sorte de petit caveau, où ce bon frère passa deux jours, tout transi de froid à cause de l'humidité du local. Les autres Frères intercédèrent pour lui, représentant au commissaire l'inhumanité d'un pareil traitement. Tout ce qu'ils purent obtenir, c'est qu'il fût transféré dans une chambre proche de l'infirmerie, dont la clef fut remise à un garde national qui avait ordre de ne pas laisser sortir un seul instant son prisonnier. Cet homme, moins méchant que ses chefs, remit la clef à l'infirmier, F. Crépin, en lui recommandant bien de ne pas violer la consigne. F. Crépin devint donc le geôlier de son Frère, et l'on peut imaginer de quelle sorte il s'acquitta de cette fonction. F. Liévin put dès lors faire en cachette quelques pas en dehors de sa prison. Elle dura plus de dix jours, du 12 au 23 avril.

Un autre emprisonnement eut lieu quelques jours après. Voici quelle en fut l'occasion :

Malgré le soin que mirent les communeux à garder leurs prisonniers, plusieurs leur échappèrent. Cinq d'entre eux s'étaient évadés dès le premier jour; c'étaient le F. Elie, maître jardinier, et les FF. Antonin, Paul, Benoît et Télesphore. Ce dernier fut assiégé pendant une heure et demie dans un cabinet où il s'était retiré. Les communeux ayant décampé, de guerre lasse, ce Frère sortit de sa cachette, et, se voyant alors poursuivi, il alla se blottir dans un tas de fagots, où il resta près de deux heures, jusqu'à ce que la nuit lui permît d'exécuter sa retraite.

Le lendemain ce fut le tour du F. Marin Fouquet. Sa qualité de commissionnaire rendait sa position très-difficile. On aurait voulu lui arracher bien des secrets. Il trouva le moyen de sortir par une porte dérobée. Comme il sautait dans la rue, il fut aperçu par un garde national, posté non loin de là ; celui-ci court aussitôt pour chercher du renfort. Trois ou quatre hommes armés s'élancent sur les traces du prisonnier, qui redouble d'agilité et se dérobe ainsi à leur poursuite.

Un autre Frère avait été spécialement convoité par les gens de la Commune, c'était le F. Lambert, Allemand à la taille élancée, au teint frais et aux cheveux blonds ; à sa tenue martiale on reconnaît aisément en lui un ancien soldat. Nos communards s'étaient imaginé qu'ils pourraient l'enrôler dans leurs troupes de bon gré ou de force ; ce que voyant ce Frère, profita d'un moment où la porte était mal gardée, et sortant par l'avenue de Saint-Mandé, il vint se réfugier chez une personne du voisinage amie de notre maison. Il y resta quelques jours, en attendant l'occasion favorable de sortir de Paris.

Pour arrêter ces évasions et retrouver

les fugitifs, Clavier résolut de faire un coup d'état. C'était un vendredi, le 14 avril, sur les neuf heures du soir. Le commissaire ordonne à tous les Frères de se rendre à la salle des exercices ; quelques-uns venaient de se coucher. Ils durent se lever. Quand ils furent tous réunis, Clavier entra le révolver à la main et commença par faire sauter le bénitier qui se trouve auprès de la porte ; puis il se dirigea vers la place réservée à notre T. R. Père supérieur général et s'y assit un instant ; mais il se leva aussitôt après, comme s'il eût craint que le feu ne prît à son siége. Il revint donc au milieu des Frères et les menaça de mort s'ils ne répondaient pas exactement aux questions qu'il allait leur adresser. Ensuite il commença par leur demander ce qu'ils mangeaient durant le siége. « Nous mangions, répondirent-ils, du pain noir et du cheval, comme les autres habitants de Paris. — Oui, oui, reprit Clavier, sous prétexte d'avoir une ambulance, vous mangiez ce qu'on envoyait aux malades. » On eut beau lui faire observer que notre maison n'était qu'une caserne, et non pas une ambulance, il fit la sourde oreille et passa à une autre question. « Vous n'êtes pas de simples domestiques, dit-il, vous êtes des religieux. » Nos bons Frères ne balancèrent pas un seul instant. Ils répondirent affirmativement et avec une assurance qui montrait combien ils étaient heureux de s'être consacrés au service des divins Cœurs. Alors le commissaire demanda à chacun son emploi. Tous répondirent avec ingénuité. « Mais, dit Clavier, tout le monde n'est pas ici. Où est le commissionnaire (F. Marin) et le grand blond (F. Lambert) ? — Nous ne le savons pas. — Vous ne le savez pas ? Vous allez les trouver tout de suite, ou je vous fais tous fusiller. » Les Frères eurent beau protester de leur ignorance ; on les jeta, au nombre de six, dans un réduit humide. Ils passèrent toute la nuit dans cette prison et ne furent délivrés qu'à neuf heures du matin. Voici les noms de ces bons Frères : F. Palémon, F. Amator, F. Yves, F. Maurice, F. Boniface et F. Etienne.

Parmi nos frères qui restèrent au pouvoir des communeux, un de ceux qui eurent le plus à souffrir fut le F. Stanislas Beunat. Son office de chambriste le mettait en rapport continuel avec eux. Ils se disputaient ses services. Clavier, qui s'était installé dans les appartements du Supérieur général, retint ce frère auprès de lui et le traita comme son domestique. Il exploitait largement son adresse et son activité. Comme sa table était toujours bien garnie et que de nombreux convives y étaient invités, le service du F. Stanislas était parfois bien compliqué. Mais la multiplicité de ces travaux n'était pas ce qu'il y avait de plus pénible pour ce bon religieux ; ce qui le faisait souffrir davantage, c'étaient les discours impies et obscènes qui venaient à chaque instant frapper ses oreilles et déchirer son cœur.

Il entendit les propos les plus injurieux contre l'Archevêque de Paris et ne craignit point d'y répondre par une protestation énergique de respectueux attachement pour ce digne Archevêque. Un jour, les chefs de ces bandits firent en sa présence leurs complots sanguinaires contre les ecclésiastiques qu'ils avaient arrêtés comme otages. « Il est temps d'en finir, disaient-ils, avec tous ces gens-là. Il y a assez longtemps qu'ils cherchent à abrutir le peuple par leurs superstitions » — Non contents de tenir en leur pouvoir douze prêtres de notre institut, parmi lesquels se trouvaient quatre des principaux, ils ambitionnaient la capture de notre bien-aimé Père Supérieur général. Pensant qu'il pouvait être caché dans quelque réduit de la maison, ou retiré dans un autre quartier de la capitale, ils obsédèrent le F. Stanislas pour qu'il leur découvrît le lieu de sa retraite; mais celui-ci leur répondit toujours avec sagacité : « J'ignore où est mon Supérieur général. Je sais seulement qu'il est en province, allez-y le chercher, si vous le voulez. » Cette réponse était péremptoire; mais les communeux refusaient d'y ajouter foi, et, jugeant des autres par eux-mêmes, ils allèrent jusqu'à solliciter le F. Stanislas de renouveler en leur faveur le crime infâme de

Judas, jusqu'à lui offrir le grade de *caporal* pour prix de sa trahison. Inutile d'ajouter avec quelle indignation ce noble enfant des divins Cœurs rejeta une si abominable proposition.

Plusieurs fois ils l'attaquèrent sur les principes de notre sainte religion. Un jour entre autres, ils lui demandèrent ce qu'il pensait de la confession. « Messieurs, dit-il, de telles questions nous entraîneraient trop loin; d'ailleurs vous ne comprendriez rien aux réponses que j'aurais à vous faire. » Une autre fois ils voulurent le mettre sur le terrain de son vœu de chasteté; mais notre frère leur ferma la bouche par une de ces paroles judicieuses et énergiques que l'Esprit-Saint semblait lui inspirer.

Dans une circonstance il fut question de la très-sainte Vierge. « Et Marie, lui dirent-ils, est-ce que vous ne l'adorez pas ? — Non, répondit le frère, nous ne l'adorons pas; mais nous l'aimons et l'honorons comme la mère de Notre-Seigneur Jésus-Christ vrai Dieu et vrai homme tout ensemble. »

Enfin, à bout de sophismes et de questions captieuses, ces tyrans essayèrent une autre sorte d'argument. C'était vers la fin d'un dîner. Le pauvre F. Stanislas faisait tristement le service que lui imposait sa dure captivité. Tout à coup Clavier se retourne vers lui, et, lui mettant le révolver sur la poitrine : « Jure, lui dit-il, qu'il n'y a pas de Dieu ; — Je jure, répond le frère, qu'il y a un Dieu, je l'aime et je l'adore. — Faut-il tirer ? demande le commissaire à ses satellites. — Tire ! tire ! lui crie-t-on de tous côtés. — Tirez si vous voulez, » dit le frère, sans pâlir ni reculer. Par trois fois se reproduit la même menace, et par trois fois le confesseur y répond avec la même fermeté. Décidément la victoire est à lui. Clavier dépose son arme sur la table et balbutie d'un air embarrassé : « Il se ferait tuer plutôt que de renoncer à ses superstitions. Il voudrait bien passer pour un martyr. — Je ne cherche point le martyre ; mais je vous déclare que vos menaces ne me feront jamais abjurer la religion. »

Cet acte de courage ne contribua pas

peu à augmenter dans l'esprit des communeux l'estime et le respect qu'ils subissaient à l'endroit de leur captif. F. Stanislas en profita pour leur faire entendre quelques bonnes vérités. Un sergent nommé Girault s'étant un jour aventuré à dire qu'il avait reçu, lui aussi, une éducation cléricale, F. Stanislas lui mit la main sur la poitrine en disant : « Eh bien ! s'il en est ainsi, il y a là quelque chose qui dément tous vos blasphèmes. » Le sergent chercha à se débattre contre cette étreinte imprévue ; mais ses efforts furent inutiles, le frère lui ferma la bouche en disant : « Non, non, quand on a reçu les leçons d'un prêtre, on ne les oublie pas si facilement. »

Une autre fois le même frère reçut une confidence remarquable de la part d'un pauvre jeune homme que ces scènes émouvantes avaient probablement touché. Il lui avoua qu'il avait eu le malheur de faire une mauvaise première communion. « Un jour, dit-il, mes camarades m'avaient fait enivrer. Je n'ai pas osé le dire à mon confesseur et j'ai tout de même communié.

Tout le reste du jour j'étais bien triste. Ma sœur, qui est maintenant religieuse, me dit : « Qu'as-tu donc aujourd'hui ? » Je ne voulus pas lui avouer le sujet de ma peine. Jusqu'à l'âge de dix-huit ans j'étais bien tourmenté. Maintenant c'est fini ; car je ne crois plus à rien. » Le F. Stanislas, sans examiner jusqu'à quel point cet aveu pouvait être véridique, s'efforça de ranimer la foi et l'espérance dans celui qui lui témoignait, du moins en apparence, une telle confiance ; mais il ne put rien obtenir de satisfaisant. Qui sait cependant si ces paroles ne sont point un germe qui produira un jour son fruit.

Cependant une chose préoccupait étrangement ce bon frère. Il y avait déjà trois ou quatre jours que ces impies occupaient la maison. La chapelle était en leur pouvoir ; personne ne pouvait y pénétrer. Qu'avaient-ils faits du très-saint Sacrement ? c'est la question que se faisaient tous les frères, mais spécialement le F. Stanislas et le F. Agapit. Ils eurent à peu près en même temps la pensée d'aller voir s'ils pourraient pénétrer daus la tribune de l'adoration nocturne. La porte en était en effet restée ouverte. Ils entrent, et que voient-ils ? les saintes espèces répandues sur le tapis rouge qui couvrait la nappe d'autel. Que faire ? On va consulter M. le curé de Saint-Éloi, qui, étant venu se réfugier chez nous au commencement de la persécution, se tenait alors caché dans notre infirmerie. La première pensée de ce digne ecclésiastique fut de faire lui-même toutes les démarches possibles, pour arracher le corps adorable du Sauveur des mains de ces profanateurs ; mais il comprit que ce serait s'exposer à un danger inutile, et que le F. Stanislas aurait plus de chances de succès par suite de l'ascendant qu'il avait pris sur l'esprit de ces gens-là ; il l'engagea donc à agir avec prudence et fermeté.

Inspiré par son esprit de foi, le F. Stanislas va trouver Girault et lui dit : « Qu'avez-vous fait ? Je viens de voir les saintes hosties répandues sur l'autel. Il faut que j'aille les ramasser. — Vous êtes fou, lui dit Girault, avec vos superstitions. » — Mais le F. Stanislas insista tellement qu'il obtint enfin d'aller à la chapelle, accompagné de Girault et d'un soldat armé. Ils entrèrent par le compartiment destiné aux étrangers, et, en arrivant à la grille du chœur, le F. Stanislas aperçut des parcelles répandues sur le plancher. Il monte aussitôt à l'autel et trouve les saintes hosties éparses sur la couverture. Girault s'avance et veut porter une main sacrilége sur le très-saint Sacrement. « Arrêtez! lui crie le frère, vous n'avez pas le droit de toucher à cela. — J'y ai autant de droit que vous, répond ce misérable. — Ce n'est pas sûr! réplique notre bon frère; moi je sais ce que je fais, et vous ne le savez pas. » En disant ces mots, il ouvre la porte du tabernacle que les profanateurs avaient forcée. Girault veut l'en empêcher; mais le religieux lui ordonne de le laisser faire, et un respect involontaire force cet homme à se retirer.

Après avoir recueilli avec toute la révérence possible les saintes particules dans un corporal, notre frère les porte d'abord dans sa chambre pour ne point trahir le curé. Celui-ci pendant ce temps-là, de concert avec l'infirmier, organisait une sorte de reposoir. Quelque temps après, le F. Stanislas arrivait apportant sa précieuse conquête. Comme on n'avait pas de ciboire, le saint Sacrement fut déposé dans un vase de porcelaine, et renfermé dans un petit secrétaire qui servit de tabernacle.

Dès qu'il eut entre les mains ce saint dépôt, M. le curé de Saint-Éloi réunit les frères convers durant le sommeil des agents de la Commune. Il les exhorta à redoubler de ferveur pour réparer tant d'outrages dont Notre-Seigneur venait d'être l'objet. Voici un abrégé de l'allocution qu'il leur adressa à ce sujet :

« L'histoire nous apprend, mes bien-
« chers frères, qu'au temps des premières
« persécutions, les fidèles, poursuivis par
« les païens, emportaient chez eux les
« saintes hosties pour s'y communier le
« plus souvent possible, et puiser dans
« l'auguste participation de ce sacrement

« d'amour la force qui leur était néces-
« saire pour braver la fureur des tyrans.

« En ces jours de désastre pour la reli-
« gion et pour la France entière, placés
« dans ce même péril, nous avons besoin
« de la même puissance surnaturelle pour
« résister aux actes de haine et de bar-
« barie des gens de la Commune.

« Excitons-nous donc tous à une vraie
« douleur de nos fautes. Implorons le
« Père des miséricordes, et conjurons-le
« de vouloir bien nous les pardonner; puis
« préparons-nous à la sainte communion.
« Nous avons aussi des hosties saintes à
« notre disposition ; nous avons à remplir
« un devoir de plus envers ces divines
« hosties; car il s'agit pour nous de répa-
« rer la profanation par laquelle elles ont
« passé. Il y a dans cela quelque chose
« d'infiniment plus touchant que dans la
« communion que faisaient les premiers
« chrétiens, soit dans leurs demeures, soit
« dans les catacombes. »

Pendant la journée suivante, nos frères
continuèrent l'adoration, se confessèrent

et se disposèrent à cette communion qui empruntait une solennité exceptionnelle aux circonstances dans lesquelles ils se trouvaient.

Le lendemain, mardi 18 avril, de grand matin, ils vinrent successivement s'asseoir à cette table improvisée, excepté deux ou trois que leurs occupations ont empêchés. Tous étaient pénétrés des mêmes sentiments de foi, d'amour et de confiance.

Cette communion touchante, qui rappelait celles des catacombes et fit une vive impression sur le cœur de tous ceux qui y prirent part, eut lieu le matin même du jour où M. le curé de Saint-Éloi fut emmené comme otage à la Conciergerie.

Nous avons cru devoir mettre en relief dans notre récit la circonstance de cet horrible sacrilége si bien réparé par la piété de nos bons frères convers, afin d'encourager toutes les âmes sincèrement vertueuses à s'unir à nous pour offrir à Notre-Seigneur Jésus-Christ leurs adorations et leurs hommages aux pieds de nos saints autels, où réside l'auguste sacrement de l'Eucharistie.

Pour compléter ce récit, j'ajouterai que le F. Stanislas, après avoir sauvé les hosties restées entières, se rendit plus tard à la chapelle et ramassa avec une éponge les parcelles qu'il put voir dans les fentes du parquet.

Mais d'où pouvaient provenir ces fragments adorables. Hélas ! il faut bien le dire: c'était le résultat d'une autre profanation. Quelques jours après l'arrestation de nos Pères, un vieillard aveugle et sourd qui ignorait ce désastre, venait, conduit par un enfant, du village de Pantin à Picpus, pour faire ses pâques dans notre Chapelle. Les communeux, sans aucun respect pour les cheveux blancs de cet infortuné, le renferment dans la chapelle et se mettent à insulter sa religion. L'un de ces misérables conçut l'idée impie de communier lui-même ce pauvre pèlerin. Celui-ci, ne faisant d'abord attention qu'à l'indécence de cette action, refusa de recevoir la sainte hostie d'une main si impure.

Mais on lui fit violence et deux hosties furent introduites dans sa bouche. Il y a lieu de croire que ce généreux chrétien comprit alors que le corps du Sauveur serait mieux logé dans sa poitrine qu'entre les mains de ces scélérats. « Eh bien ! lui dit l'un deux, tu dois être content maintenant. Les curés ne t'en auraient donné qu'une ; et nous, nous t'en avons donné deux ! »

Un autre jour, un de ces forcenés accosta F. Stanislas, et, l'appelant par son nom, il lui montra d'un air assez embarrassé une hostie qu'il tenait dans sa main. « Malheureux ! lui dit le frère, rendez-moi cela sur-le-champ. » L'autre obéit, et notre frère alla aussitôt porter l'hostie à M. le curé de Saint-Éloi. Il y a lieu de croire qu'elle était également consacrée. Car celui qui la rendit prétendit l'avoir trouvée auprès de l'autel.

Le vieillard dont nous venons de parler ne fut pas seul victime de sa piété. Dans les premiers jours qui suivirent l'arrestation de nos Pères, plusieurs dames vinrent aussi pour se confesser et communier. Elles furent renfermées en divers lieux de la maison et indignement fouillées. « Que viennent donc faire ici ces femmes ? demanda-t-on à F. Joseph, le portier. — Elles viennent se confesser et communier, répondit ingénûment ce bon frère. Peut-être, ajouta-t-il, viennent-elles pour avoir des nouvelles de leurs Pères que vous avez mis en prison. » Les communeux furent étonnés de cette franchise. Ils relâchèrent ces dames après avoir pris leurs noms et leurs adresses, et pour le F. Joseph, ils se contentèrent de le consigner dans sa loge.

Plusieurs prêtres de Saint-Éloi et quelques Frères des Écoles chrétiennes furent également internés à Picpus. L'un de ces prêtres, M. l'abbé Majewski, eut beaucoup à souffrir; son histoire serait longue, si nous voulions la raconter en détail. Il suffira de dire que le 15 avril étant venu visiter son confrère M. Saint-Aroman, notre voisin, qui était malade, il fut arrêté traîtreusement par les gardes nationaux qui stationnaient dans notre cour d'entrée. Renfermé d'abord dans un parloir, il y fut dépouillé de tous ses habits et frappé à coups de canne. On lui prit sa montre, son porte-monnaie et divers autres objets. On le jeta dans un petit caveau obscur, infect et humide. Avec lui furent également resserrés dans ce trou un domestique du voisinage, et un garde national enrôlé par force, qui commençait à devenir suspect à ces tyrans. On le laissa plus de vingt-quatre heures sans manger. On le retint ensuite plusieurs jours au secret à côté de M. l'abbé Guébels, son collègue. A la fin M. Majewski fit sonner bien haut le nom du trop fameux Dombrowski. « Vous connaissez Dombrowski? dirent ces lâches bourreaux.— Je crois bien que je le connais; et depuis plus longtemps que vous. » Sur ce, notre pauvre abbé fut élargi et reçut même en sortant de Picpus un billet attestant qu'il était un bon citoyen.

M. l'abbé Guébels, vicaire de Saint-Éloi, que je viens de nommer, fut aussi la victime d'un autre guet-apens que je raconterai pour mettre en tout son jour la perfidie des agents de la Commune. Le 12 avril, jour de l'arrestation de nos Pères, il était venu visiter son confrère M. Saint-Aroman, notre voisin, en compagnie de son frère et de son beau-frère. Notre maison était déjà envahie au moment où les visiteurs mettaient le pied dans la rue pour s'en aller. Ils furent aussitôt arrêtés comme suspects et renfermés dans notre parloir avec nos Pères, ainsi que M. Saint-Aroman et son concierge. Être pris en flagrant délit d'une accointance quelconque avec Picpus, c'était un crime suffisant. M. Saint-Aroman, qui était bien malade, ne put obtenir qu'à grand'peine de regagner son logis : il ne survécut pas longtemps ; ses compagnons ne furent également relâchés qu'après bien des difficultés. Quant à M. Guébels, sa qualité de Belge ne fut point suffisante pour le soustraire à de nouvelles persécutions. Quelques jours après, les communeux, qui avaient su discerner à notre infirmerie M. le curé de Saint-Éloi des autres malades, en prirent occasion pour tendre un piége à son vicaire. Ils envoyèrent à M. Guébels un message par lequel ils l'invitaient à venir voir son curé. M. Guébels entrevit bien la fourberie ; mais d'un autre côté il craignit de manquer à son devoir en reculant devant un appel qui pouvait être sérieux. Or, à peine arrivé à Picpus, il y fut de nouveau interné. On le relâcha plus tard ; puis on le reprit ensuite ; car la Commune en général tenait bien ce qu'elle avait saisi.

Quant à M. le curé de Saint-Éloi, je dois rapporter ici une belle profession de foi qu'il fit en présence de ses persécuteurs. Ceux-ci eurent l'audace de mettre en suspicion sa croyance à la présence réelle de Notre-Seigneur au très-saint Sacrement de l'autel.

« Croyez-vous sincèrement, lui dirent-ils, à cette *machine* que vous élevez et que vous montrez au peuple ?

— Messieurs, répondit le respectable curé, je suis membre de plusieurs sociétés savantes, j'ai beaucoup étudié. Eh bien ! je vous le dis en toute sincérité, le résultat de mes études a été de me confirmer de plus en plus dans la foi que je professe, et pour ce qui est en particulier de la présence réelle que vous blasphémez, je suis prêt à donner ma vie pour en attester la vérité. »

Pour revenir aux attentats sacriléges que les agents de la révolution ont commis dans notre couvent, je dois dire que, non contents d'outrager Notre-Seigneur dans le sacrement de son amour, ils l'ont insulté dans les images et les reliques de ses saints. Ils ont tiré un coup de fusil sur la statue de S. Pierre exposée dans notre chapelle. On voit encore le trou de la balle qui a transpercé à la tête le plâtre qui représente le vicaire de Jésus-Christ. Comme cette sainte image montre d'un doigt le ciel, ces stupides ricaneurs se firent un jeu sacrilége d'y mettre un éteignoir. Ils ont également tiré un coup sur la statue de S. Joseph ; mais le projectile a été se perdre dans la muraille. On en voit encore la trace.

Notre jardin était orné de diverses statues, dont l'aspect contribuait à nous donner quelques bonnes pensées jusque dans nos récréations. Ici c'était Notre-Dame du Sacré-Cœur, là le bon S. Joseph portant l'Enfant-Jésus; plus loin, le glorieux archange S. Michel terrassant le démon; puis venait S. Benoît, notre bien-aimé patriarche, portant sa règle à la main et nous donnant sur sa médaille des formules d'exorcismes contre l'ange déchu. C'étaient autant d'anathèmes contre les partisans de Satan; aussi n'eurent-ils rien de plus pressé que de briser tous ces pieux monuments.

Ils en firent autant dans les chambres. Pas un christ, pas une statue, pas une image n'y furent respectés. Ces pertes sont sans doute regrettables; elles peuvent cependant se réparer; mais il en est une autre que nous ne saurions trop pleurer, parce qu'elle est irréparable : je veux parler des précieuses reliques que ces huguenots du XIX° siècle ont hélas! détruites sans ressource. Picpus était peut-être, de toutes les communautés de Paris, celle qui était la plus riche en fait de reliques. Notre pieux fondateur en avait fait une très-notable collection. Il y avait des crânes, des ossements insignes, des corps saints entiers. Eh bien, une grande partie de ces richesses est perdue pour jamais. En rentrant à Picpus, nous avons trouvé nos grands reliquaires brisés, les saints ossements entassés pêle-mêle ; les sceaux étaient brisés, les authentiques brûlées ou dispersées. Plusieurs de ces saintes reliques ont été jetées dans les latrines avec des plasphèmes exécrables, en présence du frère Joseph qui n'a pu que gémir sur de si horribles attentats.

Je ne puis omettre une réflexion très-importante, que notre sacristain, le frère Constantin Lemarchand, me faisait dernièrement à ce sujet : « Mon Père, me disait-il, on a fait beaucoup de bruit au sujet des ossements de Picpus. On a cherché à les expliquer, soit par des ossements d'animaux, soit par la violation des tombeaux de notre cimetière. Assurément nos communards étaient bien capables de tout cela ; mais ils n'ont pas eu besoin d'aller chercher si loin. Ils ont trouvé abondamment de quoi faire dans nos précieux reliquaires qu'ils ont dévastés. Je suis là pour le constater. *La chose à mes yeux n'est pas douteuse.* Je me porte comme garant de ce que j'affirme, et je vous prie de le relater. » Ce témoignage du Frère sacristain va bientôt se trouver confirmé par des faits incontestables. Ce qu'il affirme est d'ailleurs parfaitement d'accord avec ce qu'ont rapporté les feuilles publiques des faits qui ont eu lieu à Saint-Sulpice et à Notre-Dame des Victoires. C'est la trame d'un même complot qui n'a d'autre instigateur que Satan.

Nous devons avouer cependant que nos reliquaires n'ont pas tous été exploités de la même manière. Plusieurs sont devenus la proie des flammes. Le vendredi 14 avril, un grand feu fut allumé auprès de la cuisine. On y jeta quantité de papiers, de livres, d'images et d'objets de piété, entre autres des reliques. La flamme s'élevait jusqu'à la hauteur du toit. Frère Agapit fit un reproche à quelques communeux de cet acte de vandalisme. « Que voulez-vous! répondirent-ils, nous sommes commandés comme cela. Nous avons ordre surtout de détruire les livres de religion. — Pauvres gens, répondit le frère, il en restera toujours assez pour vous confondre. » Le feu dura jusqu'à quatre heures du soir. On dit alors aux frères de l'éteindre ; ce qu'ils firent volontiers, espérant trouver encore quelques objets de piété dans les débris.

Tout en brûlant ces trésors qui n'étaient pour eux d'aucune valeur, les communards avaient soin de s'administrer les choses qui leur étaient de quelque utilité. C'est ainsi qu'on les entendait se dire entre eux en brisant les reliquaires : « Est-ce de l'or ? Est-ce de l'argent ? — Non, ce n'est que du cuivre, ce n'est que de l'acier... » Tout le linge qui restait dans les chambres fut emporté. Un de nos Pères, qui avait laissé une soutane toute neuve, n'en retrouva que le corsage : tout le bas avait été coupé. Nos communeux firent main basse sur tout ce qu'ils trouvèrent dans la basse-cour. Porcs, volaille, tout y passa. Trois Frères convers : F. Conrad, F. Damien et F. Boniface, étaient continuellement occupés à travailler pour eux à la cuisine ; parfois leur journée ne finissait qu'à deux heures du matin. Le chef cuisinier dut leur servir en un seul jour jusqu'à vingt litres de café

Notre bon F. Amator eut aussi beaucoup à souffrir, au milieu de ces brigands, dans son office de réfectorier. Voici un propos abominable que ces malheureux tinrent un jour en sa présence : « Va donc, lui dit l'un d'eux, nous chercher ton bon Dieu, que nous le fassions cuire. » Ce pauvre Frère frissonna d'horreur, en entendant un pareil blasphème. Il jugea prudemment que le silence était ce qu'il y avait de plus convenable à l'égard de ces gens-là. Il fit donc semblant de ne pas entendre. « Faut-il y aller ? » dirent alors ces misérables au commissaire qui était présent. Celui-ci fit également la sourde oreille, et les choses en restèrent là.

Ajoutons que ces gens-là étaient presque toujours dans un état d'ivresse. Ils n'ont pas laissé dans la cave une seule goutte du vin qu'ils y ont trouvé. Outre les provisions de toute sorte qu'ils ont consommées sur place, ils ont transporté nuitamment sur des charrettes le vin et les autres denrées qu'ils voulaient conserver.

Picpus était donc une place livrée au pillage. Il y avait de quoi exciter la jalousie des braves soldats qui n'avaient point part au butin. C'était le 204ᵉ bataillon de la garde nationale qui occupait notre maison, sous la conduite du commandant Levrault. Il y avait près de quinze jours qu'il était à la curée, lorsque le 25 avril, mardi, dès le matin, un détachement du 73ᵉ vient, capitaine en tête, sommer leurs confrères de céder la place, leur reprochant les nombreux enlèvements qu'ils faisaient des richesses de Picpus, au détriment de la Commune. Une vive altercation s'élève entre les concurrents, qui divergeaient d'opinion dans l'application *actuelle* et *pratique* des principes communeux.

Pour couper court à la difficulté, les nouveaux venus vont chercher du renfort à la caserne voisine. Pendant ce temps-là plusieurs chefs du 204ᵉ eurent le temps de s'évader, les autres furent arrêtés, mais bientôt relâchés par leurs camarades qui s'entendaient avec eux comme des *larrons en foire*.

Il y avait dans ce nouveau bataillon de bien mauvais sujets ; ce sont eux qui ont fusillé les statues de saint Pierre et de saint Joseph. Nos Frères ont entendu le coup de feu. Cependant la plupart paraissaient plus honnêtes que les autres. Ils ne couchaient pas dans nos chambres, se contentant pour cela des appartements du rez-de-chaussée. Le chef de cette bande s'installa dans la chambre du Prieur. Il amena avec lui sa femme, qui faisait son ménage. Il se montra plus conciliant que les chefs qui l'avaient précédé. Il permit aux frères Agapit et Stanislas de ramasser tous les objets de piété échappés à l'incendie. Déjà une partie de ces objets avait été mise dans la chambre du frère Stanislas, les autres y furent réunis.

Le zèle de ce bon Frère lui coûta cher. On fit chez lui une visite domiciliaire, on l'accusa d'avoir détourné des objets appartenant à la Commune ; car il était bien entendu que tout ce que nous avions appartenait à ces messieurs. Traduit devant une cour martiale, frère Stanislas eut à subir un long et pénible interrogatoire, accompagné de beaucoup d'outrages. Il s'entendit condamner à la prison. Puis on le conduisit à Mazas, à travers les huées de la populace, et par le chemin le plus long. Mais le commandant chargé de la garde de cette maison refusa de l'y admettre. En conséquence, il fut écroué au poste voisin, où il passa une bien mauvaise nuit.

Le lendemain soir voyant passer Clavier, qui, chassé lui-même de Picpus, semblait errer à l'aventure, il se recommanda à lui et en obtint un billet, à l'aide duquel il fut relâché. Bien lui en prit; car il a su depuis que, si on l'eût reconduit à Picpus, il y eût été fusillé. D'autres ont dit qu'un genre de supplice plus barbare avait été comploté contre lui et d'autres frères. On voulait les pendre par les pieds à des arbres et les y brûler à petit feu.

Quoi qu'il en soit de ces bruits populaires, il est certain que l'animation des communeux contre nos frères allait toujours en croissant. Le 73ᵉ bataillon ne resta que sept ou huit jours à Picpus. Il fut ensuite remplacé par d'autres camarades, venus je ne sais d'où. Ceux-ci furent moins méchants que les autres; mais ce calme passager était le prélude d'un violent orage qui devait envelopper les religieuses des Sacrés-Cœurs.

IV

Les choses que nous allons maintenant raconter forment un des incidents les plus curieux de notre histoire; on va voir avec quel acharnement le génie de la Révolution s'est appliqué à vilipender notre Congrégation, et comment la divine Providence a fait tourner à notre justification tous les efforts qu'ont faits nos ennemis pour nous perdre dans l'opinion publique.

Victor Hugo, dans ses *Misérables*, avait imaginé, à propos de Picpus, une histoire fantastique sur une enfant introduite frauduleusement dans la maison. Un journal impie, brodant sur ce fond, en avait fait un cas d'infanticide. Cette fable ridicule était déjà ensevelie dans l'oubli ; on entreprit de la renouveler. Les ossements de nos reliquaires donnaient à cette opération un appoint considérable, il ne s'agissait plus que de l'exploiter avec habileté. Pour cela on organisa un système de fouilles dans l'une et l'autre maison, dans le but de découvrir les caveaux où l'on enterrait les victimes, ainsi que les souterrains de communication. Un capitaine est chargé de cette exécution. Il se transporte au couvent des adoratrices et somme la sœur économe de lui faire voir les caves de la maison. Arrivé à un petit caveau assez peu profond, le directeur de la perquisition s'arrête devant une pierre qui diffère un peu des autres par la teinte. « Qu'est-ce que ceci ? s'écria-t-il, il y a là-dessous quelque mystère. » L'économe répond que, cette cave étant déjà ancienne, elle en ignore la construction. « Que l'on creuse ici, » dit le chef. On donne quelques coups de pioche, on fait sauter la pierre. Et tandis qu'on travaille ainsi dans l'ombre et sans témoin, l'économe et les religieuses qui la suivent attendent en plein air le résultat de l'opération. Il ne se fit pas longtemps attendre; car les communeux reparurent bientôt à la lumière, portant triomphalement un petit os d'une blancheur éblouissante.

L'économe fut d'abord un peu surprise de cette découverte imprévue. Elle dit à ces messieurs (ce qui est très-véritable) que ce terrain était autrefois un cimetière, et que par conséquent il n'était pas étrange qu'on y trouvât quelques ossements. Cependant une chose l'avait frappée, c'était la blancheur éclatante de l'os en question. Elle ne comprenait pas qu'un os enfoui dans une cave pût être si sec et si blanc. Une autre circonstance vint augmenter ses soupçons. Elle remarqua que les fossoyeurs se montraient satisfaits de leur découverte et renonçaient à suivre la veine qu'ils prétendaient avoir trouvée. Alors se ravisant : « Messieurs, dit-elle, puisque vous avez si bien réussi, je vous engage à poursuivre vos recherches et je demande à y assister. — C'en est assez comme cela, répondit le chef de la bande, cela demanderait trop de travail : nous n'en avons pas le temps. » L'économe insiste, mais en pure perte. Sans se décourager, elle remonte l'escalier, qui n'a que très-peu de marches, et conduit les piocheurs dans le jardin, au-dessus du trou qu'ils viennent de pratiquer. Elle leur fait observer que quelques coups de pelle dans une terre meuble va leur suffire pour parvenir à la profondeur où ils étaient dans le petit caveau. « Allons, messieurs, mettez-vous à l'ouvrage. Je le veux. J'ai le droit de l'exiger. » Le chef se trouva bien embarrassé. Il n'avait pris apparemment qu'un seul os dans sa poche; ou, s'il en avait deux, il n'osait pas répéter en plein jour et devant témoins, ce qu'il avait fait seul et dans l'obscurité. Cependant, pour ne pas paraître avouer sa défaite, il fit donner quelques coups de pioche et déclara que c'en était assez. Toutes les instances de l'économe vinrent se briser contre son invincible inertie.

C'était un coup manqué, il fallait s'y reprendre. C'est ce qui arriva quelques jours après. Voici comment la chose se passa. On entendit pendant la nuit du 1ᵉʳ au 2 mai un grand vacarme dans la maison. Les adoratrices surtout furent assez effrayées des grands coups de pioche qu'elles entendaient non loin du lieu où elles montaient la garde en présence du Saint-Sacrement. Quand le jour fut venu, on interpella l'économe. Et que lui fit-on voir ? deux crânes d'une respectable vétusté, qu'on avait, disait-on, découvert pendant la nuit. On lui montra l'endroit où l'on prétendait avoir fait cette capture : c'était dans une cave qui est sous la chapelle et qui servait de cuisine aux anciens religieux de Picpus. Une partie de cette cave avait été comblée avec des terres prises dans les environs. Ici comme dans le petit caveau, on se garda bien de pousser plus loin les recherches. Cependant deux crânes supposaient bien deux cadavres ; et il était assez étrange que les autres débris de ces prétendus squelettes eussent entièrement disparu. Bien plus, sur la déclaration des experts de la Commune, il fut reconnu que les deux crânes avaient bien au moins cent cinquante ans d'existence, et que par conséquent ils avaient précédé d'une centaine d'années l'arrivée des Dames blanches en ces lieux. De son côté, l'ouvrier qui venait de faire la fouille avouait qu'il n'y avait là que des terres rapportées. L'économe ajouta qu'en creusant la chapelle en 1842, on avait trouvé des squelettes en cet endroit.

« Soit! dit alors le chef, ne parlons plus de cela, ça n'en vaut pas la peine. » C'était une perfidie; car dès le lendemain commencèrent les scènes scandaleuses que nous allons bientôt raconter.

Mais avant de passer outre, je dois placer ici une observation relativement à la provenance de ces crânes. Nous avons déjà dit que le terrain où les communards prétendaient les avoir trouvés dans leur exploration nocturne était un remblai fait il y a longtemps dans un ancien cimetière; d'où il suit que l'origine de ces ossements serait facile à expliquer, s'il était vrai qu'ils eussent été trouvés en ce lieu. Mais rien ne nous oblige à croire que nos ennemis aient fait réellement cette découverte dont ils se sont tant vantés. Car, s'il en était ainsi, ils ne se seraient pas contentés d'une seule exploration nocturne et sans témoins. Ils eussent continué en plein jour une opération si importante; ils n'eussent pas manqué de bouleverser en tout sens le terrain qui recelait les monuments de cette cruauté inouïe.

Mais alors d'où venaient donc ces deux crânes? Quelqu'un dira peut-être qu'il est fort inutile de s'en préoccuper; que ces messieurs de la Commune, ayant en leur pouvoir les cimetières de la capitale, ont pu y prendre deux crânes sans aucune difficulté. Cela est très-véritable; mais, quelque vraisemblable que soit cette hypothèse, elle ne donne pas encore la vraie solution du problème. Veut-on avoir le dernier mot de cette énigme? Le voici. Dans une de nos chambres, réservée à nos Évêques missionnaires, se trouvait une relique insigne consistant en un crâne parfaitement conservé. Ce crâne a disparu durant l'occupation de la Commune, ainsi que ceux des corps saints renfermés en des caisses dont les sceaux ont été brisés. En revenant de prison, nos Pères ont trouvé ces ossements précieux dispersés en divers lieux. L'un des crânes en question était resté sur les rayons de la petite bibliothèque du portier.

Nous demandons maintenant à tout esprit sérieux s'il y a quelque exagération à dire que très-probablement les communeux ne se seront pas donné la peine d'aller déterrer dans un cimetière ce qu'ils avaient là sous la main. Ce serait donc un sacrilége de plus à ajouter à une atroce calomnie. Cette hypothèse hélas! n'est que trop appuyée par les faits regrettables que nous avons déjà rapportés.

Cela dit, je reprends le fil de ma narration. — A la découverte des ossements vint se joindre celle des instruments de supplice, et même, le croirait-on, des monuments de la lubricité. Que le lecteur nous pardonne ces détails. Nous les croyons utiles pour mettre dans tout son jour, je ne dirai pas l'innocence des saintes religieuses dont les gens de la Commune ont cherché à ternir la réputation (elle est hors d'atteinte), mais la noirceur comme la stupidité des moyens employés pour obtenir ce résultat.

Il y a plus de vingt ans, ces Dames de Picpus avaient adjoint à leur pensionnat une institution orthopédique. Dix lits artificiels avaient été organisés par elles à cet effet, avec une intelligence et un dévouement dont bien des personnes ont dû conserver le souvenir. Tous ceux qui ont visité les établissements de ce genre savent combien sont variés et multiples les instruments en fer qu'a inventés la médecine pour redresser la taille des jeunes personnes disgraciées de la nature. En 1851 les Dames blanches abandonnèrent cette œuvre. Elles avaient vendu sept ou huit des lits orthopédiques. Elles conservaient le reste dans un grenier, pour s'en servir encore en cas de besoin. Ces lits et leurs accessoires furent découverts sans peine; car ils n'étaient nullement cachés. C'était une bonne aubaine. Ces lits allaient devenir les instruments de supplice par lesquels les affreuses Dames de Picpus torturaient leurs victimes.

Non loin de là se trouvait un petit berceau dans lequel une jeune fille du pensionnat faisait dormir sa poupée. Quelquefois elle le transformait en un petit lit pour l'Enfant Jésus. Ce fut entre les mains immondes des communeux la preuve évidente d'un crime que nous ne voulons pas nommer.

Ainsi armés de toutes ces pièces de conviction, les chefs de la Commune procédèrent comme il suit à leur exhibition. Le mardi, 2 mai, les crânes et les ossements furent placés dans une boîte et le public fut admis à venir les visiter. La foule des curieux était si considérable qu'on a cru pouvoir évaluer à dix mille le nombre des hommes, des femmes et des enfants qui vinrent se repaître de l'étrange spectacle étalé sous leurs yeux. Tout ce monde se répandait ensuite çà et là dans la maison, vomissant mille imprécations contre les religieuses, qui, au dire des journaux communeux, avaient assassiné les victimes dont les restes étaient exposés dans ces lieux. Les gardes nationaux, chargés en apparence de maintenir l'ordre, se mettaient peu en peine de calmer ce tumulte. Pour se mettre à l'abri de la fureur populaire, les sœurs furent obligées de se réfugier dans une chambre haute, où le bon Dieu ne permit pas qu'on vînt les inquiéter.

Cependant quand toute la populace eut satisfait bien à son aise son avide curiosité, deux délégués de la Commune, ornés de ceintures rouges, vinrent dissiper l'attroupement. L'un d'eux traça ensuite cette inscription, qu'il fit poser sur la porte : « Le public n'entre plus, jusqu'à ce que l'instruction judiciaire soit terminée. » Ce qui n'empêcha pas qu'on ne fît queue dans la rue les jours suivants, pour voir la cave aux ossements et les instruments de torture, tant est grande la crédulité d'un peuple qui a perdu la foi.

Le 3 mai une vexation d'un autre genre vint affliger les pauvres religieuses du couvent de Picpus. Ce n'était plus la foule en délire qui envahissait la maison ; c'était Rochefort qui venait avec une douzaine de ses affidés faire une enquête judiciaire sur l'infâme calomnie dont il était l'auteur. Après s'être fait présenter les objets dont nous avons parlé, ces messieurs entrèrent au parloir, y mandèrent l'économe et quelques autres sœurs, et, avant même de les interroger, ils commencèrent par les accabler de reproches, comme si elles eussent déjà été convaincues des crimes qui leur étaient imputés. « C'était, dit la Mère Télesphore, une cohue épouvantable ; ils parlaient tous à la fois, l'un des crânes, l'autre du berceau, un autre des instruments de torture. Rochefort contemplait ce tumulte et ne disait pas grand'chose. Me voyant ainsi attaquée de tous les côtés à la fois, je pris la parole et je dis à ces gens-là : *Messieurs, il ne m'est pas possible de répondre à chacun de vous en même temps : veuillez bien parler l'un après l'autre, et je satisferai à vos demandes.* Mais ce n'était pas des explications qu'ils voulaient ; ils ne cherchaient qu'à nous intimider. »

Tandis que cette procédure dérisoire se faisait à huis clos, des cris de mort se faisaient entendre dans la rue. L'effet que l'on voulait produire avait été obtenu : les victimes étaient diffamées ; en les jetant en prison, on ne ferait que céder aux exigences de l'indignation publique ; c'était même une punition modérée pour les crimes imputés. On hésitait cependant encore à en venir à cette extrémité. La scène que nous venons de décrire se passait le mercredi, et l'emprisonnement eut lieu le vendredi ; c'est donc apparemmant le jeudi, 4 mai, que cet attentat inouï fut décrété par la Commune. Avant d'en raconter l'exécution, disons ce que nos frères convers eurent à souffrir de leur côté durant ces tristes journées de la fin d'avril et du commencement de mai.

V.

Les communards avaient résolu d'envelopper les deux branches de notre institut dans un même réseau de calomnies; pour cela il fallait trouver aussi de notre côté des vestiges d'assassinat. On ne se donna pas la peine d'aller chercher bien loin : un des chefs, ayant trouvé quelques vieux os dans les restes de la cuisine, interpella à ce sujet le maître cuisinier : « Quels sont ces ossements ? lui dit-il; n'est-ce pas là une preuve des crimes dont vous êtes accusés ? — Imbéciles, répondit F. Conrad, avec son franc-parler allemand, est-ce que vous ne savez pas distinguer des ossements humains d'avec les os de mouton ? » Cette réplique ferma la bouche aux calomniateurs ; mais elle ne les fit pas rougir.

Pour les punir par où ils avaient péché, Dieu permit qu'une circonstance assez banale devînt pour eux un véritable tourment. Voici le fait dans toute sa naïveté.

En maniant les clefs de la maison, nos gens en trouvèrent une portant cette étiquette : *clef du caveau.* Evidemment ce ne pouvait être que la clef d'un mystérieux souterrain, d'autant plus qu'elle n'ouvrait aucune des serrures connues. C'était en réalité la clef d'un petit caveau transformé en cachette peu de jours avant l'arrivée des pillards. Un plâtrage tout frais en murait la porte. Il est maintenant ouvert, on peut le visiter. Un enfant l'eût aperçu du premier coup d'œil : nos hôtes ne le virent pas. Était-ce préoccupation excessive, *quand ils descendaient à la cave?* Était-ce une permission de Dieu, qui voulait réserver aux compagnons des martyrs quelques gouttes de vin pour célébrer les saints mystères au retour de la Roquette? Nous n'oserions nous prononcer. Quoi qu'il en soit, la pièce de conviction était entre les mains de nos ennemis : *clef du caveau !* On eut beau leur expliquer qu'un caveau n'est point un souterrain, comme ils l'entendaient ; peine perdue. « Votre prétendu caveau ne peut être que le souterrain que nous cherchons. Donc vous allez nous le montrer, ou nous vous *fusillons*. »

Fusiller est bientôt dit ; c'était même bientôt fait du temps de la Commune ; mais cela ne faisait rien à l'*invention* du souterrain. Au contraire !.. Donc, au lieu de fusiller les frères, on se détermina à les faire piocher. On pioche dans le jardin, on pioche sous l'infirmerie, on pioche dans la cuisine ; et point de souterrain. Que faire ? Il faut emprisonner ces scélérats qui s'obstinent à donner un démenti à la Commune, en refusant de révéler un souterrain que celle-ci prétend avoir trouvé. Donc, le dimanche du Bon-Pasteur, Girot interpelle le plus coupable : c'était F. Agapit, maître maçon qui avait travaillé à construire la maison et persistait à dire qu'il n'avait jamais vu le souterrain en question.

« Vous allez, lui dit ce capitaine ou sergent, me mettre quelques bottes de paille dans cette remise. » Le frère obéit sans savoir ce qu'il faisait. En même temps le commissaire envoie F. Stanislas réunir tous les autres frères. Quand ils furent arrivés, « Vous êtes prisonniers, » leur dit-il ; et leur montrant la remise : « Voilà où vous allez passer la nuit. » — Ces paroles ne s'adressaient point au F. Stanislas, dont les services étaient trop nécessaires à ces messieurs. Mais ce bon frère se mit à pleurer lorsqu'il vit qu'il avait contribué sans le savoir à l'incarcération de ses frères. Il aurait voulu partager leur captivité. Il fit mieux : il en adoucit la rigueur, en leur procurant des couvertures. Puis il intercéda pour F. Théodore comme infirmier et comme plus âgé. Les communeux relâchèrent d'eux-mêmes F. Maurice, dont ils avaient besoin pour conduire la voiture; car ils étaient sur le point d'être obligés de se sauver devant une autre bande de pillards qui réclamaient leur part dans le butin. Peut-être que, se voyant déjà réduits à un petit nombre, les héros du 204ᵉ régiment, avant d'exécuter leur retraite, jugèrent prudent d'incarcérer nos frères pour se mettre à l'abri de leur vengeance; car ils étaient assez enclins à juger des autres par eux-mêmes.

A part les frères que nous venons de nommer, et de plus deux cuisiniers et trois malades, tous les autres, au nombre de douze, furent entassés vers les sept heures du soir dans cet étroit réduit. Lorsqu'on vint ensuite leur apporter à manger, le maître jardinier, F. Yves, fit observer à ces messieurs qu'il était impossible de prendre un repas quelconque dans ce taudis; qu'il répondait de tous ses frères et demandait pour eux et pour lui la permission de manger en plein air. On les relâcha donc pour quelque temps sur sa parole; et, au moment donné, tous rentrèrent docilement dans leur gîte. « Cette incarcération, me disait le bon F. Agapit, nous procura un avantage dont nous étions privés depuis le commencement de l'invasion : celui de faire en commun notre prière du soir, et celle du lendemain matin ; car elle était déjà faite, lorsqu'un peu avant six heures on vint ouvrir les portes de notre prison. »

Cependant tout n'était pas fini. L'emprisonnement des frères n'avait pas avancé les affaires. Les fouilles commencées le 23 avril furent continuées le lendemain. Elles furent plus sérieuses ce jour-là ; car on fit une large tranchée de 80 centimètres de profondeur, et l'on plongea la sonde en divers lieux, notamment dans un endroit de la cuisine où l'humidité avait soulevé le carrelage ; ce qui faisait soupçonner quelque construction souterraine. Cette fois les opérations étaient dirigées par le maître maçon, F. Agapit ; ce frère fit observer que le pavillon sous lequel on fouillait n'était soutenu que par des colonnes, et que, n'ayant point de fondations, il ne saurait receler des constructions souterraines.

« Si vous refusez de me croire sur parole, ajouta-t-il, allez chercher un architecte. » On convint qu'il avait raison, et néanmoins on continua les fouilles.

Cependant toutes ces manœuvres n'aboutissaient à aucun bon résultat. On avait, par mille questions captieuses, tendu des piéges à ces bons religieux, dont la bouche candide ne savait dire que la simple vérité, et, malgré tous ces artifices, on n'avait pu surprendre sur leurs lèvres aucun aveu compromettant. Forts de leur innocence comme de celle de leurs Pères dont ils déploraient l'éloignement, ils avaient répondu aux interrogations de leurs juges armés avec un calme et une loyauté capables de confondre les persécuteurs les plus acharnés.

Les religieuses de leur côté, par leur patience, leur courage, leur simplicité grave et modeste, avaient déconcerté tous les plans préconçus. Les fouilles les plus minutieuses et les plus persistantes avaient été poursuivies avec un acharnement incroyable dans l'une et l'autre maison, sans pouvoir découvrir rien de ce qu'on eût souhaité. Bon nombre de curieux s'en retournaient convaincus qu'ils étaient la dupe d'une mystification. Plusieurs mauvais journaux de Paris et de la province s'étaient vus obligés de démentir les assertions de leurs confrères Rochefort et Vallès. Cependant la Commune ne pouvait pas avoir le dessous dans cette affaire. Mais que faire pour se tirer de ce mauvais pas? La chose était bien simple. C'était de jeter en prison les frères et les sœurs sans forme de procès. C'est ce qui fut exécuté; mais avant d'en venir à cette partie de notre histoire, portons un instant nos regards sur quelques traits édifiants qui pourront les reposer.

VI

On se rappelle que les agents de la Commune, après avoir profané les saintes espèces dans la chapelle de nos sœurs, les avaient laissées là et s'étaient retirés. Nous avons vu avec quel courage les adoratrices restèrent à leur poste d'honneur, veillant nuit et jour à la garde du corps du Sauveur au milieu de ses ennemis. Il n'eût pas été prudent de faire l'adoration nocturne à la chapelle, vu surtout que l'intérieur du couvent était occupé par les gardes nationaux, qui avaient à peine laissé à ces pieuses filles quelques appartements où elles étaient confinées. Elles durent donc transférer en un lieu plus sûr le très-saint Sacrement.

Le divin Banni dut se réfugier successivement en divers lieux du monastère, selon l'avis qu'il avait donné lui-même à ses disciples : « Lorsqu'ils vous persécuteront dans un endroit, vous fuirez dans un autre. » La salle où il fixa le plus longtemps sa résidence est celle qui sert d'infirmerie au pensionnat; elle fut trouvée en même temps la plus propre et la plus sûre.

Quand arriva le premier dimanche après Pâques, grande fut la tristesse des sœurs de n'avoir plus de messe, et de songer que les Pères aumôniers expiaient sous les verrous le crime de leur avoir donné le pain de vie qui fortifiait leurs âmes. Pour se consoler dans leur détresse, elles transportèrent le Saint-Sacrement à la chapelle et y firent en commun l'adoration réparatrice. Comme tout le monde était réuni pour ce pieux exercice, Clavier entre à l'improviste et s'écrie : « Qu'est-ce qu'on fait là ? Est-ce qu'on dit la messe ici ? » Personne ne répond. Personne ne se sauve. Personne ne se retourne. « La Supérieure est-elle ici ? reprend Clavier. — Non, » répond l'économe; — elle était en effet gardée à vue dans sa chambre, — et le commissaire se retire stupéfait du calme et du silence qu'il a été impuissant à troubler.

Le dimanche suivant, celui du Bon-Pasteur, fut signalé par une cérémonie encore plus touchante. On avait tardé jusque-là à consommer les saintes espèces, conservant ce saint viatique pour la dernière extrémité. On comprit cependant qu'il était temps de se nourrir de cet aliment céleste. Une table est décorée avec soin. Le corporal contenant les hosties y est déposé avec respect, entre six et sept heures du matin. Toutes les sœurs réunies se prosternent devant la sainte Eucharistie et adorent du plus profond de leur cœur ce bien-aimé Sauveur, qui est leur lumière et leur force en ces jours de ténèbres et de tribulations. Puis chacune d'elles s'approche avec amour de cette table sainte et prend avec respect sa portion du banquet divin. Quand toutes eurent communié, il restait encore quelques saintes hosties qui furent consommées par celles que les supérieures députèrent à cet effet. On ne garda qu'une particule devant laquelle se continua l'adoration jusqu'à l'heure du départ pour la prison.

Au culte du très-saint Sacrement nos sœurs joignirent celui de la Mère de Dieu. Notre-Dame de Paix suivit à peu près les mêmes transmigrations que Notre-Seigneur. Depuis le commencement du siége il y avait jour et nuit une sœur aux pieds de cette pieuse image. Cette sainte pratique se continua sous le régime de la terreur. Quand eut lieu, le 5 mai, le départ pour Saint-Lazare, comme nous le dirons tout à l'heure, la sacristine vint, à sept heures du soir, prendre la statue vénérée, sur l'autel de Saint-François Régis, où elle reposait pour le moment, et la mit à l'infirmerie, où elle resta encore pendant deux jours sur un petit trône qui lui fut dressé. Ce même jour l'infirmière consomma à onze heures du soir la seule hostie qui restait au moment où ses sœurs partaient pour l'exil. Lorsque les sbires vinrent la menacer de l'emmener elle-même avec ses malades dans un hospice, elle enveloppa de linges la statue de Notre-Dame de Paix et la déposa au fond d'une boîte, où elle est demeurée jusqu'au jour de la délivrance.

VII

Parmi les tracasseries que la Commune fit subir aux religieuses des Sacrés-Cœurs, il en est une que je ne puis omettre ; car elle a fait beaucoup de bruit, bien que la chose qui en a fourni l'occasion soit en elle-même fort simple. Il s'agit des trois aliénées recueillies par la maison-mère. Ici je vais tout dire sans rien dissimuler.

Il y avait donc au couvent trois pauvres filles atteintes d'aliénation mentale ; elles étaient entourées des soins les plus assidus. Pour prévenir tout accident, on avait mis une grille à leur fenêtre, selon les règlements des maisons de santé. Du reste, quoique gardées habituellement dans un pavillon séparé, elles circulaient dans les jardins autant que l'état de leur santé le pouvait permettre. Par une attention délicate de leur tendre charité, les religieuses de Picpus préféraient s'assujettir aux précautions captivantes qu'exige cette sorte de maladie, plutôt que de confier leurs sœurs à des mains étrangères; elles ne suivaient en cela que l'élan de leur bon cœur, sans songer aux réserves infinies que nécessite la perversité du siècle où nous vivons. Elles ont payé bien cher leur innocent anachronisme.

Lorsque ces messieurs de la Commune vinrent faire la visite de leur maison, ils trouvèrent les pauvres folles paisiblement assises dans leur chambre. Ils reconnurent aisément quelle sorte de personnes ils avaient sous les yeux; mais, affectant un air indigné, le chef de la bande s'écria en entrant : « Qu'est-ce donc que ces femmes qui sont là comme des bêtes fauves au Jardin des plantes ? » L'économe répondit à cette question en faisant en peu de mots l'histoire de ces aliénées. Mais on ne prit pas la peine de l'écouter, et vite on réunit la cohorte communeuse disséminée dans la maison pour leur montrer ces pauvres victimes, à qui *la cruauté de leurs sœurs avait fait tourner la tête*. Pour donner plus de solennité à la constatation de ce monstrueux délit, on convoqua pour le lendemain quinze des chefs de la Commune pour assister à l'interrogatoire des folles, qui devait être fait par un médecin.

En attendant on transporta ces malades dans un autre appartement et l'on se mit en devoir de défoncer le mur qui séparait en deux la cave de ce pavillon. Or il advint que la solive qui reposait sur ce mur, étant privée de son appui, tomba au fond de la cave avec le plancher qu'elle soutenait. Deux ouvriers faillirent être victimes de la précipitation fébrile avec laquelle se faisait cette opération ; mais cet accident fournit bientôt, comme nous allons le voir, une arme de plus aux communards.

Donc le lendemain tout le Sanhédrin se trouva réuni au temps prescrit, sauf le médecin qu'on attendit pendant deux heures et qui finalement ne parut point. « Après tout, dit l'un des assistants, qu'est-il besoin de médecin pour constater que trois pauvres filles ont perdu la tête ? » Son observation parut judicieuse. On fit sortir l'économe et sa compagne, et l'on se mit à questionner avec tout le sérieux possible ces pauvres sœurs, qui ne comprenaient guère ce dont il s'agissait. L'une des trois cependant avait encore quelque lueur de raison. On la fit parler davantage. On lui demanda surtout comment elle était traitée dans la maison. « Très-bien, » dit-elle. Ce fut sa réponse invariable, durant cet interrogatoire qui ne dura pas moins d'une heure et demie. Aussi le président se vit-il obligé de dire à l'économe en sortant : « Madame, votre sœur Stéphanie (c'était la moins folle) a déclaré qu'elle et ses sœurs ont toujours été bien soignées. » La conclusion semblait devoir être qu'il n'y avait pas lieu d'inquiéter celles qui avaient exercé à l'égard de ces pauvres filles cet acte d'humanité. Mais la logique de la Commune ne s'élevait pas jusque-là. L'occasion de faire un scandale était trop favorable pour qu'on la laissât échapper.

Ce fut donc un moyen dont on se servit pour ameuter la populace. Un homme était posté près de cette chambre effondrée dans la cave par la maladresse des communeux, et il disait à tous les curieux qui affluaient en cet endroit : « Voici la cave où les religieuses torturaient leurs sœurs. » Et la foule crédule vomissait mille imprécations contre ces monstres d'inhumanité, *dont l'âme est aussi noire que l'habit est blanc*, et l'on envahissait tout le couvent, si bien que ces Dames durent se cantonner dans leur chambre commune pour se soustraire aux excès de la fureur populaire.

C'était déjà un beau triomphe; mais il n'était pas complet. Après avoir arraché les trois pauvres folles aux soins maternels de leurs supérieures, on voulut insulter à leur malheureux sort; au lieu de les placer dans une maison de santé, comme on pouvait l'attendre de ceux qui se donnaient comme des vengeurs de l'humanité outragée, on fit conduire l'une d'elles entre deux cantinières à la caserne de Reuilly. Et l'autre, — le croirait-on ? — l'autre fut également confiée à une cantinière, qui alla s'installer avec elle dans une chambre du couvent des Pères.

La chose du reste paraîtra moins étrange quand on saura ce que les communeux avaient fait de notre maison. Furieux de ne pas trouver les souterrains mystérieux qu'ils cherchaient avec tant d'ardeur et de persévérance, ils avaient de rage percé la muraille en deux endroits pour établir une communication entre les deux maisons ; si bien que les curieux pouvaient aisément passer de l'une à l'autre. Nos cours et nos jardins étaient donc envahis par une foule de femmes avides de visiter des lieux dont l'aspect jusque-là leur était interdit. On conçoit dès lors qu'une folle de plus dans cette foule, ce n'était qu'un détail insignifiant.

Du reste, la pauvre sœur aliénée ne se sentait pas bien à l'aise au milieu de cette confusion. Elle revenait souvent au jardin de son couvent, et elle fût volontiers restée parmi ses sœurs, si la gardienne qui la suivait partout lui en eût laissé la liberté.

Quant à la troisième infirme, les communeux ne purent pas réussir à l'emmener avec eux; toujours elle leur échappait et venait se réfugier à la chambre commune où il fallut bien la laisser.

Quand on considère sérieusement toutes ces choses, on ne peut s'empêcher d'y voir l'action de la divine Providence, qui a fait tourner à notre justification et à l'approbre de nos ennemis les moyens qu'ils ont employés pour nous discréditer dans l'opinion publique. S'ils se fussent contentés de nous calommier, il en serait toujours resté quelque chose. Mais ils ont voulu joindre des preuves matérielles à leurs paroles. C'est ce qui les a perdus et ce qui nous a sauvés. *Les mystères de Picpus* ont été percés à jour, et l'on n'a pu y voir autre chose qu'un couvent de religieux adonnés à l'étude, à la prière, à la prédication; tandis qu'à côté d'eux des religieuses du même ordre et du même vocable lèvent leurs mains innocentes aux pieds des saints autels pour attirer les bénédictions célestes sur les travaux de leurs Pères.

VIII

Tandis que les deux couvents de la rue Picpus étaient le théâtre de ces tristes événements, que devenaient nos prisonniers de Mazas ? L'un deux va nous l'apprendre, c'est le R. P. Radigue, prieur de la maison principale, et à ce titre le premier de nos martyrs. Voici ce qu'il écrivait à son Supérieur général dans une lettre du 2 mai, que j'ai déjà citée en partie. Après avoir parlé des exercices journaliers, il ajoute :

« La cuisine est la même qu'à la Conciergerie. Avec de l'argent, on peut se procurer des vivres soit de la cantine, soit du restaurant. — Notre *ange* de la Conciergerie nous poursuivit jusqu'à Mazas et nous fut d'un grand secours. Notre boucher, à la sollicitation du P. Daniel (1), s'est chargé de nous procurer des vivres ; nous en avons en abondance. Plusieurs fois la semaine, il nous envoie de la viande, du vin, du pain blanc et des desserts. Il a procuré des serviettes, des mouchoirs, des chemises, etc. — J'ai écrit au boucher de fournir à chacun selon ses désirs, de vouloir bien se charger de mon ordinaire, et de traiter comme moi tous les Pères qui ne demanderaient rien de particulier. Je sais que tout cela s'exécute. Je crois que dans la situation présente nous ne pouvons désirer davantage. Je peux dire que nous avons plus que le nécessaire. »

Comme on a pu le voir par cette lettre, nos Pères ne furent point délaissés dans leur prison. Bon nombre d'âmes charitables s'efforcèrent d'apporter quelque adoucissement à leur pénible position. Nous

(1) Nous dirons tout à l'heure comment ce Père est parvenu à s'évader et ce qu'il a fait pour secourir ses Frères.

venons de voir l'ange de la prison veiller encore sur ces chers captifs, lors même qu'ils semblaient être hors de la portée de ses soins. Un autre ange tutélaire vint bientôt la remplacer. Nous devons payer ici un juste tribut de reconnaissance à cette généreuse bienfaitrice. C'est Mme Petit, femme du boucher dont parle le P. Radigue dans sa lettre. Pour que l'on comprenne bien tout ce qu'il y eut d'admirable dans son dévouement, nous devons dire ici qu'elle eut le malheur de perdre son mari dans les premiers jours du transfert de nos Pères à Mazas, et que ce triste accident ne ralentit point son zèle pour le service des prisonniers de Jésus-Christ. Elle continua à leur porter trois fois par semaine de la viande et d'autres provisions. Elle vint jusqu'à Versailles donner de leurs nouvelles à leur confrère, le R. P. Montiton, supérieur du grand séminaire, et recevoir de sa main des chemises qu'elle leur porta. Elle n'oublia point les frères restés à Picpus, elle leur porta aussi de la viande, sans craindre les injures et les menaces des insurgés.

Aussi mérita-t-elle d'être arrêtée par la Commune, et déjà on la menait en prison lorsqu'elle fut relâchée, à la recommandation d'un de ses clients. Qu'elle reçoive l'expression de notre gratitude. Mme Deck et sa fille se distinguèrent de leur côté par l'empressement qu'elles mirent à soulager un des captifs, le R. P. Besquent, auquel elles portèrent plusieurs fois diverses provisions. Elles faillirent aussi devenir victimes de leur zèle. Un jour qu'elles étaient venues au couvent des Dames Blanches chercher du linge pour leur protégé, elles furent arrêtées par les agents de la Commune, qui ne les relâchèrent qu'après deux heures de détention.

Nous voudrions pouvoir mentionner ici toutes les personnes qui nous ont témoigné de l'intérêt dans cette circonstance. Dans l'impuissance où nous sommes de les citer en particulier, nous les prions d'accepter l'assurance que, si leurs noms nous échappent, le souvenir de leurs bienfaits restera gravé dans notre mémoire, et nous ne cesserons de prier l'auteur de tous biens de récompenser lui-même les bonnes œuvres que sa grâce a inspirées.

Nous devons faire cependant une mention spéciale des religieuses de la Mère de Dieu, dont la supérieure générale a envoyé plusieurs fois une de ses filles, déguisée en dame du monde, pour essayer de pénétrer dans la prison de Mazas. Elle ne put, il est vrai, réussir en cette entreprise ; mais elle eut la consolation de procurer par ce moyen plusieurs provisions abondantes à leur ancien aumônier, le R. P. Lafaye, que son neveu, étudiant en médecine, était parvenu à faire transférer à l'hospice de la Pitié, par l'entremise de son condisciple Raoul Rigault.

Nous remercions également la bonne supérieure des Sœurs de charité attachées au service de l'hospice d'Enghien ; c'est de concert avec elle que Mme Petit a déployé le zèle que nous avons dit. Nous verrons bientôt quels sont les autres services qu'elles nous ont rendus et ce qu'elles ont eu elles-mêmes à souffrir. Nous aurons également à parler plus tard des Dames de la Sainte-Famille à Saint-Mandé, et de celles du Bon-Pasteur à Charenton.

Les Dames de Nevers ont également acquis un droit spécial à notre reconnaissance par les soins empressés dont elles ont entouré deux de nos vénérés captifs, le R. P. Radigue et le P. Tardieu. Ce dernier avait été leur confesseur extraordinaire ; elles en ont conservé bon souvenir. Deux fois par jour, avec un bonheur marqué, leur domestique allait à la prison porter des vivres ou procurer du linge.

Honneur aussi au dévouement de M. le Dr Raynaud, notre médecin. C'est à lui que nos Pères doivent la visite du docteur de Beauvais, lequel a fait transférer plusieurs d'entre eux à l'infirmerie de Mazas. Il a offert la même faveur à quelques autres, qui l'ont remercié de sa bienveillante attention, se sentant assez de force pour supporter le régime ordinaire de la prison. — Mais revenons à nos captifs.

Nous avons déjà cité deux lettres du P. Radigue à son Supérieur général. Dans la première il lui exposait les motifs de sa conduite dans les jours qui ont précédé l'arrestation. Dans la seconde il lui racontait les diverses péripéties de cette histoire. En voici maintenant une troisième datée du 3 mai, qui est sans contredit bien supérieure aux autres par l'élévation des sentiments qu'elle nous révèle. On croirait lire une épître retrouvée dans les écrits de S. Ignace d'Antioche. La voici dans son intégrité :

« Mon très-Révérend Père,

« Dans les pages précédentes, je vous ai fait une froide analyse de ce qui nous est arrivé, sans rien vous dire de nos impressions, de nos souffrances morales, des dispositions de nos esprits et des sentiments de nos cœurs. Mon bien-aimé Père, il est des choses que tout le monde doit sentir, et qu'il est impossible d'exprimer. Comment voulez-vous que je vous dise nos impressions pendant ces heures d'angoisses passées au parloir de Picpus, les déchirements de notre cœur en quittant la maison-mère, et la laissant à la merci de gens ennemis, sans savoir ce que nos frères et ce que nos sœurs avaient à redouter de leurs dispositions hostiles ? Comment vous dire nos sentiments dans les diverses circonstances où nous nous sommes trouvés depuis notre arrestation ? Je ne pourrais exprimer ce que j'ai éprouvé; mais, ce que je dois dire, c'est que tous ont été dignes, et vraiment disciples de Jésus-Christ; tous ont fait généreusement à Dieu leur sacrifice avec une sainte intrépidité; il y avait même un peu de l'*ibant gaudentes* des Actes des apôtres. J'ai la confiance, mon Père, que vous ne rougirez pas de vos enfants; qu'ils n'ont fait et ne feront rien d'indigne de vous ni de la Société dont ils sont membres. Il me semble, mon Père, que tout cela ne vous suffit pas, et que vous désirez savoir quelque chose de plus précis sur les faits et gestes de votre pauvre Prieur, et sur son état actuel. Je vous dirai d'abord, mon bien-aimé Père, que j'ai été soumis à une épreuve un peu forte pour ma faiblesse; si, grâce à Dieu, le courage n'a jamais manqué, les forces physiques ont souvent fait défaut. Vous connaissez mes infirmités; une névrose que j'éprouve dans tout le corps, et particulièrement dans le cœur, m'occasionne, en temps ordinaire, des impressions bien pénibles à la moindre commotion. Jugez par là de ce que j'ai éprouvé au milieu de circonstances si pénibles même pour les moins impressionnables. J'ai cru plusieurs fois que j'allais défaillir : heureusement que l'âme tenait encore un peu pour soutenir le corps qui fléchissait. Tout cela doit encore vous dire que ma santé n'est pas dans un état brillant, et que les jours de ma captivité sont pénibles à la nature; mais enfin je vis encore, et je m'en tirerai, j'espère, à moins qu'une balle ne vienne m'arrêter en chemin.

« N'allez pas conclure de ce qui précède, mon Père, que je suis malheureux. Je puis vous le dire, à vous mon bien-aimé Père, je n'ai jamais été aussi heureux de ma vie: j'ai éprouvé combien le Seigneur est bon, et quelle assistance il donne à ceux qu'il éprouve pour la gloire de son nom. J'ai même un peu compris, après l'avoir goûté, le *superabundo gaudio magno in omni tribulatione* de S. Paul. N'est-il pas vrai, mon Père, qu'aux yeux de la foi, nous ne sommes pas à plaindre ? Pour moi, je me trouve très-honoré de souffrir pour la religion de Jésus-Christ. Je ne me regarde pas du tout comme un prisonnier politique. Je ne veux avoir d'autre politique que celle de mon Sauveur Jésus. Je suis donc saintement fier de me trouver à la suite de tant de glorieux confesseurs, qui ont rendu témoignage à Jésus-Christ. Je pense au glorieux apôtre Pierre dans la prison Mamertine ; tous les jours je baise avec amour un *fac-simile* de ses chaînes que je suis heureux de posséder. Je pense au grand S. Paul, en lisant ses souffrances dans les Actes et dans ses Épîtres. Ce que je souffre n'est rien en comparaison ; c'est beaucoup pour moi, parce que je suis faible. Je passe en revue tant d'autres saints et saintes qui sont loués pour avoir souffert ce que je souffre, et je me demande alors pourquoi je ne me trouverais pas heureux de ce qui a fait la félicité des saints. Les fêtes de chaque jour me fournissent encore des encouragements : comment se plaindre en disant l'office de S. Athanase? et aujourd'hui, comment n'être pas glorieux de porter un peu de cette croix dont on célèbre le triomphe? Je pense à la Congrégation dont tous les membres prient pour nous ; je pense à vous surtout, bien-aimé Père, qui souffrez autant que nous de nos souffrances. Je suis tout joyeux de tenir votre place ici et de vous savoir en sûreté; vous pouvez consoler la famille et la diriger. Je tâche de m'unir au saint sacrifice célébré dans nos chapelles; aux adorateurs et aux adoratrices qui nous remplacent au pied du saint tabernacle. Je me suis orienté, et comme Daniel se tournait vers Jérusalem, je me tourne vers les sanctuaires de la maison-mère, et j'adore avec les membres de la famille qui y sont encore, hélas ! aussi dans la captivité.

« Pardon, mon Père, de tout ce verbiage, je suis si heureux de m'entretenir avec vous! Un petit mot de votre part me ferait bien plaisir; je crois la chose possible, en écrivant par l'entremise de ma sœur qui vient me voir deux fois la semaine. Elle a un correspondant à Saint-Denis pour écrire en province. Mettez donc ma lettre sous double enveloppe à l'adresse de.....

« Vous pourrez écrire aux autres Pères par le même moyen ; mais ces lettres seraient vues par l'administration, tandis que les miennes pourront m'être remises par ma sœur ; je ne pourrai cependant en donner connaissance à personne. Je voudrais pouvoir, mon Père, vous donner des nouvelles de tous les prisonniers de Mazas ; je sais seulement qu'ils existent.

« Bénissez-nous tous, bien-aimé Père ; veuillez présenter mes respectueuses salutations aux membres de la famille qui sont avec vous, et vous souvenir au saint sacrifice de celui qui est, avec un profond respect et une vive affection, votre très-humble, etc. »

IX.

A côté de cette belle lettre du R. Père Radigue, nous placerons quelques fragments de différents billets écrits par son collègue le R. P. Tuffier, procureur de la maison principale; il les adressait de sa prison à M. Charles Tuffier, son cousin. Ce monsieur, qui résidait à Paris, a fait conjointement avec sa femme tout ce qui était en son pouvoir pour adoucir la position de son illustre parent.

Pour bien comprendre le sens et la portée de ces lignes tracées au courant de la plume, il faut savoir que le R. P. Tuffier, d'un tempérament très-sanguin, a souffert du régime de Mazas beaucoup plus que ses compagnons de captivité par la privation du grand air et de l'exercice. De là pour lui la nécessité de s'astreindre dans ses repas à une frugalité extraordinaire. Pour éviter la congestion cérébrale dont il était menacé, il eut recours aux bons offices de plusieurs médecins et d'un membre de la Commune, M. Miot. Ayant lu dans les feuilles publiques ce que ce dernier avait fait en faveur des otages, il lui écrivit le 10 mai, et le 15 il recevait sa visite, qu'il racontait ainsi le même jour à son cousin:

« Je vous ai dit que j'avais écrit à M. Miot, membre de la Commune, pour lui exposer ma position. Les sentiments d'humanité qu'il avait manifestés au sein de la Commune m'avaient fait voir en lui un homme qui comprenait la nature humaine. Ce soir, vers deux heures, en réponse à ma lettre j'ai eu sa visite dont j'ai été très-satisfait. Cela vous prouve, cher cousin, que dans ce monde tous les hommes ne sont pas méchants, et qu'il faut que nous fassions par nous-mêmes ce dont nous sommes capables, et ne pas tout laisser faire à la Providence. C'est elle sans doute qui a dit : *Aide-toi, et je t'aiderai*. M. Miot m'a annoncé que nous touchions à la fin des événements; que les choses ne pouvaient aller plus loin ; que nous étions *retenus* pour arrêter les fureurs de Versailles, — ce sont ses expressions; — qu'il comprenait que la position qui nous était faite devait nous être très-pénible; qu'il avait déjà fait quelque chose pour l'adoucir; que nous lui devions de lire les journaux et d'aller de temps en temps deux à deux au grand promenoir, et qu'il allait donner des ordres pour qu'on fût plus large encore à notre égard, et pour moi en particulier. Puis il ajouta quelques notes à mon nom, qu'il avait eu soin de prendre sur un carnet avant d'entrer dans ma cellule. — J'avais obtenu, me dit-il, que vous pourriez recevoir des visites; mais cette permission vous a ensuite été retirée. — C'est la première bonne visite que je reçois; je ne sais ce qui en résultera; mais du moins cet homme m'a paru sincère, et je compte que ses paroles seront suivies de quelque effet. Vous savez ma conclusion : *Aide-toi, le ciel t'aidera.* »

Dans la lettre suivante le P. Tuffier parle encore de M. Miot, mais en des termes si charitables qu'ils rappellent la parole du Sauveur excusant ses bourreaux. « La visite de M. Miot, dit-il, n'a pas peu contribué à me rétablir (de mon indisposition). Mon Dieu! ces hommes sont bons au fond ; mais les exigences du service et les préjugés qu'on leur a inspirés contre nous expliquent bien des choses. »
— Enfin, dans une lettre du 16 mai il ajoute : « Aujourd'hui, j'ai écrit à M. Miot pour le remercier de sa bonne visite. » — Si cet homme avait vraiment du cœur, comme plusieurs de ses actes le donnent à penser, il a pu jouir du bonheur d'avoir soulagé une infortuné et rencontré une âme reconnaissante.

Ce sentiment de la reconnaissance est un de ceux qui se manifestent le plus souvent dans les vingt et une lettres que le R. P. Tuffier écrivit de sa prison de Mazas.

Il y revient à chaque instant. « Que de peine je vous donne! écrivait-il le 30 avril; mais que vous m'êtes utile dans cette affreuse position! A la garde de Dieu! Je reçois ce matin une bonne lettre de Mme Langlois. Si vous voyez la pauvre dame Petit, il faut lui témoigner notre reconnaissance. » Cinq jours auparavant, en apprenant la perte que venait de faire cette généreuse bienfaitrice dans la personne de son mari, il mandait à son cousin: « Ce matin, un employé est venu m'apprendre que M. Petit, qui devait m'apporter ma nourriture et les choses nécessaires, était mort hier soir subitement. Excellent homme, que Dieu le récompense! »

« Vous vous donnez bien du mal pour moi, disait-il à M. et à M. Charles Tuffier dans une autre lettre; mais vous n'avez pas affaire à un ingrat, et au besoin Dieu viendra à mon aide pour m'acquitter. » Sachant le plaisir qu'il ferait à sa cousine, en lui disant combien il agréait tout ce qu'elle lui apprêtait, il ne tarissait pas d'éloges sur sa cuisine, qui consistait principalement en des pruneaux, des salades, fromages et autres choses de ce genre qui ne pouvaient évidemment avoir qu'une valeur relative.

Ce sentiment de la reconnaissance, notre confrère l'étendait jusqu'à ses ennemis. Outre M. Miot, un autre membre de la Commune était venu le visiter dans les premiers jours de sa détention. Bien que cette visite eût été assez peu amicale, on voit cependant à la manière dont il en parle qu'il n'était point insensible à cette marque d'attention. Il a soin également de relater dans sa correspondance les bons procédés des employés à son égard. « Les employés, dit-il, sont convenables, ils ont l'air de comprendre que nous ne sommes pas les habitués de ces tristes lieux. » S'il trouve quelque lenteur dans leur service, il l'attribue à des circonstances indépendantes de leur volonté. « On nous laisse arriver les journaux; mais les commissionnaires souvent ne peuvent faire droit, malgré leur bonne volonté, à toutes les demandes

Un jour, le 6 mai, il rencontra dans sa promenade le directeur de la prison; il profita de l'occasion pour lui demander *de vouloir bien lui accorder quelques instants d'audience*. Le directeur le lui promit; mais il tarda quelque peu à accomplir sa promesse. Notre prisonnier, à qui les moments paraissaient des heures à cause de la vivacité prodigieuse de sa nature méridionale, ne parle cependant de ce délai qu'avec une charitable modération. « Il m'a promis, dit-il, de passer dans la soirée. Je l'ai attendu; mais il n'a pas pu sans doute tenir sa promesse, ce sera peut-être pour aujourd'hui. Je demande à Dieu la patience, la soumission qu'une pareille position exige. J'espère que mes prières ne seront pas rejetées. »

Le lendemain, il rendait compte en ces termes de la visite en question : « J'ai eu la visite du directeur; je lui ai exposé ma position. Il m'a annoncé qu'au premier jour les juges d'instruction arriveraient, et que nous serions interrogés. Sur l'observation que mon tempérament ne pouvait supporter cette existence; que j'étais obligé de m'abstenir de manger pour éviter une congestion cérébrale, il m'a accordé la faculté d'aller, quand cela se pourrait, dans le grand promenoir, où l'on est beaucoup mieux que dans les petits préaux. Dès hier soir, samedi, j'ai pu profiter de cette permission et me promener même en compagnie d'un vénérable prêtre, aumônier de la Roquette (1). Je suis revenu de cette promenade tout autre que j'étais auparavant. On cause, on s'édifie, on s'encourage. Dieu veuille que cela recommence bientôt. Le directeur m'a dit encore que nous n'étions pas au secret; que nous pouvions lire les journaux; que nous étions là plutôt comme otages qu'à tou autre titre; que si nous ne pouvions rece-

---

(1) C'était M. l'abbé Crozes, qui resta à Mazas jusqu'à la fin des événements. Le P. Tuffier eut en outre l'avantage de se promener deux fois avec le vénérable curé de la Madeleine : « Quelle bonté, écrivait-il, quel courage dans ce M. Deguerry!... On s'excite mutuellement à supporter patiemment pour Dieu ses épreuves. » Une autre fois, il se rencontra avec M. le curé de Saint-Séverin; il en profita pour se confesser.

voir de visites de nos parents et amis, c'était que l'instruction était commencée. Fin de compte, cette visite m'a fait du bien hier soir. » Voilà donc comment ce bien-aimé Père acceptait de confiance toutes les bonnes paroles qu'on lui donnait.

Du reste, la reconnaissance n'était point en lui un sentiment stérile. Nous voyons par plusieurs passages de ses lettres qu'il donnait souvent quelque gratification à ses geôliers pour les récompenser de leurs services. Il n'éprouvait d'ailleurs qu'une tendre compassion pour les auteurs de ses maux. « Mon Dieu, disait-il, laisserez-vous donc périr tant de victimes de l'ignorance et de l'irréflexion ? — O Dieu ! ajoutait-il, comme on pervertit les populations ! En nous massacrant ils croient bien faire. Pardonnez-leur, ils ne savent ce qu'ils font. »

Si telle était la charité du P. Tuffier à l'égard de ses ennemis, que ne devait-elle point être à l'endroit de ses frères ? On voit par sa correspondance qu'il a fait toutes les démarches possibles pour avoir des nouvelles de ceux qu'il avait laissés à

Picpus, spécialement du tailleur, du jardinier et de l'infirmier, espérant que ceux-ci lui donneraient des nouvelles des autres; mais ses recherches n'eurent qu'un succès limité, et il est monté au ciel sans savoir en quel état il laissait sur la terre plusieurs de ses frères bien-aimés.

Quant à ceux qui partageaient à Mazas sa dure captivité, il fit pour eux jusqu'au bout son office de procureur, autant qu'il fut en son pouvoir. Il n'est presque aucune de ses lettres dans laquelle il ne parle des recommandations à faire à Mme Petit, relativement au soulagement de ses confrères. Il lui écrivait lui-même fréquemment à ce sujet, sans se décourager en apprenant qu'elle ne recevait point ses lettres.

Non content de pourvoir par autrui aux besoins de ses confrères, le P. Tuffier leur faisait part de ce qu'il recevait pour lui-même. Ne prenant que fort peu de pain et de vin, il leur envoyait abondamment de son superflu. Pour lui, il savait se contenter de peu. « Ne vous tourmentez pas à l'endroit de mes besoins, écrivait-il; je demanderai ce qui me sera absolument nécessaire... Je dirai à la petite cousine que je ne veux pas qu'elle fasse pour moi des dépenses ; je veux me restreindre. » Comme il n'avait point changé de vêtements depuis un mois, il eût désiré faire prendre quelque chose à la Belle-Jardinière. « J'y prendrai, disait-il, le strict nécessaire, ce sera plus simple et plus facile. » Cependant il différait de jour en jour, espérant que les choses finiraient bientôt *d'une manière ou d'une autre*. Elles finirent en effet, mais autrement qu'il ne l'avait prévu ; et il n'eut pas besoin de faire la dépense devant laquelle il reculait, par esprit de pauvreté. Il lui suffit de se procurer du fil et une aiguille pour faire à ses habits les réparations indispensables. Cependant les événements prenaient de jour en jour une nouvelle gravité. La lecture des journaux éclairait notre confrère sur les dangers de la situation, et faisait disparaître à ses yeux les illusions dans lesquelles il aimait quelquefois à se bercer ; mais rien ne pouvait altérer sa confiance en Dieu et sa parfaite soumission aux décrets de la divine Providence. Voici en quels termes il s'exprimait à ce sujet dans plusieurs de ses lettres : « Je n'ai reçu aucun signe de vie que de vous (1). Que c'est dur, cher cousin, que c'est dur! Mais que faire? L'amour de Dieu adoucit les plus grandes peines. Il vaut mieux souffrir que d'être coupable, n'est-ce pas? Je souffre beaucoup; mais Dieu est là qui me soutiendra...... On nous fait espérer que cet état de choses ne durera pas longtemps. Dieu le veuille! Toutefois sa volonté avant tout... Notre-Seigneur a bien autre chose à souffrir de notre part tous les jours... Je n'ai pas à boire, moi, du fiel et du vinaigre... Mon Dieu, comme Mazas est favorable à une méditation sur la passion de Notre-Seigneur! »

Il terminait une de ses lettres en disant : « Votre cousin souffrant, mais pardonnant à tous comme il désire que Dieu lui pardonne à lui-même. » Il écrivait encore :

(1) C'est au commencement de sa détention à Mazas qu'il écrivait ceci.

« Ce soir, voilà trois semaines que nous sommes en captivité. Seigneur, quand donc la fin ? Jamais, si vous l'exigez. » Et ailleurs : « Soyons patients ; Dieu l'est bien à notre égard..... Oui, patience, résignation, et puis couronne... Attendons avec patience, sinon avec joie, sur notre croix... Mon Dieu, mon Dieu! donnez-moi la patience, la résignation jusqu'à la mort, s'il le faut. Je m'attends à tout. La mort serait là que je l'accepterais de bon cœur et en esprit de pénitence. »

Un jour qu'il avait donné un petit bulletin de sa santé en disant : « Je n'ai jamais eu de grave maladie, mais cette position équivaut bien à une longue et pénible maladie ; à quand la fin de notre captivité ? » il eut quelque scrupule de cet épanchement, et il ajouta incontinent : « Mais j'ai pris la résolution de ne plus me plaindre ! »

C'était le 13 mai qu'il écrivait ainsi, et l'on voit en effet à partir de ce moment quelque chose de plus calme encore et de plus résigné dans ses lettres; l'aspiration vers le ciel y est plus fréquente. Le 16 mai il écrivait : « Que voulez-vous ? il faut se jeter dans les bras de la Providence ; on souffre bien ; mais le ciel est si beau ! Le royaume des cieux demande du courage, et il n'y a que les braves qui l'emportent d'assaut. » Le lendemain il ajoutait : « Pour le moment que faire ? attendre avec patience et résignation que les choses s'éclaircissent... Peut-être que nous touchons à la fin. Quoi qu'il en soit, notre trésor se grossit. »

Le jour de l'Ascension, 18 mai, il fut tout pénétré d'un saint désir du ciel. « Mettons tout, écrivait-il, entre les mains de Dieu. Confions-nous en lui, après avoir fait toutes les démarches que commande la prudence. Ce soir fête de l'Ascension.

> O quando lucescet tuus
> Qui nescit occasum dies !
> O quando sancta se dabit
> Quæ nescit hostem patria !
> Tout a Jésus.

Le 20 mai, il avait comme un pressentiment du dénouement tragique de leur affaire, bien qu'il répugnât à y croire. C'est ce qui lui faisait dire : « J'ai encore de quoi satisfaire à nos petites dépenses indispensables. Si nous nous tirons de là, comme il faut l'espérer de la justice de Dieu, ainsi que de sa volonté, je pourrai vous aider un peu, et ce sera non-seulement un devoir, mais un véritable plaisir. Mais, à vrai dire, je n'y compte pas. Au fait, qu'importe ? Les peines de cette vie ne sont pas comparables aux joies de l'autre..... Je reçois ce matin, samedi, votre lettre dans laquelle était incluse une lettre d'Émile. On priera pour nous à Mende et au Malzieu; nous en avons grand besoin. Notre espoir n'est qu'en Dieu qui connaît tout... J'ai lu avec plaisir ces paroles d'Émile, à vous, Charles : Sois *bon chrétien;* invoque Marie..... Je vous renvoie la lettre d'Émile; conservez-la. Je vous attends ce soir, 20 mai. Vive le Cœur sacré de Jésus ! »

La Pentecôte approchait, et notre confrère se préoccupait de ce qui allait advenir si l'octave de cette fête le trouvait encore sous les verrous. Aussi écrivait-il dans sa dernière lettre, datée du 21 et 22 mai : « Il me faut à la Trinité un bréviaire romain partie d'été. Dieu! que deviendrais-je si j'en étais privé?... Voilà bientôt six semaines, cher cousin, que nous sommes là sans qu'on nous ait dit pourquoi. Mon Dieu! patience, résignation, douceur dans les épreuves. » A peine le P. Tuffier avait-il achevé cette lettre qu'on vint annoncer aux prisonniers qu'ils allaient être transférés à la Roquette. La veille au soir, 21 mai, les troupes de Versailles étaient entrées dans Paris. Leur approche avait mis le trouble dans les rangs des fédérés. La crainte et la fureur les portaient aux dernières extrémités. Une populace en délire assiégeait les portes de Mazas, en poussant des cris de mort. Une troupe de fédérés en armes entre dans la prison et tapisse de deux ou trois rangs les murs de la cour. Les gardiens parcourent les corridors et font rouler les verrous des cellules en disant aux prisonniers de se rendre à la rotonde. C'est en ce moment critique que le P. Tuffier écrivit les lignes suivantes. Ce sont les dernières qui soient sorties de sa plume.

Plus d'illusions possibles : à moins d'un miracle, nous devons nous attendre aux derniers excès. Mon Dieu! je n'ai jamais osé demander la grâce d'une telle mort... Mais à Paris! Pauvre France si fière de ses progrès! *Custos quid de nocte?* Il a répondu : Oh! si notre sang était assez pur pour procurer la paix à la France, le triomphe à l'Église! J'espère en l'immense bonté de Notre-Seigneur et en la protection de Marie. Le purgatoire me fait peur; mais je puis compter sur les saints sacrifices de nos Pères et les bonnes prières de nos sœurs. Que ceux qui ont eu à souffrir de mes brusqueries veuillent me pardonner : ils savent que mon cœur n'y était pour rien. Quant à mes ennemis, je n'en ai pas. Mende, Cahors, Laval, Picpus, adieu ici-bas. Au revoir là-haut! »

Tels furent les sublimes adieux de notre généreux martyr; ils sont enregistrés dans le ciel, et ils demeureront sur la terre comme un monument de sa foi, de son courage, de son humilité et de sa charité.

Je n'ai pas voulu interrompre la correspondance du P. Tuffier avec les membres de sa famille, pour y intercaler quelques autres lettres également écrites de sa prison de Mazas, et adressées à Mme Langlois de Saint-Mandé, qui a bien voulu nous les communiquer. Je vais en citer maintenant quelques fragments, qui ne manqueront point d'intérêt, bien qu'ils soient antérieurs de date à ce qu'on vient de lire. Il écrivait donc le 25 avril à cette respectable dame :

« V. C. J. S.

« Madame,

« Vous auriez eu plus tôt de mes nouvelles si on ne m'avait pas dit que les lettres de Paris ne passaient pas la porte. Je ne viens pas pleurer avec vous ni vous apitoyer sur mon sort. Je veux au contraire vous consoler et vous rappeler quelques vérités de notre foi qui nous soutiennent dans cette grande épreuve.

« Dans votre vie vous avez rencontré plus d'une fois de grandes peines. Eh bien, les peines sont pour l'âme le feu qui purifie l'or et le dégage de tout alliage. Pour le prêtre, c'est la seule gloire que l'apôtre S. Paul lui permette d'accepter. Elles nous rappellent que nous sommes les ministres d'un Dieu mort sur la croix. Nous sortirons de cette épreuve meilleurs, il faut l'espérer, et par conséquent plus dignes d'annoncer le Dieu crucifié. Priez pour nous. Vous ne pouvez venir nous voir, il faudrait une permission de la Préfecture, mais vous pouvez nous écrire, même nous faire parvenir un petit souvenir, en mettant bien le nom, la division et le numéro. »

Le P. Tuffier écrivit encore de Mazas quelques autres lettres à la même personne. On y voit toujours son bon cœur plein de sollicitude pour les membres de sa Congrégation, et de reconnaissance pour tous les services qu'on lui rend. On y reconnaît sa parfaite conformité à la volonté de Dieu, en lisant des lignes comme celles-ci : « Acceptons les croix que Dieu nous envoie. Vous avez eu dans votre vie, sans doute, des jours de grande tristesse ; vous les avez supportés chrétiennement. Il faut bien que nous, les ministres d'un Dieu crucifié, nous participions à la croix de notre divin Maître... Je suis heureux d'avoir bu un peu au calice de ses douleurs. On ne peut être un vrai ministre de Jésus-Christ si on ne monte pas au Calvaire avec lui... Courbons la tête, Dieu veut que nous nous détachions de tout. Eh bien, mon Dieu, avec votre grâce, nous vous dirons de cœur : *Vous et vous seul, et puis plus rien !* Il terminait toujours en réclamant avec instance des prières.

Il écrivit aussi quelques mots au couvent de la Mère de Dieu. Il y réclame un *ordo* pour réciter le saint office. Nous avons déjà vu combien il se préoccupait de l'exactitude à s'acquitter de ce devoir.

Nous avons aussi quelques lettres écrites de Mazas par une autre des victimes, le R. P. Frézal Tardieu. Elles sont adressées à M. Decordey, qui a mis avec son épouse un religieux empressement à soulager ce digne prisonnier de Jésus-Christ.

On remarque dans ces lettres, comme dans celles du P. Tuffier, un vif sentiment de reconnaissance. On y voit également un bel exemple de sobriété. A plusieurs reprises le P. Tardieu reproche à ses bienfaiteurs leur excessive libéralité. « Je serais presque tenté, dit-il, une fois entre autres, de vous faire un petit reproche. Vous voulez trop bien traiter le pauvre prisonnier. Vous savez que j'aime bien qu'on fasse un peu ma volonté. Voici donc ce que je désire. Quand on m'enverra une petite soupe, une seule petite portion me suffit amplement. J'aurai toujours un peu de fromage à ajouter. Que la portion soit petite, je le répète; car je mange peu ordinairement. Pour du vin, ne m'en envoyez que quand j'en demanderai. Pour de l'argent, je n'en ai que faire : je ne dépense rien... Soyez bien persuadé qu'avec vous je ne me gênerai pas. »

Le P. Tardieu savait joindre au zèle le plus actif un goût prononcé pour les sciences ecclésiastiques. La privation de ses livres fut une des rigueurs les plus pénibles de sa prison. On le voit par ce mot échappé à sa plume, le 15 mai : « Je crois que si je pouvais avoir la facilité de me livrer à mes études ordinaires, je finirais par supporter avec assez de patience le séjour de ma cellule. »

Nous ne connaissons qu'une seule lettre écrite de sa prison par le quatrième de nos martyrs, le R. P. Marcellin Rouchouze. Il était aussi sobre en écrits qu'en paroles. Cette lettre qu'il adresse à sa cousine Mme Magnin, libraire, est conservée dans la famille comme un précieux monument de la charité de ce bon Père. Les détails qu'elle renferme ne permettent pas de la citer intégralement. J'en transcrirai seulement les dernières lignes qui nous montrent la patience et la résignation de notre pieux et doux prisonnier : « Mazas est pour moi une véritable école de silence, où je perfectionnerai mon goût pour la philosophie. Du reste, nous aurions tort de nous plaindre des employés, soit supérieurs, soit subalternes ; les uns et les autres sont pleins de convenance à notre égard ; pas la moindre parole déplacée... En attendant, me voici prisonnier depuis vingt-six jours. La sainte et adorable volonté de Dieu soit faite en tout et partout ! »

Pour compléter ce tableau des dispositions de nos Pères durant leur séjour à Mazas, j'ajouterai ici quelques détails confidentiels qui m'ont été communiqués par l'un de ceux qui ont échappé comme par miracle à la mort dont ils étaient tous menacés.

« Quand j'entrai dans ma cellule, me dit-il, et que j'entendis les verrous de ma porte rouler avec fracas, j'éprouvai, je l'avoue, un sentiment indéfinissable. C'était comme le cri de la nature qui se voit dépouillée de sa liberté. Je me mis aussitôt à genoux pour adorer Dieu et lui offrir le sacrifice de ma vie, car je voyais la mort devant moi. Je l'envisageais sans frayeur, et j'étais heureux de penser que mon sang pourrait apaiser la colère de Dieu et obtenir la conversion des pécheurs.

« Je consacrai les premiers jours de ma prison à faire une retraite. N'ayant point d'autre livre que mon bréviaire, je passais tout mon temps à prier et à méditer. J'étais fidèle à réciter les litanies des Saints, selon la recommandation du R. P. Prieur. J'y ajoutai trois chapelets et je retins cette pratique jusqu'à la fin de mon emprisonnement. Je ne manquai point non plus le 1ᵉʳ mai de commencer le mois de Marie, que j'ai eu le bonheur de finir en liberté.

« Quand j'eus terminé ma retraite, je me mis à travailler. Je composai quelques instructions et conférences, et je dois dire que jamais de ma vie je n'ai écrit avec autant de facilité. Mon crayon ne pouvait suffire à exprimer les pensées qui se pressaient dans mon esprit. J'avais alors un *Novum Testamentum* et une *Imitation* que le R. P. Daniel m'avait procurés ainsi qu'à mes confrères. Jamais ces deux livres précieux n'avaient été si doux pour mon cœur. J'y trouvais une nourriture substantielle et abondante.

« Quant à la nourriture corporelle, elle était suffisante. Les premiers jours, il est vrai, nous eûmes bien à souffrir quelques privations. Je me souviens que le premier vendredi on me servit du gras dont je ne voulus point manger. Je me contentai ce jour-là de mon pain de munition et d'une orange que m'envoya quelque âme charitable.

« Je ne me suis point ennuyé durant cette captivité. Au contraire, j'ai éprouvé des transports de joie inaccoutumés ; ils étaient quelquefois si violents, que je me prenais à rire pendant une demi-heure sans pouvoir me retenir. Cela m'arriva une fois entre autres dans une de mes promenades. Mon gardien en fut tout étonné. « En voilà un, dit-il, qui ne se fera pas ici de mauvais sang. » — Il ne me reste plus de ce séjour à Mazas que ce qui reste dans l'imagination à la suite d'un rêve agréable.

« Je me fis aisément au règlement de la prison. Cette vie d'ordre me plaisait. Une chose seulement me coûtait, c'était le judas de ma porte. Je me trouvais bien humilié de cette surveillance continuelle. Je ressentais vivement l'injure qu'elle faisait à la dignité sacerdotale. Du reste, je dois rendre ce témoignage aux employés de la prison, qu'ils furent toujours convenables à notre égard. Ils ne voulurent jamais nous appeler *citoyens*, malgré les ordres réitérés qu'ils recevaient à ce sujet. Je n'ai point oublié l'attention délicate de l'un d'eux à mon endroit. Comme il était venu plusieurs fois m'offrir ses services pour me procurer quelque chose du restaurant et que je l'avais toujours remercié, il crut que j'étais peut-être sans argent et il me dit avec une convenance parfaite : « Ne vous gênez pas, Monsieur, si vous n'avez pas sur vous de quoi solder votre dépense, je prierai un de vos confrères de vous avancer ce dont vous aurez besoin. » Je fus bien touché de cette prévenance, et je remarquai que le même employé, en faisant distribuer le reste de nos pains à ceux qui n'en avaient pas assez, y mettait un ton qui accusait en lui le bonheur de soulager une souffrance. Que Dieu le récompense ! »

Les sentiments dont on vient de lire la touchante expression n'étaient point le partage exclusif d'un seul. Les cœurs de tous nos prisonniers étaient à l'unisson. « Nous aimions à nous rappeler, me disait l'un d'eux, ces paroles de Notre-Seigneur : *Vous serez bienheureux quand les hommes vous persécuteront.* Elles étaient sur nos lèvres à la Conciergerie;

elles restèrent dans nos cœurs à Mazas. »

Cependant cette résignation chrétienne n'empêchait pas le désir légitime de recouvrer la liberté. Plusieurs démarches furent faites en ce sens, et trois de nos Pères obtinrent leur élargissement.

Le premier fut le R. P. Daniel Holterman, qui dut sa délivrance à l'intervention de l'ambassadeur des Pays-Bas. Il profita de sa liberté pour procurer tous les soulagements qui furent en son pouvoir aux confrères qu'il laissait en prison. Il vint dans la rue Picpus pour voir ce qui se passait dans notre maison. Il reçut une bienveillante hospitalité chez Mmes Blacque, maîtresses de pension habituées depuis longtemps à conduire leurs élèves dans notre chapelle. De là il put dire une fois la messe à l'hospice d'Enghien. Il se disposait à recommencer le lendemain; mais l'annonce d'une visite domiciliaire que les communeux allaient faire dans cet établissement empêcha l'exécution de ce projet, et fit comprendre au P. Daniel qu'il était prudent de s'éloigner. Il sortit de Paris et vint trouver notre Supérieur général, qui résidait alors au grand séminaire de Versailles. Il alla quelque temps après se fixer à Saint-Mandé, au couvent de la Sainte-Famille. Là il put recevoir et transmettre en province des nouvelles de Picpus par quelques Frères convers qu'on laissait encore assez facilement sortir et rentrer. Le F. Stanislas vint bientôt l'y rejoindre, et ils travaillèrent ensemble, mais sans succès, à obtenir la mise en liberté de leurs Pères.

Une circonstance assez curieuse de la délivrance du P. Daniel, c'est que, lorsque M. Vertemberg, chargé d'affaires des Pays-Bas, alla, au nom de son ambassadeur, M. von Zuilen von Nyvelt, réclamer son compatriote à l'Hôtel de ville, les gens de la Commune cherchèrent dans leurs registres les motifs de l'arrestation de ce citoyen, ils n'en trouvèrent aucun, et furent obligés de faire cette singulière déclaration : « Arrêté, pour cause inconnue. » Il est donc évident que la politique n'entrait pour rien dans la captivité de nos Pères, et que leur titre de prêtres et de religieux était l'unique cause de leur détention. C'est du reste ce qui fut déclaré officiellement au R. P. Prieur, comme nous le verrons plus tard.

C'est le 18 avril que le P. Daniel sortit de Mazas. Il se hâta d'en donner avis à nos autres Pères, par une lettre qu'il écrivit à chacun d'eux. En recevant ce billet, le P. Séverin Kaiser conçut l'espoir d'obtenir aussi sa délivrance. Il écrivit à cet effet à l'ambassadeur des États-Unis, qui avait pris les Allemands sous sa protection. Ce personnage au cœur généreux usa de toute son influence pour le succès de cette affaire; et le 25 avril le secrétaire de l'ambassade, M. Schmitt, venait en personne réclamer ce protégé. Pour le mettre à l'abri de tout danger, il le conduisit lui-même chez Mme Nycten, pieuse femme, qui, de concert avec son mari, qui est Belge, avait envoyé au P. Séverin quelques provisions dans sa prison.

Le lendemain à dix heures du soir, le P. Séverin, déguisé en ouvrier, venait frapper à la porte de l'hospice d'Enghien.

Il y était sans doute conduit par son bon ange; car dans l'ambulance de cette maison il y avait un soldat mourant qui réclamait avec instance les secours de la religion; or on ne trouvait plus alors aucun prêtre dans les environs. Le lendemain matin, le captif libéré offrait le saint sacrifice de la messe, bonheur dont il était privé depuis quinze jours. Comme il faisait son action de grâces, on vint lui annoncer qu'un commissaire de la Commune arrivait pour s'emparer de la maison. Il se jette à genoux, fait de nouveau le sacrifice de sa vie, en attendant que la Providence lui envoie un nouveau secours. C'est ce qui eut lieu : les communeux ne vinrent pas immédiatement à la sacristie, et notre confesseur eut le temps de s'évader, emportant avec lui les saintes espèces qu'il venait de consacrer pour les soldats de l'ambulance. Il avait pu administrer celui qui était le plus malade.

Le P. Séverin transporta donc son précieux trésor chez Mme Nycten. Un petit autel y fut dressé, et la pieuse famille y fit l'adoration avec une piété bien édifiante. Quelque temps après arrivait une voiture qui devait conduire le fugitif à Saint-Mandé. Quand il partit, emportant avec lui le très-saint Sacrement, on vit couler des larmes. La présence de Notre-Seigneur avait été trop courte dans cette maison. Inutile de dire avec quel empressement les Dames de la Sainte-Famille donnèrent asile à ce nouveau réfugié, ainsi qu'au divin Maître qui partageait son exil. Elles furent bien édifiées de la piété avec laquelle ce jeune Père célébra le saint sacrifice de la messe, et elles remarquèrent les larmes abondantes qui coulèrent de ses yeux.

Pourquoi n'ajouterais-je pas ici un détail que je retrouve dans une lettre que m'écrivait ce cher confrère au sujet de sa captivité. Après m'avoir marqué avec quelle joie il avait fait sa retraite dans la solitude de Mazas, il ajoute : « J'écrivis à l'ambassadeur des États-Unis ; mais en même temps je priai Dieu, lui demandant que si, en restant en prison, je devais avoir le bonheur que j'envie à nos quatre martyrs, il ne permît pas que je fusse délivré. » Cher confrère, Dieu s'est contenté du désir de votre Cœur. Il vous réserve d'autres travaux et une autre couronne.

Nous avons déjà dit comment un autre de nos confesseurs de la foi, le R. P. Lafaye, fut transféré à l'hospice de la Pitié. Une lettre qu'il écrivit depuis au P. Daniel, et les détails qu'il m'a donnés de vive voix, nous apprennent ce qu'il eut à souffrir dans cette nouvelle position. Il fut obligé de quitter sa chère soutane pour endosser le costume réglementaire de la maison, ce qui ne le mit point à l'abri des injures que lui prodiguèrent les gens de bas étage parmi lesquels il fut confondu. Il ne put pas obtenir la faveur de dire la sainte messe, et dut se contenter de la communion laïque qu'il reçut avec les chrétiens courageux qui fréquentaient la chapelle de cet établissement. Sa vie même y fut en danger; car deux balles entrèrent dans la chambre où il était logé.

X

Tandis que la prison de Mazas ouvrait ses portes à ces quelques prisonniers, les geôliers installés à Picpus resserraient de plus près leurs captifs. L'évasion de plusieurs Frères, ainsi que d'un bon nombre de religieuses, avait occasionné un surcroît de vigilance et de rigueur. L'inutilité des moyens employés pour ternir la réputation de ces victimes avait exaspéré leurs persécuteurs. Ils voulaient en finir, et, pour être plus libres, emprisonner sans distinction tous les habitants de l'une et l'autre maison. Le 5 mai fut le jour arrêté pour cette exécution.

C'était précisément ce jour-là que le

R. P. Daniel avait choisi pour venir à Picpus apporter à ses frères et à ses sœurs les secours de la religion. Il prend sur lui le très-saint Sacrement, et vient se présenter à la porte de la maison. Le commissaire avait permis secrètement son entrée. Après quelques difficultés de la part du factionnaire, le Père entre et se dirige vers l'infirmerie où se trouvaient trois malades : F. Alain, F. Michel et F. Antoine, avec deux infirmiers, F. Théodore et F. Crépin. Il commence par déposer le saint Sacrement dans une petite armoire qui dut alors servir de tabernacle, et tous les assistants se prosternent pour adorer le Dieu Sauveur qui venait les visiter dans leur détresse.

Les autres frères disséminés dans la maison vinrent tour à tour rendre leurs devoirs à Notre-Seigneur et saluer son ministre. On s'embrassa bien cordialement, et l'on se dit de part et d'autre ses aventures, ses craintes, ses espérances. Après quoi le P. Daniel entendit les confessions et donna la communion au F. Alain, qui, déjà administré auparavant, avait faim du saint Viatique. Comme l'entrée de l'infirmerie était interdite aux nombreux visiteurs qui encombraient notre maison, P. Daniel conçut l'espoir de dire la sainte messe le lendemain et d'y communier tous les frères. Un des chefs, mieux disposé que les autres, avait permis de transporter à l'infirmerie une grande partie des objets du culte. Il y avait donc ce qu'il fallait pour la célébration des saints mystères, eu égard à ce temps de persécution. Le Père formait même le projet d'aller aussi chez les religieuses les confesser, leur dire la messe et les communier. La chose ne lui paraissait pas téméraire, vu le grand nombre de visiteurs qui passaient d'une maison dans l'autre par les deux brèches qu'avaient pratiquées les gens de la Commune. Il envoya donc un billet à la T. R. Mère Benjamine pour l'avertir de sa présence et lui faire part de son projet; mais cette sage supérieure, qui était mieux en état d'apprécier la situation, représenta au P. Daniel les dangers de cette entreprise.

Les choses en étaient là, lorsque tout à coup des pas précipités et des voix tumultueuses se font entendre au bas de l'escalier de l'infirmerie. Le F. Crépin regarde, et il voit s'avancer une quinzaine de notables de la Commune ayant en tête un soi-disant médecin, que la renommée publique signalait comme prêtre défroqué et marié. Aussitôt il fait monter le P. Daniel à un étage supérieur et l'introduit dans une cachette ménagée au-dessus du plafond et dans laquelle on pénétrait par un placard très-étroit pratiqué au fond d'une alcôve. Cette opération faite, il va recevoir les importuns visiteurs. Ils étaient tous très-animés et paraissaient, au dire du F. Crépin, *sentir par un instinct diabolique la présence du prêtre et du saint Sacrement.*

Le plus furieux de tous était incontestablement le *Judas*, qui conduisait la bande. On ne saurait dire les torrents d'injures et de blasphèmes qui sortaient de leur bouche. En visitant la chambre qu'occupait autrefois le P. Coudrin, laquelle se trouve dans les appartements de l'infirmerie, ils y trouvèrent plusieurs objets de piété qui décoraient cet oratoire. Cette vue surexcita leur fureur. Ils brisèrent les saintes images et défoncèrent un reliquaire précieux.

Quand ils eurent ainsi satisfait leur impiété iconoclaste, ils montèrent à l'étage supérieur, celui précisément qu'occupait le missionnaire; ils entrèrent dans la chambre où il était réfugié et, comme si Satan lui-même eût dirigé leurs pas, ils allèrent droit à l'alcôve qui conduit à la cachette; ils ouvrirent l'armoire et aperçurent les planches mobiles qui dissimulaient une sorte d'escalier. Ils firent sauter ces planches et se mirent à frapper à coups de baïonnette sur celle qui fermait l'orifice du petit grenier. C'en était fait du P. Daniel, si son bon ange ne lui eût inspiré alors un ingénieux expédient, qui consista simplement à s'asseoir sur la planche même que les inquisiteurs voulaient sonder. Le poids de son corps empêcha qu'ils ne la fissent sauter; et Dieu ne permit pas à Satan de pousser ses suppôts plus avant.

Au bout de deux heures et demie, l'infirmier, croyant le danger passé, invita le P. Daniel à descendre; mais à peine celui-ci était-il entré dans la chambre des malades, que deux chefs remontèrent pour faire une nouvelle perquisition. Le P. Daniel n'eut cette fois que le temps de se blottir derrière un lit, tandis que le F. Crépin mettait le saint Sacrement sous le chevet d'un malade. Cette fois encore notre confrère échappa aux poursuites dont il était l'objet.

Mais que venaient donc faire les communeux dans cette seconde visite? *Ils paraissaient,* m'a dit le F. Crépin, *chercher à faire une surprise.* Ils avaient cependant aussi un autre but; car le même frère atteste les avoir vus rentrer dans la chambre du P. Coudrin et y prendre un ossement insigne qui portait encore la cire rouge du cachet de l'authentique. Mais que voulaient-ils faire de cette relique? C'est ce qu'on va voir tout à l'heure.

A peine ces messieurs étaient-ils descendus qu'on vit passer sous les fenêtres de l'infirmerie une bande de communeux

portant l'écharpe rouge et traînant à leur suite trois prisonnières; c'étaient la Très-Révérende Mère Benjamine supérieure générale, la Mère Télesphore économe, et la Mère Athénodore maîtresse du pensionnat. On les conduisait dans notre parloir pour leur faire subir un semblant d'interrogatoire.

En voyant cet appareil de la justice révolutionnaire, le P. Daniel comprit l'imminence du danger dont il était lui-même menacé. « Il faut absolument que je me sauve, dit-il aux frères, sans quoi je vous compromettrais et je m'exposerais à périr avec vous. — Non, Père, restez avec nous, disaient ces bons frères; en voulant sortir vous allez vous faire prendre. Restez ici, la visite y est faite. Nous allons bien vous y cacher, et vous serez notre soutien. » Malgré ces invitations pressantes, le R. Père jugea plus prudent de tenter une évasion. Il envoya un des frères pour voir si la sentinelle qui gardait la porte du jardin voudrait bien se prêter à son dessein. Le frère revint bientôt, disant que la consigne était plus sévère que jamais; qu'on ne laissait plus sortir personne. « Raison de plus, dit le Père, pour que je sorte à tout prix. »

Profitant donc du moment où les communards étaient attablés, il prend un pantalon bleu et met une blouse de même couleur par-dessus ses habits; puis, cachant le saint Sacrement sur sa poitrine, il se dirige vers la porte du jardin. Arrivé près de la sentinelle, il engage le dialogue suivant : « Eh bien, citoyen, je voudrais sortir; car je ne suis pas de la maison. — Tu ne sortiras pas; je ne puis laisser passer personne. — Mais dis donc, citoyen, tu sais que les commissaires de la Commune sont ici et qu'ils ne sont pas commodes. — Ah! oui! ce sont de vrais diables. — Pense donc, citoyen, que si tu ne me laisses pas sortir, je vais te compromettre avec le capitaine qui m'a laissé entrer, et toute ta compagnie. » Notre homme réfléchit un instant et dit : « Ma foi! oui; je vais voir si personne ne passe dans l'avenue. » Il ouvre la porte, ne voit personne, et

18

cependant n'ose pas encore enfreindre sa consigne ; car elle était très-sévère. Le voyant dans cet embarras : « C'est très-bien, dit le Père, je te remercie, citoyen. » Et, lui glissant une pièce de monnaie dans la main, il saute dans l'avenue de Saint-Mandé, remerciant Dieu de l'avoir ainsi protégé.

Mais, pendant ce temps-là, que se passait-il au parloir où les trois captives comparaissaient devant les chefs de la Commune ? La Mère Télesphore va nous le raconter.

« Arrivées au parloir, dit-elle, nous nous trouvâmes en face d'une quinzaine de chefs, dont trois portaient des écharpes rouges. Nous ne pûmes pas savoir leurs noms. Comme il commençait à faire nuit, ils avaient éclairé la salle avec trois gros cierges qu'ils avaient pris apparemment dans la chapelle de nos Pères. Ils étaient tous rangés autour d'une grande table, sur laquelle se trouvaient deux boîtes, dont l'une contenait des ossements, et l'autre renfermait les deux crânes déjà mentionnés. On voyait çà et là des instruments de chirurgie. Notre Mère entra d'abord seule; on la fit asseoir en face du président, et ces messieurs lui firent plusieurs questions que nous ne pûmes entendre, puisque nous étions restées, sœur Athénodore et moi, dans le corridor qui est en face; mais les portes vitrées nous permettaient de voir ce qui se passait. Nous étions nous-mêmes environnées d'un grand nombre de personnes, qui vomissaient contre nous des injures de toutes sortes.

Après son interrogatoire, qui dura environ une demi-heure, notre bonne Mère fut conduite dans un réduit qui se trouve sous un escalier, et là gardée à vue par deux hommes armés. On nous fit ensuite entrer au parloir, sœur Athénodore et moi, et nous fûmes interrogées simultanément. »

Je ne rapporterai pas en détail toutes les questions captieuses qu'on fit à ces religieuses; il en est une cependant que je dois signaler. On leur demanda si leur Supérieur général avait étudié la médecine. Elles répondirent qu'elles n'en savaient rien ; mais qu elles ne le croyaient pas. Or voici quel était le but de cette singulière question. Le T. R. P. Bousquet, notre Supérieur général actuel, a un neveu docteur en médecine qui porte son nom. Lorsqu'il eut à subir les épreuves du doctorat, ce neveu publia une thèse, dont il fit hommage au T. R. P. Euthyme Rouchouze, qui gouvernait alors notre Congrégation. Celui-ci, pour qui cette brochure avait peu d'intérêt, la laissa dormir dans les rayons de sa bibliothèque. Le T. R. P. Bousquet, lorsqu'il lui succéda, laissa l'opuscule de son neveu là où il se trouvait. Les communeux mirent la main dessus. Ce fut pour eux une bonne fortune ; et pour la bien exploiter, ils n'eurent qu'à changer le nom de l'auteur, mettant l'oncle à la place du neveu, et à dénaturer le titre de l'ouvrage de manière à faire croire que le *capucin* Bousquet donnait des leçons de médecine au profit de l'immoralité. Ce tissu de mensonge fut propagé par les journaux de la Commune, qui se mirent peu en peine des réfutations indignées de la presse conservatrice. On comprend à présent le sens de cette question : « Votre Supérieur général n'a-t-il point étudié la médecine ? » On voit également ce que signifiaient ces instruments de chirurgie qu'on avait étalés, la boîte aux crânes, et celle des ossements qu'on venait de prendre dans le reliquaire du T. R. P. Coudrin. Tout cela était une preuve évidente que le *capucin* Bousquet ne se contentait pas de donner des leçons d'infanticide; mais qu'il joignait la pratique à la théorie dans les antres ténébreux de l'horrible *caveau* de Picpus, où la justice humaine n'avait pu jusqu'ici pénétrer. Aussi, comme surabondance de preuves on voyait couchée sur la table la clef de ce mystérieux caveau que nos pauvres communards n'ont jamais pu trouver.

Il faut avouer cependant qu'une chose était de nature à déconcerter ce plan. On voyait encore sur l'un des ossements le cachet en cire rouge et le ruban qui accusaient une relique. Les communeux n'avaient peut-être pas remarqué ce détail, que la Mère Benjamine a fort bien aperçu. N'importe, elle était bien et dûment convaincue d'homicide. En conséquence elle s'entendit condamner, séance tenante, à la prison avec toutes ses filles.

J'ajouterai toutefois que la Mère Télesphore durant son interrogatoire demanda aux gens de la Commune ce qu'il y avait dans cette boîte qu'ils venaient d'exhiber devant sa Supérieure générale; mais ces messieurs, se défiant sans doute de sa perspicacité, ne voulurent pas lui répondre, ni ouvrir devant elle le mystérieux coffret; ce qui n'empêcha pas qu'elle ne fût condamnée comme complice et jetée à ce titre dans le cachot où la Mère Benjamine se trouvait. Pour la Mère Athénodore, on lui permit de revenir au couvent pour préparer le départ de deux élèves pensionnaires qui n'avaient point encore voulu se séparer de leurs maîtresses.

XI

Que devenaient nos Frères convers pendant ce temps-là ? Voici en deux mots leur histoire. Quelques-uns d'entre eux avaient pu, la veille même de cette fatale journée du 5 mai, franchir l'enceinte de Paris et aller à Saint-Mandé, au couvent de la Sainte-Famille, se confesser et communier. De là ils auraient pu facilement s'évader ; mais c'eût été compromettre leurs frères : ils préférèrent venir leur annoncer la bonne nouvelle de la prochaine visite du R. P. Daniel. Un autre frère, c'est le F. Agapit, avait fait une excursion encore plus hardie. Il était allé jusqu'à Versailles pour voir son Supérieur général, lui faire connaître l'état des choses et recevoir ses instructions; or, il en revenait ce même jour, à l'instant où les communards entraient chez nous pour opérer leur bruyante perquisition.

Par mesure de prudence, avant de rentrer au couvent, il avait fait une station à Saint-Mandé chez Mme Langlois, dont la maison était comme une succursale de Picpus en ces jours de terreur. Il avait pu y prendre les nouvelles du moment, et rien ne lui faisant soupçonner les événements qui commençaient à se produire, il avait franchi avec assurance le seuil de la porte du jardin. Mais bientôt il se vit arrêter et subit les mauvais traitements qu'il va nous raconter lui-même.

« Le vendredi 5 mai, j'arrivai de Versailles où j'avais pu aller voir notre Très-Révérend Père et lui donner des nouvelles de Picpus; car, nous autres vieillards, nous pouvions plus facilement circuler. Les sentinelles apostées dans notre maison nous laissaient assez souvent sortir pour aller à nos affaires, et ceux qui gardaient les portes de la ville se montrèrent aussi accommodants. Il était environ quatre heures du soir, lorsque je me présentai à la porte de Picpus. Le factionnaire qui la gardait ne me reconnut pas et me laissa néanmoins passer. Je n'eus rien de plus pressé que d'aller parler à F. Maurice, que je trouvai dans le jardin; mais à peine avais-je commencé à lui donner des nouvelles de la famille, que des gardes nationaux vinrent nous appeler. Je me trouvai bien embarrassé avec mon habit de dimanche, qui pouvait dévoiler ma sortie, d'autant plus que j'étais porteur d'une lettre de notre Très-Révérend Père général, dans laquelle il donnait à ses enfants les encouragements et les avis nécessaires dans leur position si critique. Je me hâtai donc de prendre une blouse à la place de mon habit.

« Il en était grand temps; car peu après je me vis investi par trois ou quatre messieurs à ceintures rouges, qui m'ordonnèrent de les suivre pour leur montrer toute la maison. L'un d'eux tenait en main cette fameuse *clef du caveau,* qui les a tant intrigués. On me pousse, on me frappe, on me tire en tout sens. Je craignais bien que l'on en vînt à me fouiller; car j'avais toujours sur moi la lettre que notre Père m'avait confiée. Ce n'est que plus tard que je parvins à m'en défaire. Les communeux me font d'abord monter à l'infirmerie. Nous entrons dans la chambre qu'occupait autrefois notre bon Père fondateur. Là se trouvait un grand reliquaire; il fut brisé et profané.

« Comme c'était un médecin qui conduisait la bande, il fit ouvrir la pharmacie, pour constater sans doute s'il y avait du poison. Il passa ensuite dans la chambre des malades, pour lesquels il se montra bienveillant.

«Nous montâmes ensuite à l'étage supérieur. C'était le moment le plus critique de cette perquisition; car le P. Daniel était là blotti dans sa cachette qui n'était pas bien difficile à trouver. Nos gens ne purent cependant pas la découvrir.

« De ce grenier nous descendîmes à la

cave, qui est sous l'infirmerie. On furetait partout et l'on ne trouvait rien. Je pris alors la liberté de faire observer à ces messieurs l'inutilité de leurs recherches; car je commençais à m'enhardir et à raisonner avec eux. Pour ma peine je fus alors confiné dans le réduit qui se trouve sous le grand escalier. En m'y conduisant le médecin ne cessait de répéter : *Que d'abominations nous trouverions dans ce caveau!*

« Il était alors près de six heures. F. Matthieu vint à passer par là. Il fut aussitôt arrêté et enfermé avec moi. Ce pauvre Frère n'avait pas même eu le temps de prendre son habit. Il commençait à avoir froid. Heureusement, il y avait là une couverture dont il s'enveloppa.

« Sur les huit heures on vint me tirer de là pour me conduire encore çà et là dans la maison, toujours pour découvrir le terrible caveau. Au bout de quelque temps on me mena au grand parloir des sœurs, et tous nos frères s'y trouvèrent bientôt rassemblés. Nous restâmes là jusqu'à onze heures du soir, ne sachant pas ce qui nous était réservé. Nous voyions stationner dans la cour des sœurs deux grandes voitures cellulaires ; c'étaient celles qui devaient les conduire à Saint-Lazare ; on y fit monter les plus anciennes, qui partirent devant nous, après qu'on eut pris tous nos noms.

« On nous fit mettre ensuite sur deux rangs dans la cour. Puis on nous dit de partir et de marcher au pas, sans nous faire savoir où l'on nous conduisait. Douze gardes nationaux se tenaient à nos côtés. Nous allâmes ainsi escortés jusqu'à la prison de Mazas, où nos Pères étaient encore enfermés.

« Arrivés là, il nous fallut d'abord entrer au greffe, pour y donner encore une fois nos noms. On nous demanda si nous n'avions point d'argent. Je déclarai mes 64 francs. On en prit 40, et on me laissa le reste avec un billet de reconnaissance de ce que j'avais déposé. On fouilla malgré cela mes poches, et l'on me fit ensuite entrer dans une cellule au rez-de-chaussée.

« Je n'avais presque rien pris de la journée, et le lendemain à trois heures du soir j'étais encore à jeun, parce qu'on ne m'avait donné que du gras et que c'était un samedi. Je voulus consulter par lettre un prêtre ou l'un de nos frères pour savoir si je pouvais faire gras les jours maigres quand j'étais en prison; mais on ne voulut point se charger de ma lettre. Je pris alors le parti d'acheter ce que je pourrais trouver. J'étais bien fatigué, et je fus pris de la fièvre; mais un saignement de nez que j'éprouvai me soulagea. J'eus aussi à souffrir du froid.

« Je restai ainsi jusqu'au mardi. Ce jour-là on nous fit subir un nouvel interrogatoire, à la suite duquel on mit en liberté ceux des autres prisonniers qui voulurent aller travailler aux barricades. Nous ne pouvions pas accepter cette condition-là. Nous restâmes donc en prison, où nous eûmes à souffrir de la faim. F. Aubin m'ayant dit qu'il avait grand besoin, je lui donnai les 7 francs qui me restaient. »

Je compléterai ce récit par le dialogue suivant, que j'ai eu ces jours derniers avec notre F. Amator : « Dites-moi donc, mon bon frère, comment vous avez passé votre temps dans la prison ? — Oh! mon Père, ce sera bientôt fait : je priais le bon Dieu du matin jusqu'au soir. Quand j'avais fini mon chapelet par un bout, je le recommençais par l'autre. — Est-ce que vous n'aviez pas quelque livre pour charmer un peu vos ennuis ? — Non, mon Père, on ne nous a pas laissé le temps de rien emporter. J'aurais voulu acheter là-bas une *Journée du chrétien;* mais mon gardien, qui pourtant était bien bon, m'a dit qu'il ne fallait pas y songer. Il m'apporta lui-même un livre de la bibliothèque; mais c'était de la philosophie, et je l'ai laissé de côté. — Alors vous avez dû un peu vous ennuyer ? — Oh! non, mon Père; au contraire je n'ai jamais été si heureux de ma vie. Je pouvais méditer et prier tout à mon aise; personne ne venait me déranger. En voyant le guichet de ma cellule je pensais être dans un couvent de chartreux. — Mais n'avez-vous pas eu du moins à souffrir quelque chose du côté de la nourriture ? — Point du tout. Il est vrai qu'au commencement j'ai acheté quelque chose pour manger avec mon pain; mais après cela ce pain m'a semblé si bon que je le mangeais tout seul comme du gâteau. — Alors, mon bien cher frère, il ne me reste plus qu'à vous souhaiter de retourner bientôt à Mazas. » F. Amator sourit, et ainsi se termina notre entretien.

Pendant que les frères de Picpus allaient expier sous les verrous de Mazas leur consécration aux Sacrés Cœurs de Jésus et de Marie, quelques autres de leurs frères, coupables du même crime, en portaient également la peine.

Dans le village d'Issy, sur la pente du côteau qui domine le bassin de la Seine, se trouve une riante habitation dont on voit de loin les belles terrasses. C'est là que se trouve actuellement le principal noviciat de la congrégation des Sacrés-Cœurs. Cette maison eut beaucoup à souffrir durant le premier siége de Paris; mais ce n'était qu'un prélude des maux qui devaient fondre sur elle sous le régime de la Commune.

Le 3 mai, dès six heures du matin, les portes étaient brisées à coups de hache par les gardes nationaux qui venaient envahir la maison. Elle n'était alors occupée que par un prêtre, P. Jean Lecornu, ancien missionnaire en Océanie, et les quatre frères convers Eudoxe, Philippe, Pierre et Marcel. Le P. Jean disait la messe au moment de l'invasion. Dès qu'il eut achevé son action de grâces, il se présente aux envahisseurs, qui tout d'abord ne se montrent pas trop turbulents; mais peu après arrive un commandant escorté de quatre hommes, qui se livrent, en présence du P. Jean, à la perquisition la plus minutieuse, accompagnée d'insultes personnelles et de menaces. Un poste est établi dans la maison. Les jours suivants les perquisitions continuent. A Issy comme à Picpus, c'est toujours le même système de recherches de souterrains. Le dimanche, 7 mai, on déclare au P. Jean qu'il est prisonnier avec ses quatre frères. Ils sont tous les cinq renfermés dans une chambre comme suspects de trahison.

Le lundi 8 mai, un délégué de la Commune, le révolver en main et la ceinture rouge autour des reins, vient prendre les cinq prévenus pour les conduire à une prison militaire nommée la Prévôté. Sur le parcours, ils sont tous l'objet des insultes les plus violentes de la part de la populace. « Vive la Commune! A bas les calotins! Fusillez-les! » tels sont les cris qui retentissent à leurs oreilles.

Après un semblant d'interrogatoire qui ne dura pas moins d'une heure, le P. Jean est enfermé dans une chambre infecte et toute pleine de vermine, avec quatre capitaines communeux accusés, eux aussi, d'avoir trahi. Les frères de leur côté sont jetés au fond d'une cave où ils se trouvent confondus avec ce qu'il y a de plus crapuleux. L'arrivée des quatre moines fut saluée par les propos les plus orduriers. Dire tout ce que ces bons frères eurent à endurer dans cet antre ténébreux durant les quatre ou cinq jours qu'ils y demeurèrent enfermés, serait chose impossible. Ils devaient y manger à une même gamelle avec ces êtres dégradés, coucher sur la même paille, respirer avec eux un air empesté ; car ce lieu était plein des ordures que l'impossibilité de sortir obligeait d'y déposer ; mais le plus intolérable supplice de ces bons religieux, c'était l'infamie des discours qui retentissaient sans cesse à leurs oreilles. « Jamais, nous ont-ils dit, nous n'avons entendu de paroles comme celles-là. »

Revenons à Picpus, et achevons de dire ce qui s'y est passé le 5 mai.

XII

C'est vers sept heures du soir que l'on vit arriver deux grandes voitures cellulaires au couvent de nos sœurs. En même temps une nouvelle bande de brigands se répandait dans la maison. La supérieure, avertie du danger, réunit toutes les sœurs à la chambre commune, et leur recommande de bien prier Dieu, parce qu'on ne savait pas ce qui allait arriver.

Environ une heure après, les chefs demandent la citoyenne supérieure, l'emmènent avec ses deux assistantes dans notre parloir, et lui font subir l'interrogatoire que nous avons dit.

Il était près de dix heures quand la Rev.

Mère Benjamine et la Mère Télesphore revinrent du cachot provisoire où on les avait confinées. Les sœurs furent alors convoquées dans leur grand parloir. Sans crainte et sans hésitation, elles y descendent tranquillement deux à deux, en renouvelant le sacrifice de leur vie. Elles se trouvent en face de Clavier, qui était parvenu à rentrer à Picpus d'où ses confrères l'avaient chassé. Il était escorté d'une douzaine de notables de la Commune. Sur son ordre on procède à l'inscription du nom des sœurs, en commençant par les plus anciennes. Seize ont déjà répondu à l'appel avec un entrain qui surprend leurs bourreaux. « Voyez donc, disaient-ils, comme elles partent joyeuses ! — C'en est assez pour le moment, dit Clavier; partez et suivez ce citoyen. » La supérieure obtient de rester la dernière, et les quinze autres se disposent au départ. Elles étaient toutes en blanc. On ne leur permit, ni d'aller changer de costume, ni de prendre aucun paquet. Or, parmi les partantes, il y en avait deux qui avaient plus de quatre-vingts ans.

Leur âge ne leur fit point trouver grâce devant ces barbares. L'une d'elles, sœur Mariette, entonna le *Laudate*; d'autres se mirent à réciter le *Te Deum*. Pas une larme ne fut versée, pas un mot de plainte ne sortit d'aucune bouche. On a même su depuis qu'une sœur, invitée par un communeux à prendre la fuite, avait refusé de le faire, craignant de perdre sa couronne. « Je me tournai, écrit une autre sœur, vers la tombe de nos saints fondateurs, les suppliant de veiller sur nous, et de nous ramener bientôt dans ces lieux où nous nous étions vouées aux service des divins Cœurs, pour continuer leur œuvre, et je repris courage. » Il était environ onze heures; plusieurs sœurs se souvinrent que c'était le moment de l'heure sainte, et elles commencèrent à s'unir à l'agonie de Notre-Seigneur.

Chemin faisant, les religieuses se demandaient où on les conduisait : pas une seule ne le savait; aussi grande fut leur surprise et leur tristesse lorsqu'en descendant de voiture, elles apprirent qu'elles étaient dans ce lieu d'infamie qui s'appelle la prison de Saint-Lazare. Elles entrèrent au greffe pour y donner encore une fois leurs noms; puis on les conduisit en cellules. A trois heures du matin six nouvelles voitures amenaient le reste de la communauté, qui se composait de quatre-vingt-quatre personnes, sans compter dix malades et deux infirmières qu'on avait laissées au couvent, non plus qu'une dizaine de jeunes sœurs, que la Mère générale avait envoyées peu avant dans les maisons de province.

Ce dernier convoi fut semblable au premier, si ce n'est qu'il y eut un surcroît d'injures et de rigueurs pour la Très-Révérende Mère Benjamine; elle fut la seule qui n'eut point de cellule en voiture, et dut se tenir debout au fond du couloir.

Le lendemain dans l'après-midi, un monsieur très-galonné et fort bien armé vient d'un air tout courroucé interpeller la supérieure. « Oseriez-vous bien jurer, lui dit-il, que vous ne connaissez pas les cadavres qu'on vient de me montrer chez vous? — Oui, Monsieur, répond la Très-Révérende Mère, je suis prête à vous assurer avec serment que je n'en ai aucune connaissance. » Sur ce, sans autre forme de procès, le communeux ordonne de mettre la supérieure au secret; puis il en fait autant pour l'économe; le lendemain c'était le tour de la directrice du pensionnat. Cette séquestration dura jusqu'au 12 mai, époque à laquelle, à la suite d'une visite de Miot, les trois prisonnières furent réunies en une même cellule. Les deux assistantes purent alors soulager leur Mère qu'on avait laissée jusque-là dans la détresse la plus grande.

Les autres sœurs eurent aussi beaucoup à souffrir. Le régime de la prison était bien insuffisant pour des tempéraments épuisés par les fatigues de l'enseignement, ou affaiblis par l'âge. Deux octogénaires entre autres étaient obligées de garder le lit, ne pouvant plus se soutenir sur leurs jambes. Une novice était malade et dans un état complet d'épuisement; il fut impossible, malgré les nombreuses demandes qu'on adressa à la préfecture de police, d'obtenir qu'elle fût renvoyée dans son pays. Elle dut rester avec les autres sœurs dans un galetas qui servait de dortoir aux personnes atteintes de maladies contagieuses. Elle reçut, il est vrai, plusieurs visites du médecin; mais elles restaient sans exécution.

Plusieurs religieuses seraient tombées d'inanition, si Dieu n'eût mis à côté d'elles un ange tutélaire, la prieure, Mère Egidie, dont l'active charité réussit à surmonter tous les obstacles pour procurer aux sœurs les secours dont elles avaient besoin; elle fut bien aidée en cela par les personnes que nous nommerons tout à l'heure.

Une autre chose bien plus pénible que la privation d'aliments pour les Filles des Sacrés-Cœurs, ce fut la société de ces créatures perdues de vices qu'on renfermait dans ce triste lieu; elles durent manger dans le même réfectoire que ces personnes et dans leurs gamelles à peine lavées; et même vers la fin elles se trouvèrent confondues avec elles dans un même local lorsque les obus pleuvaient sur la maison; mais à la demande de la Mère prieure, on les délivra de cette compagnie humiliante plus pénible pour elles que le danger de mort.

C'était un spectacle assez curieux que celui de quatre-vingt-quatre religieuses réunies dans un lieu qui est le réceptacle de tous les vices; aussi dans les salons de la Commune se donnait-on rendez-vous à la prison de Saint-Lazare. Les pauvres sœurs étaient bien importunées de ces visites indiscrètes. « Chaque fois qu'une de ces figures malveillantes nous apparaissait, écrit l'une d'elles, un frémissement involontaire s'emparait de notre âme; nous priions cependant pour que Dieu accordât à ces malheureux des grâces de conversion. »

On cherchait à intimider les sœurs de mille manières : tantôt on leur lisait les articles des mauvais journaux qui racontaient les prétendues infamies de leur couvent; tantôt on faisait briller un poignard en leur présence, avec des paroles ironiques et des gestes menaçants ; tantôt on leur faisait subir une sorte d'interrogatoire où on les accablait de questions captieuses ou impertinentes, auxquelles elles répondirent toujours avec une admirable présence d'esprit.

Un des chefs dit un jour à une jeune sœur : « Que feriez-vous, si on vous rendait la liberté ? — Monsieur, répondit-elle, je retournerais à mon couvent. — Alors vous voulez donc mourir comme S. Laurent ? — Oui, Monsieur, s'il le fallait, je ne balancerais pas un seul instant. »

Rochefort lui-même vint à Saint-Lazare visiter les prisonnières. « Je viens, Mesdames, leur dit-il, vous apprendre à secouer ce joug abrutissant de l'obéissance qui vous dégrade. — Monsieur, lui fut-il répondu, ce que vous appelez un joug abrutissant est à nos yeux une couronne de gloire. — Bien ! bien ! Je ne viens pas ici pour philosopher avec vous. D'ailleurs tous les cultes sont libres ; je ne veux pas violenter vos consciences. »

Un autre chef se permit un jour une

mauvaise plaisanterie : « Mentir et prier, disait-il, voilà les deux péchés des religieuses. — Monsieur, répondit une vieille sœur âgée de quatre-vingt-cinq ans, vous nous jugez maintenant, mais Dieu vous jugera un jour. »

Ces visiteurs étaient forcés d'avouer que la tenue des religieuses était parfaite. Tout le monde admirait leur silence, leur piété et leur charité ; c'est le témoignage que leur rendit le directeur.

Nous devons rapporter ici une autre circonstance qui montre bien quel est l'empire de la vertu même sur les cœurs qui paraissent les plus inaccessibles aux sentiments religieux. Ce même directeur, ex-ouvrier cordonnier et repris de justice, avait ordonné de faire subir à toutes les religieuses une fouille humiliante. La surveillante chargée de cette exécution y mit toute la rigueur que ses maîtres avaient droit d'en attendre Elle ne prit pas seulement aux sœurs tout leur argent, mais elle leur arracha leurs scapulaires et leur confisqua tous leurs objets de piété. Une sœur se voyant ainsi dépouillée de ce qu'elle avait de plus cher, de cette image des Sacrés-Cœurs qu'elle portait sur sa poitrine depuis le jour de sa profession, se mit à fondre en larmes. Le directeur, qui, dès les premiers jours, avait affecté une grande sévérité, ne put résister aux sentiments d'une certaine bonté naturelle qui se réveilla alors dans son cœur. Il ordonna de rendre à cette sœur ce qui faisait le sujet de ses larmes. Toutes demandèrent aussi la même grâce, et elle leur fut accordée.

Ici s'arrêtent les outrages que nos pauvres sœurs eurent à endurer. Celui qui a fait si souvent éclater sa puissance en faveur des vierges chrétiennes, prit encore une fois la défense des épouses du divin Crucifié. Il produisit dans l'esprit de leurs persécuteurs cette impression de respect et d'estime que subissent les cœurs les plus pervers en face d'une vertu surhumaine qu'ils sont forcés de contempler.

C'est ce qu'éprouva notamment le directeur de la prison de Saint-Lazare; le spectacle inattendu qu'il avait sous les yeux le subjuguait à son insu, et le sentiment de vénération qui pénétrait peu à peu dans son âme ne tarda pas à se produire par des attentions bienveillantes pour les prisonnières confiées à sa garde. Un jour donc il imagina de leur procurer une agréable surprise, et véritablement il choisit pour cela un bon moyen. Il vint proposer aux trois recluses de venir faire une visite à leurs sœurs. La Mère Benjamine, qui était souffrante, craignit les suites d'une trop vive émotion. Elle pria donc les deux assistantes d'annoncer à ses filles qu'elle les verrait le jour suivant. Les sœurs étaient alors dans leur dortoir, qui leur servait aussi de chambre commune. Tout à coup elles voient entrer le directeur conduisant avec lui Mère Télesphore et Mère Athénodore. Alors des cris de joie se font entendre de toutes parts ; mais ils furent bientôt suivis de larmes ; car on ne voyait point la Mère supérieure. Le directeur prenant alors la parole : « Mesdames, dit-il, ce n'est pas ma faute si vous ne voyez pas aujourd'hui madame la supérieure ; je lui ai proposé de venir, mais elle a préféré attendre, parce qu'elle est un peu fatiguée. Je vous la ferai voir demain, pourvu que vous me promettiez d'être plus raisonnables... car je connais votre Mère ; elle a vraiment bon cœur, et si elle vous voit pleurer, cela lui fera de la peine. » On promit d'être bien sage. Et le lendemain dans la soirée, le huitième jour de l'arrestation, la Très-Révérende Mère Benjamine fit sa première apparition au milieu de ses sœurs. Elles étaient toutes sur deux rangs dans le dortoir. La vénérable Mère s'avance au milieu d'elles avec une douce gravité. Elle les embrasse l'une après l'autre avec une tendresse vraiment maternelle, adressant une bonne parole à chacune en particulier. Des larmes abondantes coulaient de tous les yeux. Il y avait cependant du calme et du respect.

Le directeur, qui ne s'attendait pas à un tel spectacle, en fut tout attendri. On le vit essuyer ses pleurs. Les gardiennes elles-mêmes durent se retirer pour se soustraire à l'émotion qui commençait à les gagner.

A partir de ce jour, les sœurs purent jouir de leurs Mères pendant la récréation. Mais hélas! ce bonheur ne devait pas durer longtemps. Voici quel en fut le terme :

Dix sœurs allemandes ayant été élargies par les soins de l'ambassadeur des États-Unis, les gens de la Commune avaient dû leur rendre leur argent. C'était bien dur; aussi, pour s'en venger, on ordonna une réclusion nouvelle des religieuses libérées du secret. C'est le 18 mai que commença cette rude pénitence. Nous verrons plus tard comment elle prit fin.

Nous devons maintenant mentionner les nombreuses preuves d'intérêt que reçurent nos sœurs à l'occasion de leur captivité. Dès que les journaux de Rochefort et de Vallès, le *Mot d'ordre* et le *Cri du peuple*, eurent publié leurs articles sur *les mystères du couvent de Picpus,* dix des anciennes élèves des religieuses de ce couvent s'empressèrent d'élever la voix pour protester contre ces infâmes calomnies; à savoir : Mmes Lozier, Vasseur, Drouet, Lagaldie et Charbonnier, et Mlles Augustine Gourdellier, Hortense Vaillant, Armandine Monnier, Anaïs et Lucie de Saint-Hilaire.

Dans cette pièce, publiée par l'*Avenir national* et reproduite par l'*Univers* du 12 mai, ces dames affirment : 1° que les trois aliénées dont nous avons parlé ci-dessus ont été placées par leurs sœurs dans un pavillon aéré, chauffé et situé au milieu du jardin où elles avaient un libre accès; 2° que les prétendus instruments de torture ne sont que des lits orthopédiques avec leurs accessoires, sur lesquels ont été traitées plusieurs de leurs compagnes; 3° que le petit berceau n'est qu'un jouet d'enfant; 4° par rapport aux ossements, elles affirment que le terrain où l'on prétendait les avoir trouvés était un ancien cimetière, et qu'elles-mêmes avaient vu extraire bon nombre d'ossements de ce lieu quand on y creusait les fondements de la chapelle. Une autre lettre remarquable a été adressée par Mme de Saint-Maur, née Octavie Capelet, au *Mémorial de l'Allier*, en faveur de ses anciennes maîtresses. Cette lettre a été reproduite par *l'Écho Roannais*.

Non contentes de leur protestation collective, Mmes Lozier et Vasseur avaient été jusqu'à trois fois chez Rochefort pour obtenir de ce personnage une audience où elles eussent pu lui expliquer de vive voix ce qu'elles ont dit sommairement par écrit ; mais elles ne purent jamais obtenir de lui cette faveur. Cet homme sentait sa faiblesse contre une attaque aussi hardie. Les esprits les plus éhontés ne peuvent pas toujours se soustraire au sentiment de la pudeur.

Ces dames firent plus encore, elles vinrent à Picpus offrir leurs condoléances à leurs anciennes maîtresses, qui étaient alors au pouvoir de leurs ennemis. C'était s'exposer au péril évident de partager leur captivité ; mais rien ne pouvait arrêter dans ces âmes généreuses l'élan de la reconnaissance. Le 5 mai, Mme Lozier se trouvait à Picpus au moment où les communeux persécutaient un de nos frères à propos de la *clef du caveau*. Elle eut le courage de reprocher à ces messieurs l'indignité de leur conduite. Une telle audace ne pouvait pas rester impunie; Mme Lozier fut immédiatement traduite devant le conseil de guerre qui siégeait dans notre maison. Après un long débat, elle fut condamnée à deux ans de prison. Son mari eut beaucoup de peine à obtenir sa délivrance. Cette femme courageuse profita de sa liberté pour entreprendre de nouveaux exploits. Elle poursuivit le cours de ses démonstrations en faveur des religieuses de Picpus jusque sous les verrous de Saint-Lazare.

Elle ne fut pas la seule à joindre ainsi la protestation des actes à celle de la plume en faveur des victimes de la fureur révolutionnaire. Outre sa fidèle compagne, Mme Vasseur, nous devons mentionner ici Mme Bernard et ses trois jeunes filles, Mme Barascut, Mme Charbonnier, avec les autres signataires de la lettre rapportée ci-dessus. Toutes ces dames apportèrent d'abondantes provisions à leurs anciennes maîtresses. Mieux que cela, elles leur donnèrent les marques les plus sensibles de leur profond respect et de leur inviolable attachement. On voyait qu'elles étaient fières d'avoir été les élèves de ces vénérables Mères. Il y eut de tendres embrassements, il y eut des larmes et même des sanglots.

Disons-le à la décharge du directeur, M. Mouton : cet homme sut comprendre que des mères de famille n'aiment point avec cette passion les femmes qui égorgent leurs enfants. Non content de permettre aux élèves de Picpus de revoir leurs anciennes maîtresses, il les conduisit lui-même plus d'une fois dans leurs cellules, ou dans le préau de la récréation. Ces dames profitèrent largement des bonnes dispositions de ce fonctionnaire. Aussi les vit-on jusqu'aux derniers jours de l'emprisonnement, lorsque les voitures ne pouvaient pas circuler dans Paris à cause des nombreuses barricades, venir à pied pour visiter et secourir les prisonnières de Jésus Christ. Honneur à ces héroïnes chrétiennes !

Pourrions-nous oublier ici les religieuses de l'hôpital Saint-Louis et celles du Saint-

Cœur de Marie, rue de la Santé, lesquelles ont donné à nos sœurs des marques effectives de sympathie que celles-ci n'oublieront jamais. Elles conserveront aussi bon souvenir de la lettre apologétique qu'a bien voulu écrire en leur faveur M. Joseph Meeûs, ancien membre de la Cour des comptes. On peut la lire dans l'*Univers* au n° du 18 mai. On y verra s'il regrette d'avoir confié l'éducation de ses enfants aux religieuses des Sacrés-Cœurs, et ce qu'il pense, lui et les familles dont il invoque le témoignage, des imputations odieuses de la Commune à leur égard.

Je trouve encore dans une relation le mot suivant que je ne puis omettre : « Dans notre solitude, nous reçûmes la visite de M. l'abbé Kleinclaus, vicaire de Sainte-Marguerite, qui rendit tant de services aux prisonniers, et surtout aux prêtres, pendant le règne de la terreur ; il portait un habit bourgeois, et, quoiqu'il fût accompagné, il trouva moyen de nous dire qui il était et de nous encourager par l'espoir de notre prochaine délivrance. »

Nous nous sommes peut-être trop étendus sur ces détails de l'intérieur de la prison de Saint-Lazare. Nous espérons pourtant que le lecteur ne nous saura pas mauvais gré de lui avoir fait voir dans leur vrai jour ces dames de Picpus dont on a tant parlé. C'est au temps de l'épreuve que la vertu de l'homme se révèle, et que la grâce fait éclater ses miracles. Mais il est temps de revenir à nos confrères que nous avons laissés dans l'enceinte de Mazas.

XIII

Ce fut le 22 mai que les Pères de Picpus furent transférés à la Roquette, à la suite de Mgr Darboy, de M. Deguerry, des Pères Jésuites et des autres otages détenus avec eux à Mazas. Comme diverses relations, et notamment celle du P. Perny, ont fait connaître en détail les circonstances de cette dernière étape de la vie de nos martyrs, j'en dirai peu de choses, et seulement ce qui sera nécessaire pour attirer l'attention du lecteur sur ce qui les concerne en particulier.

Arrivés à la Roquette vers les neuf heures du soir, nos prisonniers ne furent écroués qu'entre dix et onze heures. Leurs cellules étaient d'une malpropreté dégoûtante. « Mes couvertures, dit l'un d'eux, étaient si négligées que le matin, à mon lever, j'avais les mains et le visage couverts d'une poussière noire. »

Mais ce désagrément n'était rien auprès du plaisir qu'éprouvaient nos Pères de se revoir après une si longue séparation. « Avouez, mes amis, disait agréablement le P. Prieur à ses confrères, qu'il faut avoir été à Mazas pour apprendre à bien réciter ces mots de la prière du soir : *secourez les pauvres, les prisonniers*... Si nous sommes délivrés, ajoutait-il, je solliciterai du directeur de Mazas, pour un de nos Pères, le titre d'aumônier honoraire de son établissement, en souvenir du séjour que nous y avons fait. » Le mardi 23 mai, nos prisonniers se trouvèrent tous ensemble vers midi dans le préau, en compagnie de Mgr Darboy, M. Duguerry, M. Bonjean, les Pères Jésuites, etc. Cette première récréation fut comme une douce rosée après les aridités de la solitude. Nos Pères s'empressèrent d'aller rendre leurs hommages à l'archevêque de Paris. Ils le trouvèrent bien souffrant, mais plein de courage ; et comme ils se disaient *fort honorés de partager ses glorieuses ignominies* : « Pour moi, répondit Sa Grandeur, je ne dirai pas que je suis heureux de vous voir en ces tristes lieux ; mais j'avouerai que c'est une consolation pour moi. »

Tous les autres otages s'accostaient et se félicitaient comme s'ils eussent été d'anciennes connaissances, quoique plusieurs d'entre eux ne se fussent jamais vus. Il y eut entre les Pères Jésuites et notre R. P. Prieur des invitations réciproques qui accusaient la plus aimable fraternité. « Si nous sortons d'ici, disait le R. P. Radigue, je vous invite tous, mes Révérends Pères, à venir vous abriter sous le toit de Picpus en attendant que vous puissiez regagner votre quartier. Vous n'y verrez peut-être que les quatre murs ; mais, en revanche, vous trouverez chez nous la plus cordiale hospitalité. » Et les Révérends Pères faisaient de leur côté des offres réciproques, pour le cas où notre maison fût devenue inhabitable par le séjour des communeux. En un mot, c'était l'accomplissement de ce vœu du Sauveur, la veille de sa mort: *Ut sint unum sicut et nos unum sumus*. Nos Pères survivants parlent encore avec attendrissement du spectacle qu'ils eurent alors sous les yeux.

La matinée du mercredi fut assez paisible, on était partagé entre l'espérance et la crainte. L'armée régulière approchait. On pouvait le connaître au son de la fusillade; d'un autre côté, l'épaisse fumée dont l'air était obscurci faisait présager des désastres. C'était l'incendie des Tuileries. A midi, chacun faisait ses réflexions en sens divers. Tous étaient calmes et résignés. « Après avoir été privés si longtemps de célébrer la sainte messe, même le jour de l'Ascension, espérons, disait le P. Tauvel, que nous serons dédommagés le jour de la Pentecôte. — Oui, répondit le P. Ducoudray, nous serons ce jour-là à l'autel ou au ciel. » Comme on disait à Mgr Surat qu'on pouvait s'attendre à une délivrance prochaine, le vénérable prélat fit cette belle réponse qui édifia beaucoup nos Pères : « Je n'espère rien; je ne crains rien; je suis prêt à tout. »

Ce fut près de nos Pères que se passa la scène attendrissante, dans laquelle on vit M. Guérin disputer la palme du martyre à un père de famille qu'il engageait à conserver sa vie pour ses enfants. Ils furent fort édifiés du courage et de la résignation de M. Chevriot, le compétiteur de M. l'abbé Guérin dans cette lutte héroïque.

Ils firent encore dans le préau de la Roquette une rencontre assez remarquable.

M. l'abbé Guébels, vicaire de Saint-Éloi, avait été, comme nous l'avons dit plus haut, interné à Picpus à diverses reprises, malgré sa qualité de Belge. Le retrouvant à la Roquette, le P. Prieur lui demanda quel effet notre arrestation avait produit dans le quartier. Comme notre maison de Picpus est située sur la paroisse Saint-Éloi, M. l'abbé Guébels était plus à même que tout autre de répondre à cette question; il fit donc savoir à nos Pères qu'on ne voyait généralement en cela qu'une persécution dirigée contre la religion, dans la personne de ceux qui s'étaient consacrés à Dieu. « C'est bien cela, reprit le P. Prieur; et, pour mon compte, j'aurais été profondément humilié, si notre Congrégation n'avait rien eu à souffrir dans la crise que nous traversons. Les communeux, en nous laissant de côté, nous auraient fait une insulte plus sensible que tous les mauvais traitements dont ils nous ont honorés. »

Une des choses qui frappèrent le plus nos Pères dans cette journée du 24 mai, ce fut l'attitude radieuse de M. Bonjean. Voici une parole sortie de la bouche de ce vénérable vieillard, et recueillie par un de nos captifs, presque textuellement. « La crise que nous traversons me rappelle les dangers que j'ai courus sur mer. J'ai vu, dans la violence de la tempête, le gouvernail échapper aux mains du pilote, et le navire se balancer sur les abîmes. La main seule de Dieu le soutenait et l'empêchait de sombrer. Voilà notre situation pour le moment. Qu'il fait bon alors s'abandonner à la conduite de Dieu, qui dirige tout à sa gloire et pour notre bien ! Comme cette pensée repose le cœur, comme elle me console quand je songe à l'affliction de ma famille ! » On saura gré au bon Père Tauvel de nous avoir conservé cette dernière parole de l'illustre premier président. Elle nous montre ce que peut la grâce sur un cœur dont elle s'est emparée.

Enfin le moment était venu où le sang des martyrs allait commencer à couler. Tout le monde connaît maintenant les détails de cette nuit mémorable du 24 au 25 mai. Il serait inutile de les répéter ici. Je dirai seulement que nos Pères échappés au massacre sont heureux de pouvoir confirmer par leur témoignage tout ce qui a été dit du courage héroïque des six premières victimes (1). Voici ce que le

---

(1) C'est à tort que certaines relations ont prêté à M. Deguerry un moment de faiblesse. Nos Pères m'ont protesté qu'ils n'ont rien vu de semblable dans le véné-

R. P. Tauvel a écrit à ce sujet : « Il n'y avait plus de doute, l'exécution commençait. Un soupir pour les victimes qui allaient tomber, un acte de soumission à la volonté de Dieu et de désir d'être associés à leur sacrifice, tels furent les sentiments qui s'emparèrent de nos âmes. A genoux et en prières, nous attendions que la terrible détonation se fît entendre. Nos confrères placés de l'autre côté du corridor d'où l'on avait vue sur les jardins, virent passer devant eux les six victimes gagnant la porte qui conduit à l'enceinte du double mur qui enferme la Roquette, et l'un d'eux s'écria d'une voix triste : « On « les conduit à la mort ! » En effet, quelques instants après, un feu de peloton, suivi de plusieurs coups séparés, nous fit comprendre que le sacrifice était accompli. Ce fut alors que le regret de n'avoir pas été associés à cette immolation se fit sentir

rable curé de la Madeleine. L'un d'eux, le P. Duval, racontait avec quel calme et quelle joyeuse hilarité ce digne ecclésiastique, quelques instants avant sa mort, lui empruntait une grosse épingle pour se faire un rideau avec une chemise.

plus vivement dans nos cœurs, et nous comprîmes mieux que jamais cette parole de l'illustre diacre de l'Église romaine à son premier pasteur : « *Tu nunquam sine* « *ministro sacrificium offerre consueveras:* « Mon Père, vous n'aviez pas coutume « d'offrir le sacrifice sans votre ministre. »

Le R. P. Tauvel ajoute ensuite quelques détails au récit de cette sanglante exécution. Il raconte que, sur les dix heures de la nuit, on entendit dans le corridor des cris plaintifs et déchirants. C'était, disait-on, un jeune homme qui, ayant refusé de tremper ses mains dans le sang de l'Archevêque et de ses compagnons, devait payer de sa vie cette généreuse résistance à des ordres si criminels. On ignore ce qu'il est devenu.

Le reste de la nuit se passa dans une cruelle anxiété. Nos Pères s'attendaient à suivre de près ceux qu'ils venaient de voir marcher à la mort. Le P. Prieur avait dans cet espoir repris sa soutane, qu'il venait de quitter au moment de l'appel. Il avoua plus tard au P. Tauvel qu'il avait enduré *par anticipation* toutes les souffrances de l'*agonie*. « Le bon Dieu le permit sans doute ainsi, ajoute son confident, pour empêcher que la constitution de notre P. Prieur, affaiblie depuis longtemps par les maladies, ne trahît son courage au dernier moment. »

« Le lendemain, à la récréation, poursuit le P. Tauvel, nous étions tristes, mais non pas découragés ; en nous communiquant nos impressions, nous nous exhortions mutuellement au martyre. Tels étaient nos dispositions et nos entretiens, lorsque je vis arrirer M. le curé de Bonne-Nouvelle. Frappé de la coïncidence de la mort des six victimes avec la fête de Notre-Dame Auxiliatrice, il proposa de faire un vœu à la sainte Vierge, tant pour le repos de l'âme de nos frères que pour obtenir notre conservation. La proposition fut accueillie avec enthousiasme ; elle trouva d'éloquents propagateurs dans Mgr Surat, M. Bayle et le P. Olivaint. On s'arrêta à la pensée d'une messe en l'honneur de Marie à célébrer chaque premier samedi du mois pendant trois ans. Notre

R. P. Prieur, bien assuré de notre volonté qu'il tenait entre ses mains, fit ce vœu au nom de tous. Nous nous retirâmes ensuite dans l'attente d'une exécution nocturne; mais ce dernier sacrifice devait être différé

« En effet, il n'y eut pas d'exécution le jeudi; celle de M. Jecker, banquier américain, n'eut lieu que le lendemain matin.

« Le vendredi, on était, comme la veille, flottant entre la crainte et l'espérance. Le P. Tuffier était toujours celui qui inclinait le plus vers l'espoir de la délivrance. « O mes amis, disait-il à ses confrères, si le bon Dieu nous conserve la vie, comme nous devrons maintenant nous aimer, après avoir été ainsi réunis dans cette rude épreuve! » Tout le monde cependant se tenait prêt à répondre à l'appel qui d'un moment à l'autre pouvait avoir lieu.

« La récréation ne se prit point ce jour-là dans le préau, mais dans le corridor, à cause du mauvais temps. Elle se prolongea plus longtemps que de coutume, ce qui parut d'un mauvais augure.

« Le P. Prieur se retira alors dans sa cellule pour prendre un repos dont il avait grand besoin. Je l'y suivis pour lui tenir compagnie, et j'eus avec lui un entretien suprême dont le souvenir ne s'effacera jamais de ma mémoire.

« Ce fut alors qu'il me parla de son agonie. Il m'exprima aussi combien il avait été sensible aux marques d'affection que sa sœur lui avait données durant notre détention à Mazas. « Elle a fait, ajoutait-il, bien des démarches pour me délivrer. J'ai laissé agir son bon cœur; mais j'ai toujours pensé qu'elle ne réussirait pas. Maintenant plus que jamais j'en suis persuadé; car je ne conserve aucun espoir. Mon sacrifice en est fait. C'est un mauvais quart d'heure à passer; mais j'ai la confiance que devant le bon Dieu cela doit mettre bien des comptes à net. Les martyrs n'étaient-ils pas des hommes comme nous? Étaient-ils tous de grands saints avant leur supplice? Plusieurs ne doivent-ils pas la gloire dont ils jouissent à la mort violente qu'ils ont eu le bonheur de rencontrer? Du reste, j'ai compris clairement pendant mon agonie que la grâce de Dieu peut seule nous donner la force de souffrir la mort pour son nom. Quel avantage, ajoutait-il, d'appartenir à une congrégation! Et quelle consolation de penser que nous ne sommes pas seuls dans le combat, et qu'on ne nous abandonnera pas après notre mort! »

« L'arrivée du P. Procureur, poursuit le P. Tauvel, interrompit notre conversation. Je me retirai, pensant qu'ils pouvaient avoir à parler ensemble, et je retournai vers mes autres confrères, à qui je fis mes adieux.

Il était environ quatre heures, et le geôlier n'était pas encore venu fermer les portes des cellules, lorsqu'un gardien nommé Ramin arriva dans le corridor tenant une liste à la main. « Attention, Messieurs! cria-t-il, il faut quinze noms; que chacun réponde à l'appel. » Et aussitôt commence la proclamation des élus. « C'est bien le mot qui convient, écrit un témoin oculaire, tant ils étaient heureux et fiers d'entendre prononcer leurs noms. »

L'appel commença par nos Pères

Chacun répondit à haute voix. On remarqua surtout l'entrain du P. Tuffier, qui dit avec vigueur : « Présent. Présent. » Les quatre premiers noms furent donc ceux des Pères Tuffier, Radigue, Tardieu et Rouchouze. C'étaient les quatre dignitaires de notre Congrégation qui se trouvaient à Picpus au moment de l'arrestation. Nos autres Pères ont bien retenu cet ordre. Ils ont également remarqué que le P. Tardieu s'empressa de rectifier son nom mal prononcé.

Les victimes venaient se ranger autour du gardien, à mesure qu'il les appelait. Nul ne pouvait se méprendre sur le sens de cet appel. Le P. Tuffier, qui en sa qualité de procureur portait sur lui quelques valeurs, comprit qu'il était temps de s'en défaire. Il les remit donc à l'un de nos Pères, et comme il était en pantoufles, il demanda la permission d'aller prendre ses souliers; mais on lui répondit qu'il n'avait rien à craindre, qu'on allait simplement le conduire au greffe.

Lorsque tous les élus eurent répondu à

l'appel, on les fit passer sur deux lignes entre leurs compagnons, qui ne purent que leur serrer la main en signe de dernier adieu. « Nous les suivîmes des yeux, me disait l'un d'eux, autant qu'il nous fut possible ; puis nous prêtâmes l'oreille, croyant à chaque instant que nous allions entendre la fatale détonation. »

XIV

Toute la nuit se passa dans les angoisses d'une inquiétude mortelle. Quand le jour fut venu, on s'empressa de questionner les employés. Ceux-ci usèrent d'équivoque; ils essayaient de rassurer les prisonniers; mais à leur air embarrassé on voyait bien qu'ils n'étaient pas eux-mêmes sans crainte. Le bruit de la fusillade qui approchait à chaque instant faisait luire aux yeux des captifs l'espoir d'une prochaine délivrance; mais en même temps il leur faisait appréhender la rage de leurs bourreaux réduits à la dernière extrémité.

Les communeux étaient tellement resserrés que le pain commençait à leur manquer. Les otages survivants se ressentirent de la pénurie; mais comme c'était la veille de la Pentecôte, ils acceptèrent en esprit de pénitence ce jeûne exagéré. Pour mieux sanctifier ce dernier jour de captivité, l'un d'eux ouvrit au hasard son Nouveau Testament, et ses yeux tombèrent sur cette parole du Sauveur : « *Orate ut non fiat fuga vestra in hyeme vel sabbato* : Priez pour que votre fuite ne se fasse pas en hiver ou le jour du sabbat. » C'était comme une invitation à la prière pour le succès de l'évasion. Préoccupé comme il était par la pensée d'un mort prochaine, ce cher Père ne songeait guère à demander une heureuse fuite; il rejetait même cette pensée comme une distraction importune; mais elle revenait sans cesse, et il fut obligé d'y céder.

Vers les quatre heures du soir eut lieu une scène indescriptible : les cours furent envahies par des détenus qui, selon les uns, avaient été relâchés et armés par les gens de la Commune, et selon d'autres avaient eux-mêmes forcé les portes de leur prison. Il y eut alors un tumulte épouvantable. C'étaient des cris confus, des allées et venues en sens divers ; on eût dit le flux et le reflux d'une mer en furie. Ce que voyant l'un de nos Pères se mit à prier Dieu. Il ne chercha point pour cela d'autres formules que celles de son bréviaire. Le beau psaume *Exurgat*, qu'on récitait ce jour-là, lui fournissait des sentiments merveilleusement adaptés aux circonstances. Quand il eut fini cette prière, le trouble s'était apaisé. Le chapelet succéda alors au bréviaire ; mais, à peine était-il commencé, qu'une nouvelle clameur se fait entendre : « Sauvez-vous, Messieurs, sauvez-vous. » Chacun délibéra sur le parti qu'il avait à prendre. Quelques-uns des otages payèrent de leur vie une fuite trop précipitée. On connaît la mort de Mgr Surat et de ses compagnons.

Nos Pères attendirent un peu ; ils échangèrent leur soutane contre des habits de détenus que leur procura le surveillant Langbin. Il y eut alors parmi eux un moment d'hésitation. Le P. Tauvel, après être plusieurs fois descendu et remonté, suivit l'avis du sous-infirmier, qui l'invita à venir se réfugier dans son infirmerie. Il y passa la nuit, en compagnie de MM. Petit, Perny et Gard, dormant d'un sommeil assez paisible sous la foi de l'infirmier Jacob qui leur avait promis de faire bonne garde.

Les autres Pères se dispersèrent dans les quartiers environnants, où ils trouvèrent asile chez de pauvres gens qui se montrèrent pleins de bienveillance. Ce ne fut toutefois qu'à travers bien des dangers et après maintes courses très-aventureuses. Leur costume de brigands les rendait suspects aux troupes de Versailles, qui leur barraient le chemin, et d'un autre côté l'expression de leurs traits révélait leur caractère sacerdotal. Ils entendaient dire : « Voilà des curés déguisés. » L'un d'eux vit entrer une bande d'insurgés dans la maison où il s'était réfugié. Ceux-ci demandèrent au maître du logis s'il n'aurait point quelque prêtre chez lui; mais la ménagère, prenant alors la parole, détourna la question en priant ces messieurs de vouloir bien se rafraîchir.

Dès la pointe du jour trois de ces évadés, les RR. PP. Dumonteil, Besqueut et Duval virent passer sous leur fenêtre un détachement de la cavalerie française. Ils étaient donc sauvés. Ils durent cependant retourner à la Roquette pour y recevoir un sauf-conduit et prendre les objets qu'ils y avaient laissés. Quand ils arrivèrent, nos soldats étaient encore en pourparler avec ceux des otages qui s'étaient barricadés la veille et qui craignaient toujours quelque surprise. Pour dissiper ce reste de crainte, le P. Besqueut s'approcha d'eux le plus qu'il put et harangua en latin les ecclésiastiques qu'il apercevait dans leurs rangs. Quelques instants après, la fusion s'opérait aux cris de Vive la France. Un bureau de laissez-passer s'organisait au greffe de la prison et montrait aux otages une liste d'exécution sur laquelle leurs noms étaient inscrits. Quelques heures plus tard leurs libérateurs n'auraient plus trouvé que leurs cadavres.

Un défilé fut organisé et se dirigea vers la barrière du Trône. De là il fut facile aux PP. Dumonteil, Besqueut, Tauvel et Duval de regagner Picpus. Ils y trouvèrent le général Vinoy, qui s'y était installé avec son état-major. Nos Frères convers pour la plupart les y avaient devancés. Sortis de Mazas le jeudi 25 mai, ils avaient pu se sauver en courant sous une pluie de feu. Puis, se divisant par petites bandes, ils avaient trouvé un abri jusqu'au moment où il leur fut possible de reprendre le chemin du couvent.

Nos sœurs, de leur côté, avaient été délivrées le 24 mai, jour de la fête de Notre-Dame Auxiliatrice, par le corps d'armée du général Clinchant, dont un officier d'ordonnance, le baron de Viviers, se montra plein de bienveillance pour elles. Ce fut à leur intercession qu'il laissa la vie sauve au directeur M. Mouton, qui s'était réfugié parmi elles et réclamait leur protection avec beaucoup d'instances. Elles restèrent pour la plupart jusqu'au lundi suivant à Saint-Lazare, où elles furent l'objet d'attentions empressées de la part du capitaine Poëy, qui leur procura même une messe militaire le jour de la Pentecôte.

Ce fut le R. P. Lafaye qui célébra le saint sacrifice et donna la sainte communion, après avoir entendu les confessions. Une sœur m'a fait à ce sujet la confidence que voici. Elle me permettra bien de la dévoiler au public, tout en cachant son nom. « Mon Père, me disait-elle, je me suis trouvée un peu embarrassée en faisant mon examen de conscience ; car je ne trouvais guère d'autre matière à confession qu'*un peu de froideur à l'égard de Clavier.* »

Les soldats de leur côté voulaient tous assister à la messe. Le capitaine ne put accorder cette faveur qu'à une vingtaine de ses braves ; les autres devaient garder la barricade.

Ce même jour, le P. Besqueut et le P. Tauvel purent dire la messe dans la chapelle des sœurs. Les douze religieuses qui étaient restées dans la maison à titre de malades et d'infirmières purent donc jouir ce jour-là d'un bonheur dont elles étaient privées depuis le 13 avril. Le soir cinq de leurs Mères revenaient de Saint-Lazare faire les préparatifs pour le retour de la communauté. Les infirmes leur racontèrent toutes les péripéties de leur séjour à Picpus depuis le départ de leurs sœurs.

Elles leur firent savoir combien elles avaient eu à souffrir, les premiers jours, du manque de nourriture et de remèdes, comment elles s'attendaient à chaque instant à être transférées dans un hospice d'après les ordres du médecin. Elles leur parlèrent de la frayeur qu'elles eurent, le 20 mai, lorsque pendant la nuit elles entendirent de grosses voitures rouler dans leur cour, et qu'elles apprirent le lendemain que c'étaient des tonneaux de poudre; elles dirent comment leur crainte augmentait les jours suivants, en voyant ces munitions continuer à affluer en même temps que les bombes commençaient à tomber dans le quartier; combien aussi leur joie avait été grande lorsque, les 23 et 24 mai, elles virent les communeux se hâter de transporter ailleurs ces dangereuses provisions.

« Le 25, ajoutaient-elles, c'était le commencement de la déroute. Les bombes des insurgés tombaient dans les environs du couvent. La fumée des incendies formait autour de nous d'épais nuages. Sur les six heures du soir une détonation vint ébranler les murs de notre maison. C'était une poudrière qui sautait du côté de Bercy. Nous en fûmes quittes pour la peur. Nous passâmes la nuit suivante dans une chambre qui est près de la cave, pour nous y réfugier en cas de besoin; car le bombardement prenait des proportions effrayantes. Le lendemain à sept heures du matin, les Versaillais entraient dans notre cour et nous prenaient sous leur protection. Nous avons intercédé auprès d'eux pour un bon vieillard qui nous avait rendu des services durant ces mauvais jours. Nous ne savons pas ce qu'il est devenu. Le reste de cette journée du 26 n'a pas été sans danger. Les insurgés dirigeaient leur tir sur les deux maisons de Picpus. Heureusement l'huile de pétrole leur manquait. Le samedi leur feu avait cessé, et nous vîmes arriver chez nous le général Dupouët, le colonel Perret, et les capitaines Saint-Cyr, Raphaël et Boux. »

Les échappées de Saint-Lazare furent agréablement surprises de retrouver leur maison dans un meilleur état qu'elles ne pouvaient espérer. Leur chapelle n'avait souffert aucune dégradation. Il n'y avait qu'à enlever les objets profanes que les gens de la Commune y avaient laissés. Il est vrai que quelques tombeaux du cimetière avaient été violés; mais on s'était contenté de lever les pierres qui fermaient l'entrée des caveaux, sans aller jusqu'aux sépulcres. Quant aux vases sacrés et aux autres objets du culte, ils furent pour la plupart recouvrés.

Il y eut plus de dégâts du côté de la maison des Pères. Outre ceux que nous avons déjà mentionnés, ils eurent à déplorer la ruine d'un bâtiment attenant à la chapelle. Il paraît avoir été le point de mire des insurgés établis au Père-Lachaise; car il est criblé d'obus. Mais aussi il a préservé de ces projectiles le bâtiment principal, dont la perte eût été bien plus regrettable. Quant au mobilier, il y avait eu une véritable dévastation. Les cellules étaient vides ; le linge, les vêtements, les livres, presque tout avait disparu, ou se trouvait hors d'état de service. Cinq caisses d'objets destinés aux missions avaient été soustraites. L'une d'elles avait été ouverte en présence d'un frère, et les souliers qu'elle contenait avaient, devant ses yeux, chaussé à neuf tous les gardes nationaux qui se trouvaient là. Ce même frère a vu les autres caisses chargées et emportées sur la voiture du couvent. Deux autres frères furent contraints à mettre en bouteilles une feuillette de vin au profit de la Commune ou de quelques-uns de ses agents. Les pillards avaient également pris tout ce qui était tombé sous leur main dans la lingerie de la maison.

Cependant, par une protection visible de la divine Providence, les communeux n'ont pu faire subir à notre établissement toutes les pertes que leur suggérait leur malice ; l'intérieur de la chapelle était encore en assez bon état, malgré le magasin de poudre qu'on y avait établi. On dit que l'intention de ces malfaiteurs était de faire sauter ou d'incendier l'une et l'autre maison, si le temps ne leur eût pas manqué. Ils n'ont trouvé aucune des cachettes dans lesquelles nous avions abrité nos vases sacrés; quelques-uns des objets appartenant aux missions et une partie de la lingerie commune ont échappé à leur rapacité. Ils n'ont point fait dans notre grande bibliothèque les actes de vandalisme que nous aurions pu craindre, vu la haine qu'ils professaient pour les livres de religion. Notre salle des exercices est restée dans son intégrité et dans la fraîcheur de son ornementation monastique. Enfin, pourquoi ne le dirais-je pas? la pauvre bête de somme du couvent a pu retrouver elle-même le chemin de son écurie. Un homme de la Commune l'avait gardée à son service en quittant notre maison; mais la difficulté de loger et de nourrir cette bête l'avait déterminé à l'abandonner. Un de nos voisins la reconnut et la ramena au logis avec la voiture qu'elle traînait. Le pauvre animal était resté quarante-huit heures sans boire et sans manger.

Le général Vinoy, qui resta à Picpus durant une quinzaine de jours après la chute de la Commune, nous a aidés à rétablir la propreté gravement compromise pendant l'occupation. Nous ne pourrions assez le remercier des attentions délicates qu'il a eues pour nous, ni trop le féliciter de la bonne tenue des soldats qui étaient sous ses ordres.

Ce même jour de la Pentecôte, le R. P. Dumonteil put dire la sainte messe au couvent du Saint-Cœur de Marie et le P. Duval chez les petites sœurs des Pauvres. C'était une grande joie dans toutes ces maisons. Il y avait néanmoins encore de l'inquiétude et de la tristesse; car tous les otages n'avaient pas reparu. Cependant le P. Carchon arrivait aussi dans la matinée, conduit en voiture par M⁰ Petit. Le F. Lemarchand était en lieu sûr; il ne tarda pas beaucoup à revenir au logis. Les trois frères infirmes Alain, Michel et Antoine étaient logés tout auprès, dans l'hospice d'Enghein. Les frères revenus de Saint-Mandé avaient annoncé que le P. Jean Lecornu avait pu se sauver d'Issy à Charenton, déguisé en jardinier, et que ses quatre frères étaient sortis de leurs caves.

Le troupeau presque tout entier était donc revenu au bercail. Mais hélas! il y manquait les chefs. Qu'étaient devenus les RR. PP. Radigue, Tuffier, Rouchouze et Tardieu ? Personne ne pouvait encore le dire. Ce silence même était un sinistre présage. On entendait circuler les bruits les plus alarmants. « Ils ont été fusillés, disait-on, sur les hauteurs de Belleville. » Cette rumeur publique prenait à chaque instant une nouvelle consistance. Elle se changea bientôt en une cruelle certitude. Nos quatre Pères avaient été réellement exécutés le vendredi soir, 26 mai, par cette horde de brigands dont le désespoir avait surexcité la rage. Or, voici les principales circonstances de cet événement, aussi glorieux pour les victimes qu'il est honteux pour les bourreaux.

Nous espérons que le temps achèvera de soulever le voile lugubre qui le dérobe encore en partie à nos yeux.

XV

C'était le 26 mai, vendredi entre l'octave de l'Ascension et la Pentecôte. Les *élus* avaient courageusement répondu à l'appel; et ils allaient joyeusement à la mort.

Après une longue attente, ils virent s'ouvrir devant eux les portes de la prison. Une foule compacte d'hommes, de femmes et d'enfants stationnait sur la place. Des cris féroces accueillirent les prisonniers à leur apparition. Ils étaient rangés deux à deux. Les gendarmes marchaient les premiers, les prêtres venaient à leur suite. Le cortège remonta la rue de la Roquette et tourna à gauche sur le boulevard extérieur. Un homme à cheval allait en avant pour ameuter la populace. Il s'acquittait avec zèle de cette ignoble mission

En suivant toujours le boulevard, on était arrivé à la rue de Ménilmontant. Là se trouvait une barricade gardée par les bataillons du 11ᵉ et du 12ᵉ arrondissement.

Le chef qui commandait ces hommes portait le costume de garibaldien. Il convenait en effet que le grand coryphée de la révolution moderne eût un représentant officiel dans la consommation de son œuvre. Donc l'officier garibaldien s'avance, il vient parlementer avec les fédérés du cortége. Il fut convenu entre eux que ceux-ci resteraient pour garder la barricade, tandis que leurs compagnons conduiraient les otages jusqu'au lieu du supplice. C'est un honneur que ces derniers voulaient se réserver. Ils en étaient bien dignes, car on voyait parmi eux ce qu'il y avait de plus sinistre parmi les sinistres partisans de la Commune.

Tandis que les victimes montaient péniblement au sommet de leur Golgotha, des vociférations sauvages retentissaient à leurs oreilles. « A bas les calotins ! mort aux curés ! mort aux mouchards ! mort aux gendarmes ! » Les femmes paraissaient encore plus animées que les hommes. « Si je les tenais, disait une de ces furies, en parlant des prêtres, ils y passeraient tous depuis le premier jusqu'au dernier. »

Arrivé au boulevard Puebla, le cortége tourne à gauche et entre dans la mairie du 20e arrondissement par une petite porte donnant dans la rue des Rigoles. Que se passa-t-il à cet endroit? C'est un mystère qui n'est point encore révélé. On sait seulement que les cris de mort n'ont point cessé de retentir aux oreilles des victimes durant toute cette station douloureuse. Il y a lieu de croire qu'on délibéra sur le lieu du supplice, et surtout sur le choix des bourreaux, chacun revendiquant son droit de participation à cette scène de cannibales.

Il y avait déjà une demi-heure que la foule attendait; elle commençait même à perdre patience, lorsqu'on vit s'ouvrir la porte principale de la mairie, celle qui donne dans la rue de Belleville. Les victimes se trouvaient en face de l'église. Ils purent saluer une dernière fois le Dieu caché, qu'ils allaient glorifier par l'effusion de leur sang. La marche funèbre avait pris un aspect plus solennel et plus sinistre. On voyait à la tête une cantinière à cheval, au regard féroce et impudent. Un filet blanc ornait sa tête et un ignoble képi la coiffait. Un officier l'accompagnait. Venaient ensuite des clairons et des tambours qui jouaient une marche de chasseurs. Derrière les musiciens il y avait un peloton de gardes nationaux, puis suivaient les otages entre deux rangées de baïonnettes. Un second peloton fermait la marche.

Parmi les prêtres on en remarquait un qui paraissait plus souffrant que les autres. Il avait peine à se traîner, et s'appuyait en marchant sur l'épaule d'un confrère. Il était de haute taille et ses cheveux blancs annonçaient son grand âge. Loin d'inspirer quelque pitié, la vue de ses souffrances ne faisait qu'allumer dans ces cœurs de tigres la soif du sang. On entendit même un enfant de quatorze à quinze ans qui s'écria en le voyant passer : « Je voudrais bien me payer ce vieux-là ! »

Il y eut cependant quelques personnes qui tinrent un autre langage : « Où menez-vous, dirent-elles, ces soldats et ces prêtres ? — On va les envoyer au ciel, » répondit tout bas un garde national, et, laissant passer la foule, il entra dans la maison, demanda des habits, se déguisa et s'enfuit. Deux autres en firent autant dans la même maison.

On entendait déjà quelques murmures dans la foule. « Ça ne porte pas de chance à Belleville, disaient quelques gens du quartier ; c'est une mauvaise note pour les gardes nationaux de par ici. » Pour réprimer ces plaintes, les fédérés avaient soin de semer sous leurs pas d'infâmes calomnies contre les victimes qu'ils allaient immoler. « Ce sont des brigands, disaient-ils, nous venons de les prendre au boulevard du Prince-Eugène où ils faisaient des barricades avec des cadavres humains. Finissons-en, puisque nous les tenons. » Et ils promettaient de nouvelles exécutions, dont celle-ci n'était que le prélude.

A mesure qu'on approchait du lieu du supplice, la marche des bourreaux devenait plus rapide : *leurs pieds étaient agiles pour répandre le sang*. Les condamnés étaient calmes, mais bien *décidés* (c'est le mot du pays). Le vieux prêtre lui-même étonnait alors les spectateurs par sa noble démarche. On était près du secteur donnant dans la rue Haxo. On se dirige vers cet enclos, dernier refuge des chefs de la Commune.

Un homme monte alors sur une charrette, et tenant un drapeau rouge à la main : « Citoyens, dit-il, le dévouement de la population de Belleville mérite une récompense. Voici des otages que nous vous amenons pour vous payer de vos longs sacrifices. A mort! à mort! — Bravo! bravo! s'écrie-t-on de toute part. Vive la Commune! A mort! à mort! »

Aussitôt les victimes sont introduites dans le secteur; l'officier qui fermait la marche les pressait de la pointe de son épée, tandis qu'un homme d'une force extraordinaire assenait à chacun un violent coup de poing au moment où il franchissait la grille. Le vieux prêtre ayant alors trébuché, le coup de poing le renversa la face contre terre, et bientôt un coup de crosse le força de se relever.

Arrivés au fond de l'allée qui fait face à la grille, les otages durent tourner à gauche, et, longeant le corps de bâtiment occupé par les ministères, ils arrivèrent dans une sorte de cour qui fait suite à ce bâtiment. C'est là qu'ils furent parqués en attendant l'exécution.

Dix minutes s'étaient écoulées dans cette expectative. Les assassins paraissaient encore hésitants. Une discussion s'était engagée entre eux. Tout à coup un chef monte sur un petit mur d'appui. Il parle avec violence en brandissant son sabre. Ce fut le signal de la boucherie. La cantinière au filet blanc s'avance la première en criant : « Pas de pitié pour les Versaillais! ce sont des assassins. Pas de calotins! Pas de gendarmes! » et elle fait feu. Un second coup succède au premier ; il est bientôt suivi d'un troisième et puis d'un quatrième. Il y eut ensuite pendant près de vingt minutes des décharges successives d'un feu de peloton mal nourri

Durant cette barbare exécution, les femmes, montées en foule sur le petit mur d'enceinte, insultaient aux victimes et applaudissaient leurs meurtriers. Les prêtres tombèrent les derniers, et purent ainsi boire le calice jusqu'à la lie. L'un d'eux était encore debout ; c'était le vieillard qu'on avait tant remarqué. « Trois coups pour celui-là, s'écrient quelques furies. Il a passé toute sa vie à nous enseigner l'erreur. » Alors ce vénérable prêtre leva sa main vers le ciel, voulant sans doute y faire monter une dernière prière pour ses bourreaux. Ce geste ne fut pas compris par ces hommes transportés d'une fureur satanique. « Il demande grâce ! » s'écria-t-on ; et une nouvelle décharge le fit tomber. Comme il respirait encore, il se releva convulsivement et chercha à s'appuyer sur la muraille ; mais les assassins se jetèrent sur lui et l'achevèrent à bout portant. Le martyr tomba la face contre terre. Un coup de pied le remit sur le dos, et un dernier coup de feu frappa encore cette innocente victime au moment où elle exhalait son dernir soupir.

Quel était donc ce vénérable prêtre contre lequel s'acharnait d'une manière spéciale la fureur des ministres de Satan? Nous croyons pouvoir affirmer avec assurance qu'il était un des Pères de Picpus. Aucun autre prêtre, parmi les otages, ne réunissait ces trois signes distinctifs : de porter la soutane et de joindre une taille avantageuse à un âge avancé. M. l'abbé Raymond, à qui nous empruntons ce récit, conjecture, avec beaucoup de vraisemblance, que le prêtre en question était le P. Tuffier. C'était bien en effet le plus âgé des quatre; aucun autre n'était plus grand que lui; les privations de la prison l'avaient singulièrement affaibli. D'ailleurs il n'était pas bon marcheur, et puis on ne lui avait pas donné le temps de prendre ses chaussures accoutumées. Le pas plus *décidé* qu'il aurait pris en approchant du lieu de son supplice convient bien à sa nature prompte à se relever. Enfin il ne serait pas étonnant que son pied eût heurté à l'entrée du secteur ; car il était souvent distrait. Ces conjectures ont été confirmées par le témoignage d'une personne qui a vu passer les otages sous sa fenêtre et a très-bien reconnu dans la photographie du P. Tuffier le vieillard si maltraité

Recevez donc, Père bien-aimé, nos hommages de vénération profonde pour tous les outrages dont vous avez été l'objet. Que cette main amie qui a dirigé vers le ciel une prière suprême au dernier instant de votre vie fasse maintenant tomber sur nous les célestes bénédictions!

Le sacrifice était donc achevé. Ces héros étaient là étendus par terre et baignés dans leur sang. Leurs ennemis contemplaient ce spectacle et semblaient ne pouvoir s'en rassasier. Cependant il était environ sept heures du soir; la nuit commençait à tomber, et l'incendie qui dévorait les somptueux édifices de la capitale projetait ses lueurs blafardes sur cette scène d'horreur. Il était temps de se retirer. Les cannibales voulurent ajouter l'ivresse du vin à celle du sang. Le reste de la nuit ne fut qu'une dégoûtante orgie, accompagnée des propos les plus révoltants.

L'un se vantait d'avoir tiré le premier coup, un autre d'avoir fait voler la cervelle du vieux prêtre. Cet honneur était revendiqué par une cantinière. « S'ils n'étaient tous morts, disait une mégère, j'aurais été les achever. » Et ces paroles étaient mêlées d'horribles imprécations.

Comme la victime du Calvaire, nos vénérables confesseurs ont donc été saturés d'opprobres et de douleurs. Pour que la ressemblance fût plus complète, Dieu permit que leurs vêtements fussent partagés. On vit l'un des fédérés porter une soutane au bout de sa baïonnette, un autre portait une calotte, et ils marchaient en chantant: « La calotte et la soutane du curé. — Il y en avait des prêtres; en voilà! en voilà! » Un canonnier s'était emparé des lunettes et de la montre d'un prêtre; et avait, disaient les autres, brisé *le restant de son avoir* (c'était probablement des objets de piété). Un soldat mit la main sur un beau chapelet en ivoire; un autre prit pour lui la montre du vieux prêtre, mais il ne put en avoir la chaîne, elle avait déjà disparu.

Ce ne fut point le sort, mais la violence brutale qui partagea les dépouilles que ces loups affamés se disputaient entre eux. Le croirait-on! les membres précieux de ces corps saints ne furent point à l'abri de la rapacité des cannibales. La cantinière se vantait d'avoir voulu arracher la langue du vieux prêtre; mais elle avouait n'avoir pas réussi.

Lorsque les fédérés furent un peu revenus de leur ivresse, ils songèrent à enfouir les cadavres qu'ils avaient laissés gisants sur la terre. Il était près de onze heures du matin lorsque, le samedi 27 mai, ils procédèrent à cette opération. Il n'y avait pas de temps à perdre. Le soleil qui dardait ses rayons brûlants accélérait la décompotion. D'ailleurs l'heure de la justice vengeresse avait sonné. Les soldats de la

France avançaient et resserraient de plus en plus ces bêtes fauves dans le dernier repaire qui les abritait. Elles devaient donc se hâter d'effacer les traces de leur crime et de se dépouiller de leurs vêtements encore ensanglantés.

Sur le théâtre de l'exécution se trouvait une petite fosse voûtée recouverte de plâtras. On en fit la découverte en cherchant à faire une tranchée. On se hâta d'y pratiquer une étroite ouverture pour y entasser les cadavres dont on voulait se débarrasser. Ce fut là qu'on jeta pêle-mêle ces restes vénérés, en commençant par les prêtres dont les corps étaient à la surface, puisqu'ils avaient été les derniers massacrés. L'orifice du caveau fut fermé avec quelques planches, et tout le monde se retira.

Il ne restait plus qu'à chercher son salut dans la fuite. Les assassins se précipitèrent vers la porte de Romainville. Les femmes complices de leur forfait se pressèrent en foule sur leurs pas. Là se trouvaient des amis : les francs-maçons y avaient une loge ; ils donnèrent des vivres à ces réfugiés. Les Prussiens en arrêtèrent un certain nombre, en gardèrent quelques-uns et en laissèrent échapper beaucoup.

Le lendemain, saint jour de la Pentecôte, à huit heures du matin, la barricade qui fermait la rue de la Villette était enlevée par nos valeureux soldats. C'était le dernier rempart de cette révolution, qui n'avait régné que par la terreur, le pillage et le sacrilége, et qui périssait dans la crapule, le feu et le sang.

Dès ce moment, M. l'abbé Raymont, vicaire de Belleville, ancien élève des Pères de Picpus, compatriote et ami du R. P. Tuffier, de concert avec M. Chételat président de la fabrique de Belleville, fit les démarches les plus actives pour découvrir le lieu où se trouvaient les restes des martyrs et leur donner une honorable sépulture. Ils n'y parvinrent qu'avec peine; car *personne ne voulait avoir vu ni même entendu.* Cependant quelqu'un les conduisit comme par hasard au lieu de l'exécution. Là il dit ne rien savoir et il manifesta une grande frayeur. Une odeur cadavérique leur annonçait assez qu'ils étaient sur le lieu du sinistre; ils eurent bientôt soulevé la planche qui obstruait le trou du caveau et se trouvèrent en face d'un tas de cadavres qui entraient en putréfaction.

M. Raymond fit auprès des autorités civiles et militaires toutes les démarches nécessaires et transporta au cimetière de Belleville, avec le concours de son confrère M. l'abbé Royer, tous les corps qui n'étaient pas reconnus. Ceux de nos quatre Pères venaient d'être déposés dans la tombe lorsque le F. Marin Fouquet vint pour les réclamer. Ils demeurèrent dans ce tombeau provisoire jusqu'à ce que, par les soins du T. R. P. Bousquet, ils pussent être transférés au cimetière d'Issy, où ils reposent en attendant que des temps meilleurs nous permettent de leur procurer une sépulture plus honorable.

Cette translation eut lieu le jeudi 8 juin. Elle fut suivie quelques jours après d'un service funèbre auquel ont assisté bon nombre d'ecclésiastiques et de laïques, qui ont voulu s'associer ainsi à ce deuil, j'allais dire à cette fête de famille. Qu'ils reçoivent l'expression de notre reconnaissance pour cette marque d'intérêt.

M. le curé de Saint-Éloi a bien voulu célébrer le service de nos quatre victimes et prononcer leur éloge funèbre. Dans son discours l'orateur s'est spécialement attaché à faire voir ce qui distingue la mort de ces héros d'un trépas ordinaire. Il a montré la divine Providence voulant pour ainsi dire rapprocher de nous ce spectacle si instructif du martyre chrétien que nous n'avions contemplé jusqu'ici que dans les régions lointaines de la Chine et du Japon. Il a dit comment ces victimes de l'amour des divins Cœurs avaient puisé dans l'adoration perpétuelle du très-saint Sacrement de l'autel le désir de servir la cause de Jésus-Christ jusqu'à l'effusion de leur sang, symbolisée par le manteau rouge dont ils étaient revêtus en ce saint exercice. Puis, après avoir témoigné combien il était fier d'avoir été associé lui-même à nos tribulations, il a présagé une ère de prospérité pour notre humble institut. M. le curé de Saint-Éloi méritait bien d'être choisi pour présider à cette cérémonie. Dès le commencement de la persécution il nous avait offert un asile dans son presbytère. La Providence a voulu que nous fussions appelés nous-mêmes à lui donner un lieu de refuge dans notre maison. Nous ne pouvions oublier des liens que ces offres bienveillantes et cette communauté d'infortune avaient resserrés.

Nous ne saurions mieux terminer cette histoire qu'en transcrivant un passage de la circulaire que N. T. R. Père Supérieur général adressait, le 14 juin, à tous les membres de la Congrégation. Après avoir rapporté en substance les événements que nous venons de décrire, le T. R. Père ajoutait :

« Notre cœur est brisé de douleur et notre âme est pleine de tristesse en voyant le vide qui existe autour de nous et en mesurant la grandeur du sacrifice que Dieu a demandé à notre congrégation ; mais notre douleur et notre tristesse ne sont pas sans consolation, en levant les yeux au ciel, et en pensant que ceux dont les corps sont unis dans le même sépulcre prieront aussi tous ensemble devant la face de Dieu pour la conservation et la prospérité de l'œuvre qu'ils ont dirigée et servie avec un dévouement sans bornes.

. . . .

« Et maintenant, N. B. A. FF. et N. T. C. SS., que nous reste-t-il à faire envers Dieu qui nous a sauvés; envers la Congrégation douloureusement éprouvée, augmentée dans le ciel par nos quatre glorieux martyrs, mais amoindrie sur la terre par l'absence de quatre de ses principaux membres ? — Envers Dieu, nous devons, tous et toutes, nous montrer reconnaissants pour toutes les preuves de prédilection paternelle qu'il nous a données, pour toutes les grâces qu'il nous a accordées, pour tous les biens temporels qu'il nous a conservés. — Envers la Congrégation, loin de nous laisser aller à l'inquiétude et au découragement, nous devons au contraire nous fortifier dans l'espérance que l'épreuve subie sera féconde, et que le sang des martyrs sera une semence de bons et fervents religieux, *sanguis martyrum semen christianorum;* nous devons nous attacher plus fermement que jamais à la Congrégation, l'aimer d'un amour intime et efficace, nous pénétrer de plus en plus de l'esprit de sacrifice et d'abnégation ; en un mot, nous devons nous efforcer d'être les vrais enfants des sacrés Cœurs de Jésus et de Marie. Daignent ces Cœurs sacrés, contents de toutes les souffrances que notre Congrégation *tout entière* a endurées pour leur honneur et leur gloire, bénir notre chère famille religieuse, lui donner accroissement et prospérité par une nouvelle effusion de leur esprit d'humilité, de douceur, de charité et de sacrifice !!! »

Tels étaient les sentiments qui du cœur de notre Père s'épanchaient dans celui de ses enfants à la suite des glorieuses souffrances dont nous venons d'être honorés. Comme on le voit, la pensée dominante c'est celle de la reconnaissance jointe à une ferme espérance pour l'avenir de notre chère Congrégation. Ce sentiment de la reconnaissance ne pouvait point demeurer stérile ; aussi s'est-il manifesté par plusieurs actes de piété. Il y eut des messes d'actions de grâces célébrées en divers lieux. Nous pouvons citer, entre autres, celle que le P. Tauvel dit au grand séminaire de Versailles dans une petite chapelle connue parmi nous sous le nom de Notre-Dame-du-Parc. Ce cher confrère choisit ce modeste pèlerinage pour accomplir un vœu qu'il avait fait. C'est que son esprit et son cœur étaient toujours tournés vers ce séminaire de Versailles, pour le service duquel il avait enduré la captivité.

Une autre messe d'actions de grâces fut célébrée à Rouen dans l'église de Notre-Dame de Bon-Secours. De plus, on y plaça deux cœurs en vermeil représentant les Cœurs sacrés de Jésus et de Marie et renfermant les noms de tous les Pères, les frères et les sœurs qui viennent de souffrir persécution pour la justice. Ils méritent bien en effet d'occuper cette place d'honneur ceux dont le généreux sacrifice a fait entrer la congrégation tout entière jusque dans l'intérieur le plus intime de ces Cœurs à jamais bénis.

Du reste, le choix de ce sanctuaire, préférablement à tant d'autres, ne fut point purement arbitraire : il était désigné par un concours de circonstances que nous devons signaler.

Ce fut le 24 mai, fête de Notre-Dame Auxiliatrice, que l'heure de la délivrance commença à sonner. C'est en effet ce jour-là que nos sœurs virent tomber les portes de leur prison sous les efforts magnanimes de leurs libérateurs. Le lendemain nos frères convers s'échappaient de Mazas à travers mille dangers ; l'un d'eux, voyant tomber un obus à ses côtés, fit une promesse à Marie et il fut préservé. Nos Pères de leur côté, malgré l'imminence des périls dont ils étaient environnés, avaient vu en ce même jour un rayon d'espérance briller à leurs yeux. Ils avaient tous été frappés de la beauté des antiennes de l'office, et c'est ce qui avait inspiré la pensée de s'engager par vœu à la messe du samedi.

Aussi, dès qu'ils se virent délivrés, les Pères, les frères et les sœurs, tous levèrent les yeux vers cette Étoile de la mer dont la douce lumière venait de dissiper l'orage. « Quel bonheur! disait un frère convers en embrassant à son retour un des échappés de la Roquette, quel bonheur! mon Père, de pouvoir faire tous ensemble la clôture du mois de Marie que nous avons si tristement commencé. »

Les sœurs de leur côté goûtaient une joie inexprimable en revoyant cette statue vénérée de Notre-Dame de Paix, qui est un de leur plus précieux trésors.

«Honorez bien cette sainte image, disait la T. R. Mère Henriette à ses filles; car *vous lui devrez un jour votre conservation.* » Ces paroles venaient de recevoir une vérification éclatante dans la protection visible dont nos sœurs ont été l'objet. C'est encore au patronage de Notre-Dame de Paix qu'elles attribuent la préservation inespérée de leur maison et son état d'intégrité malgré l'occupation de la Commune.

Aussi n'eurent-elles rien de plus pressé que de témoigner à cette bonne Mère leur vive reconnaissance. Le mercredi 31 mai, elles se trouvaient toutes réunies aux pieds de la sainte image et terminaient par une consécration à Marie le mois qui lui est dédié.

Elles commençaient en même temps le mois du Sacré Cœur. Cet exercice se fit d'abord par une simple lecture ; mais, à partir du 15 juin, il y eut tous les soirs salut du Saint-Sacrement ; et le 16, jour de la fête de ce Cœur sacré, dix novices qui avaient partagé les souffrances de leurs mères à Saint-Lazare venaient s'unir à elles par les liens indissolubles de la profession.

Les Pères de Picpus furent moins heureux d'abord par rapport aux jouissances du culte religieux. Leur maison étant occupée par le général Vinoy et un gros détachement de ses troupes, on ne pouvait songer à faire en commun les pieuses cérémonies dont on sentait le besoin. Chacun dut y suppléer en son particulier, jusqu'à l'évacuation et restauration de nos bâtiments.

On eut plus de liberté à Issy. Le P. Tauvel s'y retrouvait dès le 31 mai avec les frères arrachés comme lui aux portes de la mort. Il faisait avec eux la clôture du mois de Marie et l'ouverture de celui du Sacré-Cœur au milieu des débris que les désastres de la guerre avaient entassés.

Peu de temps après, les Pères tenaient un chapitre général pour le remplacement des quatre conseillers décédés. Cette réunion capitulaire se faisait à Poitiers, berceau de la Congrégation. Le R. P. Lafaye, un des otages de la Commune, y recevait le titre de maître des novices; et à peine arrivé à la maison d'Issy, il voyait plusieurs jeunes gens venir déjà sous sa conduite apprendre la pratique des vertus qui font les confesseurs et les martyrs de l'amour des Sacrés-Cœurs de Jésus et de Marie.

XVI

Mon travail est achevé. J'avais promis de faire connaître cette Congrégation des Sacrés-Cœurs que quatre glorieux martyrs viennent d'illustrer par l'effusion de leur sang, de raconter les souffrances, les opprobres, la mort cruelle qu'ils ont endurée pour la foi, de redire à cette occasion ce que leurs frères et leurs sœurs en religion ont eu à supporter pour la même cause. J'ai rempli cette tâche, non point avec l'éloquence que la grandeur du sujet semblait exiger, mais avec l'exactitude consciencieuse d'un historien véridique, avec le courage qu'inspire l'obéissance, avec la joie que donne l'amitié fraternelle et l'amour qu'un religieux doit avoir pour sa congrégation. Pourquoi ne me serait-il pas permis de dire en terminant les espérances que m'inspirent à l'égard de cette Congrégation notre mère, les épreuves par lesquelles la divine Providence a voulu la faire passer ?

C'est un principe de la foi chrétienne que Dieu châtie ceux qu'il aime et qu'il flagelle ceux qu'il reçoit au nombre de ses fils bien-aimés. La souffrance, en effet, nous donne un caractère frappant de ressemblance avec Notre-Seigneur-Jésus-Christ, l'objet des complaisances de son Père cèleste, et il ne se peut que ce Père adorable n'embrasse d'un même amour celui qu'il engendre de toute éternité et ceux en qui il retrouve son image. De là vient que tous les saints ont été éprouvés par la tribulation. Notre-Seigneur ne traite pas autrement son épouse chérie, la sainte Église. Il lui a prédit que toujours elle serait militante et que comme lui elle dominerait sans cesse *au milieu de ses ennemis*. S. Ignace, dit-on, fit une prédiction semblable à sa vaillante société. Notre bien-aimé fondateur nous le disait également : « Mes pauvres enfants seront donc toujours les enfants de la croix. » Loin de nous la pensée de répudier un tel héritage ! Il sera notre gloire; il fera notre bonheur.

Oui, nous en sommes intimement persuadés, les opprobres et les persécutions que nous avons eu à subir, ne serviront qu'à fortifier notre œuvre, de même que l'ouragan enracine l'arbuste qu'il semblait devoir renverser. Les souffrances resserrent les liens de l'amitié entre les frères ; elles font pratiquer l'humilité, la charité, la patience, l'abnégation, l'abandon de soi-même entre les mains de Dieu. Ajoutons qu'elles sont d'une nécessité spéciale pour la Congrégation des divins Cœurs.

En effet, les membres de cette Congrégation ont pour vocation spéciale de se dévouer comme victimes à l'œuvre sublime de la réparation. Ce but se trouve inscrit en tête de nos règles, dans notre titre d'adorateurs du très-saint-Sacrement de l'autel, de propagateurs de la vraie dévotion aux Cœurs sacrés de Jésus et de Marie, et d'imitateurs de la vie souffrante du Sauveur ; il nous est indiqué par les circonstances qui nous ont vu naître et qui nous ont accompagnés depuis notre berceau jusqu'à ces derniers temps ; une pieuse tradition nous l'a montré sans cesse comme le terme de nos désirs. Or une famille religieuse n'a de chance de succès que dans la fidélité à suivre la carrière que lui ont ouverte ses ancêtres, à marcher sur leurs pas, à se pénétrer de leur esprit.

Dieu lui-même s'est chargé de nous maintenir en cette ligne de conduite. Que son saint nom soit béni, et que sa volonté s'accomplisse ! Oui, nous embrasserons amoureusement cette croix que sa main nous a faite ; nous boirons le calice que son cœur nous a préparé ; nous passerons par le creuset des souffrances, pour y être purifiés et devenir ainsi des victimes d'agréable odeur en l'holocauste de la réparation.

Donc qu'ils viennent s'adjoindre à nous ceux qui ressentent en leur cœur la noble ambition des souffrances et des opprobres endurés pour la gloire des divins Cœurs de Jésus et de Marie; ceux qui, sachant que le salut de la France est attaché à cette aimable dévotion, brûlent du désir de la voir se propager, ceux qui, gémissant sur les ravages que la licence effrénée de la presse a produits dans les âmes, sentent le besoin d'opposer une digue à ce torrent dévastateur par la prédication et l'enseignement des vrais principes; ceux qui comprennent que la prière est l'arme la plus puissante des ouvriers évangéliques, et que l'adoration perpétuelle du très-saint Sacrement de l'autel en tant de lieux à la fois est le moyen le plus efficace de féconder les œuvres du ministère évangélique et des missions lointaines.

En venant s'enrôler avec nous sous les étendards des divins Cœurs, ils auront part au mérite de toutes les bonnes œuvres si diverses et si multiples opérées par les frères et les sœurs de notre Congrégation dans l'un et l'autre hémisphère; ils jouiront des douceurs de cet esprit de famille que nous sentons s'infiltrer de plus en plus parmi nous, et un jour aussi avec nous ils viendront retrouver dans les cieux ces quatre glorieux martyrs qui vont être la gloire, la force et la fécondité de notre ordre naissant.

Pour satisfaire les demandes empressées et nombreuses qui nous sont adressées de toute part, nous joignons à ce travail une courte notice biographique sur chacun de nos martyrs.

NOTICE BIOGRAPHIQUE

SUR LES QUATRE

MARTYRS DE PICPUS

I

R. P. LADISLAS RADIGUE.

Armand Radigue naquit, le 8 mai 1823, à Saint-Patrice du Désert, au diocèse de Séez. Il fit ses humanités au petit séminaire de Séez, où l'on conserve encore un doux souvenir de ses vertus. « Ce qui m'avait attiré à lui, écrit un de ses anciens condisciples, maintenant religieux de la Congrégation de Tinchebray, c'était son air candide et simple. Plus tard, sous des dehors indifférents, j'avais découvert en lui une piété sincère.

« En amitié comme en religion il n'était pas démonstratif, mais au fond il y avait chez lui une grande tendresse de cœur, qui se révélait à l'occasion. Ayant eu le malheur de perdre sa mère pendant sa première enfance, il s'était attaché très-étroitement à ses trois frères et à ses deux sœurs. C'est par affection pour l'aîné de ses frères qu'il avait demandé la permission de porter son nom en communauté. Dans une grave maladie que son plus jeune frère a faite au petit séminaire, quelle désolation et quels soins touchants !

« Nous étions cinquante-deux élèves en cinquième ; notre classe est restée toujours très-nombreuse. Eh bien, il n'est pas, j'en suis sûr, un seul d'entre nous qui n'ait conservé le meilleur souvenir de ce pauvre ami et qui n'ait appris sa mort avec une peine particulière. »

Se sentant appelé à la vie religieuse et fortement incliné vers la Congrégation des Sacrés-Cœurs, il céda à la puissante impulsion de la grâce et fit généreusement le sacrifice que Dieu lui demandait. Le 19 juillet 1843, Armand Radigue fit ses résolutions au noviciat des Sacrés-Cœurs alors situé à Vaugirard. Après sa profession, qui eut lieu le 7 mars 1845, il fit ses études théologiques et reçut les saints ordres à la maison-mère.

« Armand Radigue, écrit M. Provost, curé de Rânes, vint jeune au petit séminaire de Séez, et ceux qui l'y ont connu, qui ont été ses condisciples et ses amis, se rappellent encore la tendre piété et le caractère aimable, doux et ouvert, qui lui conquirent l'estime et la sympathie de tous. Il appartenait à une classe nombreuse, où l'amitié la plus cordiale et la plus étroite unissait tous les cœurs. Nous aimons à nous en rappeler aujourd'hui le touchant souvenir : nous étions cinquante, mais c'était entre tous la touchante amitié de Jonathas et de David.

« Aussi ce fut une grande douleur parmi nous,

quand un soir nous apprîmes que le faisceau, si étroitement lié, allait se briser avant l'heure ordinaire des séparations, et qu'Armand Radigue et Alphonse Duval allaient nous quitter pour entrer dans la Congrégation des Sacrés-Cœurs et de l'Adoration perpétuelle. Nous admirions leur dévouement ; mais il y avait des larmes dans tous les yeux, et une douleur profonde dans tous les cœurs à l'heure des derniers adieux. »

En quittant ainsi ses amis, Armand Radigue écrivait à l'un d'eux : « Le cœur de Marie est le rendez-vous des amis absents. »

Plus tard il écrivait à un chanoine de la cathédrale de Séez : « Je suis toujours de cœur au milieu de vous, et je prends le plus grand intérêt à tout ce qui vous concerne. J'ai quitté le diocèse uniquement parce que j'ai cru que Dieu me voulait dans un autre lieu. Mais, tout en bénissant le Seigneur de ses desseins, je suis toujours affectionné au sol natal. »

Il venait d'être ordonné prêtre lorsque le gouvernement français s'adressa à notre Supérieur général, Mgr l'archevêque de Chalcédonie, afin d'avoir un aumônier pour un convoi de déportés. L'illustre prélat ayant fait appel aux hommes de bonne volonté, le P. Radigue se présenta et consentit à partir sans aller faire ses adieux à sa famille ; car le temps pressait. Dieu se contenta de son sacrifice. Un changement subit de circonstances fit échouer ce projet.

Le 19 octobre 1848, le P. Radigue fut nommé directeur au noviciat qui venait d'être transféré de

Vaugirard à Issy. Le chapitre général de 1863 le promut à la charge importante de maître des novices, en remplacement du Révérend Père Sorieul, qui lui avait légué son esprit et ses vertus, et pour lequel il a toujours conservé une vénération profonde.

Le chapitre de 1868 éleva le P. Radigue au poste de Prieur de la maison principale. C'est en cette qualité qu'il fut appelé à gouverner la Congrégation, *par interim*, après la mort du T. R. P. Euthyme Rouchouze, arrivée le 2 décembre 1869. Le R. P. Ladislas, qui, durant la vie de ce Père vénéré, avait été son principal appui, s'efforça de continuer après sa mort le bien que celui-ci avait commencé. Une grave maladie qu'il fit à cette époque ne ralentit point son zèle pour le bien de la Congrégation. Nous avons de lui une circulaire très-remarquable à l'occasion du chapitre d'élection ; c'est un précieux monument de l'ardente piété et de l'esprit éminemment religieux de cet excellent Père.

Un autre héritage qu'il nous a laissé, c'est un commentaire sur nos saintes règles. Nous pouvons dire, sans crainte d'exagérer, qu'on y trouvera une mine abondante de précieux documents et une source vivifiante où les enfants des Sacrés-Cœurs pourront puiser à longs traits les eaux fécondes des vertus propres à leur institut.

Sous le rapport des talents, le R. P. Radigue était plus solide que brillant. Son style cependant ne manque point de noblesse et même d'un certain éclat : on pourra en juger en lisant les écrits sortis de sa plume que nous venons de citer. Il suffit d'ailleurs, pour s'en convaincre, de relire la lettre qu'il a écrite au Père général de sa prison de Mazas. Sa bonne nature y est prise au dépourvu. Elle y apparaît dans sa majestueuse lucidité.

La clarté de la diction et la justesse de l'expression étaient en effet un des côtés saillants du style de ce R. Père; aussi ses conférences religieuses étaient-elles fort goûtées des novices, qui y trouvaient, si je puis ainsi parler, une nourriture tout à la fois substantielle et facile à digérer. Les frères convers eux-mêmes, lorsqu'ils sortaient d'entendre sa glose ou son catéchisme, se plaisaient à dire dans leur langage naïf : « Oh ! que le bon Père Ladislas sait bien tirer les choses au clair ! »

Comme directeur des âmes, le P. Radigue avait une qualité précieuse, la prudence et la modération. « N'allons point si vite, disait-il aux jeunes frères qu'il voyait trop empressés ; en voulant escalader le ciel, on risque de se casser les jambes. Qui va doucement va loin. Moi-même en commençant je voulais marcher trop vite. J'ai reconnu par expérience les inconvénients d'une ardeur exagérée. »

La prudence de ce cher confrère se faisait surtout remarquer dans ses actes administratifs. Son esprit judicieux démêlait aisément le nœud d'une affaire, et la justesse de son coup d'œil était rarement en défaut dans le discernement des esprits. L'ouverture et l'amabilité de son caractère lui gagnaient tous les cœurs. Lorsqu'il devait comme Supérieur faire subir un refus, il l'assaisonnait si bien du sel de la sagesse et d'une cordiale sensibilité qu'il était difficile qu'on en fût offensé. D'ailleurs, la douce joie qui rayonnait de son visage dissipait aisément ces nuages de tristesse qui dans la vie commune viennent parfois assombrir l'horizon.

La vertu du P. Ladislas n'avait rien d'austère. Sévère pour lui-même, jusqu'à rompre par esprit de pauvreté une habitude invétérée, celle de prendre du tabac, il était plein d'indulgence pour les autres, et savait compatir aux infirmités de la faiblesse humaine. Il avait pour principe que la meilleure pratique de mortification pour un religieux, c'est l'assujettissement à la vie commune. Aussi savait-il se priver lui-même de bien des soulagements qu'il aurait pu se permettre en raison de sa santé. « Pendant toute la durée de mon noviciat, m'écrivait dernièrement un de nos Pères, je ne l'ai pas vu une seule fois manquer de faire son cours d'instructions religieuses, bien que souvent il fût assez malade pour pouvoir s'en dispenser. »

L'affection respectueuse et dévouée du R. P. Radigue à l'égard de ses supérieurs est un des caractères distinctifs de sa vertu.

Il nous serait impossible de dépeindre l'abandon filial et la vive allégresse avec laquelle il remit entre les mains de notre Supérieur général actuel les rênes du gouvernement qu'il venait d'exercer. Il lui prêta, comme à son prédécesseur, le concours le plus actif et le plus intelligent; et, bien qu'il ne fût point entièrement remis de la maladie qu'il venait de faire, il reprit encore les travaux de l'administration générale pendant le voyage que le T. R. P. Bousquet fit à Rome après son élection, pour déposer aux pieds du vicaire de Jésus-Christ l'expression de son entière dépendance et les vœux de toute la Congrégation. Il tint encore à Paris la place de son Supérieur général lorsque celui-ci, profitant de l'armistice, alla visiter les maisons de province. Et c'est à ce poste de l'honneur et du devoir qu'il fut saisi par la Révolution.

Nous ne pouvons terminer cette notice du premier de nos martyrs sans payer un juste tribut de reconnaissance à l'illustre institution du petit séminaire de Séez, qui a si bien cultivé cette belle plante jusqu'au jour où elle a été transplantée au sein de notre Congrégation. Ce n'est pas la seule fleur qui, de ce jardin consacré à Marie Immaculée, soit venue embaumer notre Institut. Sur dix-huit prêtres que le diocèse de Séez a fournis à la Congrégation des Sacrés-Cœurs, dix au moins sont sortis du séminaire de l'Immaculée Conception. La cordiale amitié qui depuis longues années nous unit à cette pieuse maison, ne peut qu'être puissamment cimentée par le sang généreux qui vient d'être versé.

II

R. P. POLYCARPE TUFFIER.

Jules Tuffier, fils de Jean-Paul Tuffier et de Suzanne Martin, est né au Malzieu (Lozère), le 14 mars 1807. Sa mère était veuve depuis deux mois lorsqu'elle le mit au jour; chargée du soin de trois autres enfants, elle plaça celui-ci dès le bas âge au collége de l'*Adoration* que tenaient à Mende les Pères des Sacrés-Cœurs. Cet établissement était alors dirigé par le R. P. Régis Rouchouze, oncle du T. R. P. Euthyme. Sous la main de ce saint prêtre, les germes de piété que l'éducation maternelle avait semés dans le cœur de Jules ne tardèrent pas à se développer.

Cet enfant n'avait encore que douze ans lorsqu'un jour, au milieu d'une récréation, il entendit cette parole retentir à son oreille : « Monsieur Jules Tuffier, passez au noviciat. » C'était la voix du Père Régis, ou plutôt c'était la voix de Dieu. L'enfant ne balança pas un instant, et, comme le jeune Samuel, il répondit du fond de son cœur : « Parlez, Seigneur ; car votre serviteur vous écoute. » Les novices furent surpris de voir Jules dans leurs rangs ; ils voulaient renvoyer le petit indiscret ; mais le P. Régis les en empêcha. *Laissez venir cet enfant*, leur dit-il. C'est que nos anciens Pères, à l'exemple de notre patriarche S. Benoît, aimaient à cultiver les vertus religieuses au printemps de la vie.

Arrivé à Paris, le 3 mai 1820, le jeune Tuffier y fit ses vœux, sous le nom de Polycarpe, le 14 mai 1823. Il avait donc à peine l'âge prescrit par le concile de Trente, et pouvait expérimenter la vérité de cet oracle de l'Esprit-Saint : « Il est bon pour l'homme de porter le joug du Seigneur dès son adolescence. »

Le P. Coudrin avait une affection toute particulière pour son petit Polycarpe. Le voyant un jour très-affligé, il lui demanda la cause de sa tristesse. « Bon Père, répondit le jeune profès, c'est qu'on n'a pas voulu me permettre d'aller vous entendre prêcher. » Le bon Père essuya ses larmes en le faisant monter dans sa voiture.

Le P. Tuffier venait d'être ordonné prêtre, lorsque la révolution de 1830 éclata. Notre Père fondateur était alors vicaire général du cardinal archevêque de Rouen. La cure de Martinville, près Darnetal, étant venue à vaquer, le bon Père y plaça son enfant de prédilection, au mois de février 1831. L'église de cette paroisse était dédiée à Notre-Dame de Paix, dont le nom est si cher aux religieux des Sacrés-Cœurs ; aussi le T. R. P. Marie-Joseph, en y envoyant le P. Polycarpe, lui dit : « Voilà, mon cher enfant, une paroisse dédiée à Notre-Dame de Paix. C'est la seule que je connaisse sous ce vocable dans le diocèse. C'est la Mère de notre Sauveur qui vous y appelle. Faites-y connaître son divin Fils et gagnez-lui des âmes. »

Le P. Tuffier s'acquitta dignement de la mission qui lui était confiée. Il visitait assidûment son troupeau; il s'occupait avec ardeur de la décoration de son église : c'est à lui que l'on doit la réparation de trois autels, plusieurs peintures et dorures dans le sanctuaire, l'érection d'un chemin de croix, une croix de procession d'argent doré. On le voyait toujours un linge à la main entretenant la propreté de son église.

Son zèle pour la science ecclésiastique égalait celui qu'il avait pour la beauté de la maison de Dieu. Il fut un des principaux promoteurs de l'établissement des conférences dans le canton; il en fut nommé secrétaire à l'unanimité. Pour achever de dépeindre le séjour du P. Tuffier à Martinville, je n'ai qu'à transcrire le passage suivant d'une lettre que son successeur, M. l'abbé Leplay, m'écrivait dernièrement :

« Il était regardé dans sa paroisse comme un saint prêtre, et sa mémoire vit encore dans le cœur de tous mes paroissiens. Il m'a suffi de citer son nom en chaire pour voir tous les yeux se mouiller. Un grand nombre des habitants se sont fait un devoir d'assister à la messe que j'ai dite pour lui quelques jours après son martyre. Je puis dire qu'il a passé dans ma paroisse en faisant le bien, — c'est le cri de tous ceux qui l'ont connu, — et qu'il y a laissé le parfum de ses vertus. Il ne s'est passé rien d'éclatant ni d'extraordinaire pendant son séjour : ses vertus étaient de celles qui grandissent dans l'ombre, sans que le monde paraisse y faire attention, et chacun croit avoir tout dit quand on s'est écrié : *Ah! celui-là c'était un saint prêtre!*

Mgr Bonamie, successeur du P. Coudrin, rappela le P. Tuffier à Paris, le 24 septembre 1840, et l'envoya à Yvetot comme aumônier des Sœurs, le 10 novembre de la même année. De là il fut placé à Laval, toujours comme aumônier, en septembre 1842. Voici le témoignage que lui rend la supérieure actuelle de cette maison : « Il s'acquitta de cette mission avec un zèle, une piété et un dévouement exemplaires. Il eut des amis parmi le clergé du diocèse, et il méritait d'en avoir; car il se prêtait avec complaisance à rendre les services qu'on lui demandait. »

Après cinq ans de résidence dans cette maison, le R. P. Polycarpe fut envoyé à Cahors, où il exerça les fonctions de supérieur du collége des Petits-Carmes de 1847 à 1858. C'est à lui en grande partie que cet établissement est redevable de la prospérité dont il jouit. C'est lui qui en a fait construire la chapelle. En 1850 il profita de la loi favorable à la liberté d'enseignement pour organiser les cours de latin, de grec et de sciences. En 1856 il recueillit les prémices de ses efforts, en voyant plusieurs de ses élèves reçus honorablement à Toulouse au grade de bachelier ès lettres. Depuis il eut nombre de fois la satisfaction de voir le même succès se renouveler.

Il ne négligeait rien de ce qui pouvait stimuler l'ardeur des étudiants pour le travail et maintenir le bon ordre. Il assistait aux examens avec une assiduité que la vivacité de son tempérament devait lui rendre pénible. Sa vigilance était si active qu'on ne pouvait faire un pas dans la maison sans le rencontrer sur son chemin. Il jouissait en quelque sorte, selon l'expression d'un de ses collègues, du *don d'ubiquité*.

Il savait encourager les efforts et réprimer les abus avec cette bonté paternelle qui lui gagnait tous les cœurs. « Je me souviens, écrit un de ses anciens élèves, de la satisfaction marquée avec laquelle nous attendions sa visite à l'étude, quand il venait simplement, familièrement, s'informer de notre conduite, nous donner ses avis, voire même nous adresser des remontrances. Nous nous sentions en famille. La meilleure preuve de la confiance que nous avions en lui, c'est qu'il dirigeait les consciences d'un grand nombre d'entre nous. Nous aimions particulièrement ses catéchismes, qu'il savait rendre intéressants par les saillies de son esprit et par la clarté avec laquelle il nous exposait les mystères de la religion.

« Son départ nous causa des regrets sincères; nous riions parfois de ses distractions; ses allures un peu vives prêtaient bien matière quelquefois à une espièglerie; mais la conclusion était toujours que nous aimions bien notre supérieur. »

Cette affection des élèves des Petits-Carmes pour leur bon supérieur s'est surtout manifestée à sa mort. « Quand la nouvelle se répandit dans cette ville, nous écrit-on de Cahors, que les fédérés de la Commune de Paris l'avaient fusillé sur les hauteurs de Belleville, les amis qu'il avait laissés ici, ses anciens élèves, aujourd'hui prêtres, magistrats, fonctionnaires publics, montrèrent par leur empressement à exprimer leurs condoléances sympathiques à son successeur combien son souvenir, après onze ans d'absence, était encore vivace dans tous les cœurs. »

De Cahors le P. Tuffier alla à Mende, où il reprit les fonctions qu'il avait exercées à Yvetot et à Laval. On remarqua que, dans les conférences qu'il faisait aux jeunes personnes du pensionnat il revenait assez souvent sur le malheur des temps. En parlant des progrès de l'impiété : « Nous ne sommes point assurés, disait-il, de n'être pas emprisonnés. *Peut-être mourrons-nous sur un échafaud comme en 1793.* »

Il prêcha plusieurs fois à la cathédrale, ce qu'il fit avec un succès marqué. Dans les visites qu'il fit alors au sein de sa famille, il édifia constamment par cette modestie religieuse et cette convenance parfaite qu'il alliait si bien aux expansions d'une innocente gaieté. « Jules est un ange, disait une de ses tantes ; comme sa vertu s'effarouche aisément ! » C'est qu'en effet quelqu'un s'étant permis un jour une plaisanterie un peu leste en sa présence : « Eh bien ! s'écria-t-il, je m'en vais, je n'en suis plus ; ces choses-là ne m'amusent pas. »

Quand il avait bien ri, craignant d'avoir scandalisé quelqu'un, il s'approchait de sa bonne tante et lui disait : « Je n'ai rien dit de trop, ma tante, je n'ai mal édifié personne ? Je ne le voudrais pas. Voyez-vous, vous êtes mon casuiste. » Et la bonne tante le rassurait. « Sois gai dans le Seigneur, mon Jules, » disait-elle. Et Jules reprenait : « A la bonne heure, ma tante, oui il faut être gai, porter le joug du Seigneur avec allégresse; c'est cela, ma tante, c'est cela. »

De Mende le R. P. Polycarpe revint à Laval en 1862, et l'année suivante le chapitre général l'éleva à la place de Procureur de la maison principale, place qu'il a occupée jusqu'à sa mort. Les occupations multiples de sa charge ne l'empêchaient point de s'adonner à la prédication, ainsi qu'à l'instruction des frères convers qui savaient apprécier la clarté et la solidité de ses conférences. Il remplissait en même temps les fonctions d'aumônier du couvent de la Mère-de-Dieu; ses catéchismes y étaient fort goûtés, non moins que ses allocutions à toute la communauté. On admirait sa bonté et sa condescendance, la patience avec laquelle il supportait les défauts de l'enfance et la charité qui le portait souvent à les excuser.

Son zèle pour le salut des âmes s'y est manifesté par la conversion d'un ancien militaire, père d'une religieuse de cette maison. « Si jamais je me confesse, disait ce retardataire, ce sera à ce Père-là. » Cependant le pas fatal était toujours différé. Il fut fait enfin, au jour de la fête de S. Joseph. Ce dut être un grand bonheur à notre cher confrère d'offrir ce bouquet au patron principal de notre Congation.

Cette année, le vendredi saint, cinq jours avant son arrestation, il parut s'élever à une éloquence inaccoutumée. Il parla des persécutions de l'Eglise.

Mgr Darboy venait d'être emprisonné : ce qui lui suggéra de belles réflexions sur le bonheur des souffrances et des humiliations endurées pour l'amour de Notre-Seigneur Jésus-Christ.

Dans sa prison il a su gagner sans recherche et sans apprêts l'estime et l'affection de plus d'un compagnon de sa captivité. « Le premier otage que j'ai salué à la Roquette, le mardi matin, a été votre vénérable cousin, écrit M. Perny à M. l'abbé Hermet, curé de Villereau (Loiret); sa cellule se trouvait en face de la mienne. Avant même qu'on ouvrît nos cellules, je l'avais aperçu à travers le vasistas de la porte. Sa figure radieuse, expansive, épanouie, m'attira à lui de prime abord..... Le P. Tuffier supportait merveilleusement les épreuves de la captivité... Il y avait chez lui calme profond, sérénité parfaite et constante amabilité. »

Que n'aurions-nous point à dire sur les talents, le caractère et les vertus du P. Tuffier, si nous voulions achever son portrait? On peut dire que cet excellent Père, sans être un génie hors ligne, avait certainement un talent remarquable; les sermons qu'il a écrits — et ils sont en grand nombre — se font remarquer par une doctrine sûre et solide et une diction à la fois noble et simple. Son érudition théologique était bien plus étendue que la vivacité de sa conversation, quelque peu décousue, ne le laissait supposer. On voyait souvent briller à travers ces saillies pétulantes des traits de lumière inattendus. La sûreté de son jugement pratique se faisait remarquer dans les questions administratives. C'était vraiment un homme de bon conseil. Il savait arrêter les fougues de la jeunesse et préserver les esprits trop ardents des écarts où l'inexpérience aurait pu les précipiter; mais d'un autre côté il stimulait puissamment le zèle pour la Congrégation, duquel il était lui-même tout embrasé. « C'est là notre œuvre, disait-il, nous devons la soutenir et nous y sacrifier. »

Sa charité était parfaite, ses rapports avec ses confrères pleins d'une franche cordialité. Il avait, comme on dit, le cœur sur la main. Rien ne saurait exprimer le dévouement filial qu'il faisait éclater à l'endroit de ses supérieurs, lors même qu'il les avait élevés. Il était à leur égard plein de ces attentions délicates qui allégent d'une manière si suave le pesant fardeau de la supériorité.

Mais laissons parler ici celui de tous qui l'a mieux connu et qui, après avoir été son enfant, est devenu son Père. Notre T. R. Père général pourra mieux que tout autre nous dire ce qu'il y avait de bon dans cette riche nature que la grâce s'était tant plue à orner. Voici ce qu'il écrit à M. Casimir Hermet, dont nous venons de parler :

« Le P. Tuffier était une âme d'élite; à un naturel vif et ardent il savait joindre une excessive bonté. Impétueux et actif, il était doué d'un bon sens exquis et d'un jugement très-sûr. Il réunissait dans sa nature de grandes et riches qualités. Il avait une instruction solide, une science théologique sûre et étendue. Il savait connaître les hommes et gagner leur confiance. Dieu lui avait donné une grande foi. Elevé par une mère pieuse et aussi par un de nos Pères, le R. P. Régis Rouchouze, le P. Tuffier avait puisé dans cette éducation maternelle et dans ce contact avec un saint, une aimable piété, une délicatesse de conscience remarquable, une angélique beauté d'âme. Sous un extérieur très-ouvert et enjoué, il cachait une vertu céleste. J'ai vécu longtemps dans l'intimité de ce bien-aimé Père; c'est lui qui a dirigé mes premiers pas dans la vie religieuse. J'ai pu apprécier la sûreté de ses conseils et la bonté de son cœur, comme la sainteté de sa vie. Pendant plus de vingt ans nous avons été unis de la plus vive amitié, malgré la différence d'âge et de position. Depuis que je suis à la tête de l'Institut, le P. Tuffier a été pour moi, non pas seulement un conseiller, un aide, mais un ami, un véritable frère.

« Je suis triste selon la nature. J'ai perdu en lui un vieil ami qui était devenu pour moi ce *medicamentum vitæ*, dont parle l'Esprit-Saint ; ce confident dont l'amitié est le plus doux remède aux maux de la vie. Mais je me console en levant les yeux au ciel. J'y retrouve son âme, son cœur, sa bonté, sa tendresse, toutes ses vertus ; j'y retrouve un ami, un frère, un confident qui est devenu un martyr. J'espère qu'il ne m'oubliera pas et que son affection sera d'autant plus large que le martyre a été le dernier acte de sa vie d'amour et de charité. »

Je rapporterai en terminant un détail que je tiens de la bouche même de N. T. R. Père Supérieur général. Il atteste qu'en faisant l'ouverture des cercueils de nos quatre martyrs, il a trouvé le corps du P. Tuffier dans un état de conservation inexplicable, eu égard aux souffrances qu'il avait endurées, aux mauvais traitements dont il avait été l'objet et aux principes de corruption auxquels sa dépouille mortelle était exposée depuis près de quinze jours par les plus fortes chaleurs de l'été.

III

R. P. MARCELLIN ROUCHOUZE

Jean-Marie Rouchouze, fils de Barthélemi Rouchouze et de Suzanne Clot, est né le 14 décembre 1810, à Saint-Julien en Jarrets (Loire). Il eut un frère et une sœur plus jeunes que lui. L'un et l'autre sont entrés comme lui dans la Congrégation des Sacrés-Cœurs. Son frère François, connu en religion sous le nom d'Euthyme, a été pendant seize ans Supérieur général de notre Congrégation; il est mort à Paris en odeur de sainteté le 2 décembre 1869; sa sœur, Anna Régis, gouverne depuis quinze ans avec une prudence remarquable la maison de la Séréna au Chili. Mgr Étienne Rouchouze, évêque de Nilopolis et vicaire apostolique des îles Sandwich, appartenait aussi à la même famille, laquelle a fourni un grand nombre d'autres membres à notre Congrégation.

Les parents de ces trois enfants de bénédiction vinrent se fixer à Saint-Chamond, paroisse voisine de leur première habitation. C'est là qu'ils se trouvaient lorsqu'ils reçurent pour la première fois la visite d'un de leurs cousins, M. Desflassieux, maintenant curé de Ternay (Isère), qui a bien voulu me communiquer d'intéressants détails sur la première enfance du P. Marcellin et de son illustre frère. En voici la substance :

Le père de cette famille patriarcale était un rubanier des plus habiles; il était bon, mais vif et ardent, et commandait admirablement sa maison. La mère, grande et belle femme, paraissait calme, douce et digne au milieu de ses enfants. C'était une vraie communauté que cette maison. Matin et soir la prière se faisait en commun. On se levait à cinq heures; à cinq heures et demie on entendait la messe. On priait souvent durant le jour. C'était tantôt un chapelet, tantôt une lecture, puis des *Pater* et des *Ave*. Chaque jour, avant la prière du soir, on lisait la vie du saint. Tout le monde devait être attentif; car le père demandait compte de la lecture le lendemain. Au retour du travail il y avait aussi le chant des cantiques et quelquefois promenade en commun.

Jean-Marie (depuis P. Marcellin), comme l'aîné, donnait l'exemple du respect et de la soumission pour ses parents. Jamais il ne faisait la moindre observation sur les ordres qu'il en recevait. Il était calme, doux et modeste.

Le petit frère et la petite sœur étaient plus pétulants; mais un mot suffisait pour les rappeler à l'ordre lorsqu'ils s'en étaient écartés. Quand le signal était donné pour aller à l'école, chacun partait sans se faire prier.

Ce respect et cette soumission filiale des jeunes

Rouchouze envers leurs bons parents persévérait encore lorsqu'en un âge plus avancé ils venaient revoir le toit paternel après les travaux scolaires. « Voici, m'écrit le P. Marien Ruard, parent des Rouchouze, ce qui m'est resté d'une visite que je fis à mes chers cousins, il y a près de trente-neuf ans. C'était pendant les vacances. Au retour d'une promenade, le P. Marcellin rendit compte à son père, sans y être invité, du lieu où il était allé, des personnes auxquelles il avait parlé; puis il termina en disant : *J'ai rencontré une pauvre femme qui m'a semblé être dans le besoin, je lui ai donné dix sous. — C'est bien,* » lui répondit son père.

En 1818 M. Rouchouze conduisit Jean-Marie à Mende et le confia au R. P. Régis, supérieur de notre collége de l'Adoration et oncle de l'enfant. Deux mois après, François venait y rejoindre son frère.

En 1819 le R. P. Régis fut transféré à Cahors. Ses deux neveux l'y suivirent et allèrent de là en 1825 à notre collége de Sarlat, sur la demande du R. P. Bernard, qui voulut s'acquitter ainsi d'une dette de reconnaissance envers l'oncle de ces deux enfants de bénédiction. Ils y eurent pour maître leur cousin, M. l'abbé Déflacieux. Voici le témoignage que celui-ci a rendu depuis à leurs talents et à leurs vertus : « Ils devinrent bientôt des premiers dans leur classe. Je remarquai dans l'aîné, le calme, la douceur, la régularité dont il m'avait déjà donné des preuves. Jamais il n'était en défaut pour ses devoirs; ses cahiers étaient tenus dans un ordre admirable. Sa mémoire était excellente, et il la cultivait avec soin. Il saisissait toujours les explications du premier coup ; son maintien était très-convenable ; on remarquait en lui une grande propreté, mais sans affectation. Sa vertu favorite était le silence. Son frère était son émule pour les talents comme pour les vertus. Je les revis depuis à plusieurs reprises, et j'ai pu constater qu'en conservant le même fond de caractère, ils avaient beaucoup acquis sous le rapport du calme, de la douceur, de la foi ardente, de la solide piété. Leur oncle, le P. Régis, disait un jour en ma présence : « Jean-Marie deviendra un bon et saint religieux ; François marchera vite et deviendra quelque chose dans la Congrégation. Ils sont pieux, ils aiment le travail et surtout la règle. Dieu les bénira. »

De Sarlat, Jean et François revinrent à Mende, au collége de l'Adoration qui avait pour supérieur leur saint oncle, le R. P. Régis. « C'est là qu'ils étaient, dit le R. P. Marien, lorsqu'ils sont venus me chercher à la maison paternelle en compagnie du F. Eusèbe ; ils y complétaient leurs études et étaient employés l'un et l'autre à faire des classes. Le P. Euthyme (François) faisait tous les jours une classe de calligraphie à tous les élèves pendant une heure. Le P. Marcellin (Jean-Marie) faisait une classe de latin et les mathématiques. Quoique professeurs, ils prenaient part aux jeux des élèves, auxquels ils savaient donner de l'entrain

Ils étaient admirables par leur adresse et leur bon esprit. Bien qu'ils fussent ordinairement opposés l'un à l'autre comme coryphées des deux partis, il n'y avait entre eux ni jalousies ni disputes, rien de léger, rien d'inconvenant, rien d'affecté ni dans leurs manières ni dans leur langage. Leur tenue et leur mise, bien que très-simple, était d'une propreté irréprochable. Le P. Euthyme était un modèle de piété, il approchait fréquemment de la sainte table; son frère communiait moins souvent; mais quand il le faisait, ce qu'il ne manquait pas à toutes les bonnes fêtes, on voyait que c'était avec une foi vive et une grande dévotion. Soit qu'il ne se sentît pas une vocation assez prononcée pour la vie religieuse, soit qu'il ne voulût pas laisser seuls dans le monde un père déjà âgé et une sœur tendrement aimée, il ne se décida à commencer son noviciat que lorsqu'il eut déterminé son père et sa sœur à entrer dans la Congrégation. Il revint donc à Mende, emmenant avec lui ses glorieux trophées, et il y entra au noviciat le 24 août 1834. Le 15 septembre 1836, il vint à Picpus, où il fit ses vœux le 2 février 1837.

Il y fut employé pendant deux ans et demi comme professeur de philosophie. De Paris il fut envoyé en Belgique en 1842. Il y resta jusqu'en 1850, occupé dans nos colléges aux différentes branches de l'enseignement; car ses talents universels et la bonté de son caractère permettaient à ses supérieurs de l'appliquer aux emplois les plus variés. De Belgique il fut envoyé au collége de Graves, près de Villefranche de Rouergue (Aveyron). Il y devint membre du conseil, puis préfet des études, et, le 23 septembre 1856, il fut nommé supérieur de cet établissement.

En 1860, il vint avec une modestie admirable

exercer à Poitiers les fonctions de prieur, de préfet des études et de professeur. En 1865, son frère, le Très-Révérend Père Euthyme, l'appela à Paris pour y remplir l'emploi de secrétaire général; il l'emmena avec lui en cette qualité dans le voyage qu'il fit à Rome en 1867. Après la mort de ce frère bien-aimé, le P. Marcellin fut maintenu dans sa charge de secrétaire par le T. R. P. Bousquet, et puis nommé membre du conseil le 22 août 1870.

Le P. Marcellin siégea à plusieurs reprises dans les chapitres généraux, à savoir, comme délégué en 1853, 1858 et 1863, et par élection du supérieur général au chapitre de 1868. Il était toujours appelé par les suffrages de ses collègues à y remplir les fonctions de secrétaire, ce dont il s'acquittait avec une patience à toute épreuve et une exactitude irréprochable.

Son esprit sérieux et positif lui donnait une aptitude spéciale pour l'étude des rubriques; aussi l'avait-on chargé de la rédaction du calendrier de la Congrégation pour la récitation du saint office. Il avait eu la patience de confectionner, principalement en faveur des missionnaires, un *ordo* perpétuel, qui eût été effectivement d'une grande utilité, si des fêtes récentes ne fussent venues intervertir cette organisation. A une connaissance approfondie de la liturgie, il joignait un goût prononcé pour le chant ecclésiastique; sa voix, à la fois douce et ferme, paraissait infatigable. Toujours il dirigeait le chœur d'une manière imperturbable.

C'est surtout comme professeur que le P. Marcellin était remarquable; son zèle et son dévouement ne connaissaient pas de bornes. Il était très-méthodique dans son enseignement; il savait se mettre à la portée des enfants et ne se lassait pas de leur répéter les mêmes choses jusqu'à ce qu'ils les sussent bien. En cela sa patience était admirable. Il préparait exactement ses classes, corrigeait scrupuleusement tous les devoirs. Pour exciter et maintenir l'émulation parmi ses élèves, il avait mille industries qui lui réussissaient à merveille. Aussi que de progrès il leur faisait faire! Il s'attachait ses élèves d'une manière toute spéciale par ses bontés, sa douceur, ses manières affables et toujours dignes, ne se permettant jamais de familiarités inconvenantes. S'il aimait ses élèves, il en était encore plus aimé. On peut dire qu'il était le type du bon professeur, du professeur aimable, vigilant et dévoué.

Dès que les parents des enfants l'avaient connu, ils l'estimaient et s'attachaient à lui. Éminemment droit et franc, il n'avait rien de caché pour son supérieur, avec lequel il vivait toujours en parfaite intelligence. Avec ses confrères, il était gai et d'un grand laisser-aller; pour eux sa charité et sa complaisance étaient sans limites; il les aidait à corriger leurs compositions les plus difficiles et les plus ennuyeuses, y passant même les nuits. Aussi tous généralement recherchaient sa compagnie.

S'il y avait dans la maison un emploi dont personne ne voulût se charger, on avait recours au P. Marcellin, et l'on pouvait être sûr de ne pas éprouver de refus. Ce qui augmentait encore le prix de ses services, c'est qu'il les rendait de si bonne grâce qu'on eût dit que c'était simplement un devoir de sa charge dont il voulait s'acquitter.

A toutes ces vertus le R. P. Marcellin joignait une humilité si profonde, qu'il se croyait absolument indigne du sacerdoce. Aussi resta-t-il de longues années dans le rang inférieur du sous-diaconat. Ce ne fut que d'après les instances réitérées des personnes graves à qui il avait donné sa confiance qu'il consentit enfin à courber les épaules sous ce fardeau redoutable aux anges mêmes.

Nous résumerons l'éloge du R. P. Rouchouze par cette parole remarquable de Mgr Pie : « Votre Congrégation, nous écrit-il, étant toute nôtre par ses origines, *les Martyrs de Picpus* nous intéressent à un titre particulier, d'autant qu'un des principaux d'entre eux, le R. P. Marcellin Rouchouze, a rendu le collége de Poitiers pendant plusieurs années témoin de ses mérites et de ses vertus. »

IV

R. P. FRÉZAL TARDIEU.

Nous connaissons peu de choses des premières années du P. Frézal Tardieu. Il était compatriote du R. P. Tuffier; car il naquit à Chasseradez (Lozère), le 18 novembre 1814. Son père se nommait Pierre-Claude Tardieu, et sa mère Françoise Michel. Il reçut au baptême les noms de Jean-Pierre-Eugène. Il fut reçu novice à Paris le 2 juin 1837 et fit ses vœux le 24 avril 1839. Dès le mois d'octobre de l'année suivante, il fut envoyé comme directeur au noviciat de Vaugirard, et de là à celui de Louvain, le 3 novembre 1843. Il fut ensuite nommé supérieur de ce même noviciat, le 6 mai 1845. Rappelé à Paris en 1858, il alla comme Directeur au noviciat d'Issy. En 1860 il entra dans le conseil du Supérieur général, et professa le dogme à la maison principale, fonction qu'il a continuée presque jusqu'à sa mort.

Le P. Frézal fut délégué aux chapitres généraux de 1850, 1853 et 1858. Toutefois des affaires graves l'empêchèrent d'assister à ce dernier. Il siégea de droit comme membre du conseil à ceux de 1863, 1868 et 1870, qui l'ont maintenu dans sa charge de conseiller.

Comme professeur le P. Frézal était doué d'une exactitude et d'une clarté remarquables. Son jugement exquis avait à son service une mémoire excellente. Il savait se faire aimer de ses élèves, au milieu desquels il aimait à se trouver dans les récréations. Son abord était facile et sa conversation toujours pleine d'une gracieuse amabilité. On eût dit qu'il avait pris pour devise cette parole de l'Apôtre : *Sermo vester semper in gratia sit sale conditus, ut sciatis quomodo oporteat vos unicuique respondere :* Que vos discours soient toujours assaisonnés de grâce et du sel de la sagesse, afin que vous sachiez ce que vous devez répondre à chacun à son sujet. Un de ses élèves m'écrit :

« Le R. P. Frézal a laissé parmi les frères étudiants, par sa bonté et sa simplicité, des souvenirs qui ne s'effaceront pas de sitôt. Son zèle pour la direction des âmes était vraiment remarquable. Vous connaissez les difficultés qu'il avait à surmonter, à cause de son asthme; quelquefois, après avoir confessé une personne, il venait à peine de s'asseoir dans la chambre que le portier arrivait pour le demander de nouveau. « J'y vais, » était toujours sa réponse, lorsque c'était dans la partie du jour qu'il consacrait à la confession. Le jour où nous avons appris sa mort, une personne qui avait fui la Commune s'est présentée ici, nous suppliant de lui donner des nouvelles du P. Frézal.

La douleur qu'elle manifesta de sa mort montre combien sa direction était aimée.

J'ai entendu rapporter cette parole d'un prêtre belge : *Je voudrais me faire entendre de tout Paris pour raconter tout le bien que le Père Frézal à fait en Belgique.*

C'est en effet dans l'exercice du saint ministère et la pratique des bonnes œuvres que les vertus du R. P. Frézal Tardieu ont brillé du plus vif éclat. Je cède ici la parole à celui qui l'a si dignement remplacé dans la maison de Louvain, au R. P. Vinceslas Vinck.

« Bien que le P. Tardieu ait quitté Louvain depuis près de treize ans, son souvenir y est encore gravé dans tous les cœurs. Tous ceux qui le connaissaient étaient ses amis. Il était en relation avec beaucoup de personnes, notamment avec les professeurs et les élèves de l'Université. Il était intimement uni au savant et zélé professeur Moëller, auquel il prêta son concours pour la fondation d'une société d'émulation en faveur des étudiants de l'Université. C'est lui qui fournit à cette société naissante le premier local pour ses réunions. Cette société porte aujourd'hui les plus heureux fruits.

Bon nombre de jeunes gens venaient le consulter, soit pour la direction de leurs études, soit pour le règlement de leur vie, et il leur faisait le plus grand bien par les sages conseils qu'il leur donnait.

Il avait aussi des relations très-intimes avec plusieurs membres du clergé séculier. Beaucoup lui conservent encore la plus vive reconnaissance, soit pour les services qu'il leur a rendus, soit pour les bons avis qu'ils ont reçus de lui.

Le P. Tardieu avait un cœur très-sensible et très-compatissant; il était à Louvain le consolateur des affligés, de ceux surtout qui avaient à déplorer la perte d'un père, d'une mère, d'un époux, d'un enfant. Ce bon Père s'était fait comme une mission d'aller porter les consolations de foi dans ces familles éplorées, celles même où jusque-là il était inconnu. Bien des personnes m'en parlent encore aujourd'hui avec attendrissement et admiration. Mais c'était surtout pour les enfants et pour les pauvres que ce vrai cœur de prêtre était compatissant; je l'ai vu dès l'année 1846, à mon entrée au noviciat, travailler avec un zèle infatigable à implanter dans le pays l'œuvre de la Sainte-Enfance. On peut dire en toute vérité qu'il est le fondateur de cette belle œuvre en Belgique. Elle y rencontra d'abord d'assez fortes oppositions, mais le P. Frézal n'était pas homme à se laisser vaincre par les difficultés. Quand il entreprenait une œuvre, il s'y livrait tout entier, et rien ne pouvait le rebuter; aussi vit-il ses efforts couronnés d'un plein succès dans cette entreprise qui était son œuvre de prédilection.

C'est encore ce bon Père qui a commencé dans notre chapelle l'œuvre des Enfants pauvres, placée sous la protection de la sainte Famille. Tous les dimanches il réunissait ces pauvres enfants, leur faisait réciter des prières et chanter des cantiques. Il distribuait des vêtements en récompense de l'assiduité et de la bonne conduite. Bien qu'il ne sût guère leur langage, il savait parler à leur cœur, et il en était compris. J'en connais qui conservent de lui le plus doux souvenir. Cette œuvre depuis son départ n'a cessé de prospérer, grâce au concours généreux d'un bon nombre de personnes charitables.

Si le P. Tardieu a montré tant de cœur pour les pauvres et les malheureux, que n'a-t-il pas fait pour ceux qui étaient ses enfants en religion? J'ai toujours été fier et heureux de l'avoir eu pour père. Je suis un des premiers qu'il ait reçus au noviciat. Tous ceux qui sont venus ensuite augmenter sa famille ont été également traités comme les enfants chéris de son cœur; ni le temps ni la distance n'ont pu effacer en moi le souvenir de cette paternelle affection. »

Le zèle dont le P. Tardieu donna tant de preuves à Louvain ne se démentit point à Paris. Il y eut de nombreux pénitents : l'un d'entre eux, M. Dornois, m'écrivait dernièrement : « Je viens de lire votre livre sur les *Martyrs de Picpus*... J'ai remarqué les éloges que vous faites du P. Tardieu. Vous n'avez rien exagéré ; au contraire, vous vous êtes montré sobre. Si j'avais le talent de bien dire ce que sais du P. Tardieu... que d'admirables choses je vous ferais connaître ! »

Ce même monsieur raconte ensuite comment il fit la connaissance du P. Tardieu ; il avoue être redevable à ses prières de la place avantageuse qu'il occupe en ce moment. Comme preuve de la charité de ce bon Père, il mentionne les visites qu'il en a reçues en différents quartiers très-éloignés de Picpus.

« Il m'écrivait souvent, ajoute-t-il : j'ai reçu de lui au moins trente-trois lettres, dont trois datées de Mazas ; son style est habituellement empreint d'une douce gaieté... chaque mot semble dicté par la charité la plus ardente. Je cite au hasard.

« Mes bien-chers amis,

« ..... J'ai appris vos peines et vos embarras. Vous ne serez pas surpris que je vienne en prendre ma part, en quelque manière du moins, en vous disant combien je compatis aux contrariétés que vous éprouvez. Je comprends votre sollicitude, votre inquiétude au sujet de votre petite fille. Il me semble cependant que vous vous tourmentez beaucoup trop..... Maintenant voulez-vous que cela réussisse ? Voici ce que je vous conseille, vous n'y avez peut-être pas songé : Faites ensemble une neuvaine à la sainte Vierge ; ainsi tous les jours vous pourrez réciter les litanies de la sainte Vierge et le *Souvenez-vous*, ou bien deux ou trois dizaines de chapelet. Mais il faut que vous fassiez cela ensemble, au moment qui vous sera le plus commode ; car, quand un père et une mère prient pour leur enfant, il me semble que Dieu ne peut manquer de les exaucer. »

M. Dornois rapporte ensuite comment ce charitable directeur sut rétablir la paix dans la famille. Il n'oublie point le scapulaire et les médailles qui sont venus ensuite la cimenter.

« J'eus le bonheur, ajoute-t-il, de recevoir la visite du Père au mois d'août ou fin de juillet 70.

Il me parla beaucoup du concile. Il était fort attristé de la conduite de certains évêques, et il n'augurait rien de bon de tout cela. Il avait à cette époque des craintes sur l'Italie et sur la France qui ne se sont que trop réalisées. »

Le 3 janvier 1871, le P. Tardieu écrivait à M. et à Mme Dornois :

« † Vive le Cœur sacré de Jésus !

« Mes bien-chers amis,

« .....Je vous la souhaite bonne et heureuse cette année qui commence si mal. *Nous ne savons pas* les épreuves qui nous sont encore réservées... il nous faudrait une sainte Geneviève pour nous délivrer; mais malheureusement on ne pense guère à l'invoquer, surtout les Parisiens. »

Lorsque arrivèrent les troubles de la Commune, M. Dornois suivait d'un œil inquiet la marche des événements ; à la lecture de *l'Univers* il joignait celle du *Mot d'ordre* et autres feuilles de ce genre qu'un de ses amis, commensal de Rochefort, lui prêtait. Il cherchait avec anxiété le moyen de ménager une cachette sûre au P. Tardieu, lorsqu'il reçut une lettre datée de Mazas, 19 avril, dans laquelle ce Père l'informait de son arrestation. « Son style n'avait pas changé, ajoute M. Dornois. A l'entendre, il n'était pas à plaindre. Pour moi, j'étais anéanti ; car je sais par analogie ce qu'est cet enfer que l'on nomme Mazas... Sous le coup de cette affreuse nouvelle, j'écrivis à *l'Univers* pour lui faire connaître la position des Pères de Picpus. L'*Univers* publia les passages de la lettre que je lui avais envoyés, en les faisant précéder de quelques considérations sur l'iniquité de ces arrestations. Malheureusement sa voix ne paraît pas avoir eu l'influence que j'en avais espérée.

Je résolus d'aller demander la permission de voir le Père ; mais mon directeur me le défendit : il craignait pour moi-même. Je fus donc forcé d'envoyer une femme intelligente et sûre pour demander l'autorisation nécessaire ; mais tout fut inutile. Je dus me contenter d'envoyer un peu de linge et d'aliments. Comme le Père paraissait être privé de bons livres, je m'arrangeai de manière à lui faire parvenir l'*Imitation*. Ce fut le 30 avril, fête du Patronage de saint Joseph, ainsi qu'il résulte d'une note écrite sur le premier feuillet de ce livre et signée par le Père. »

M. Dornois raconte ensuite toutes les démarches qu'il fit, mais sans succès, pour obtenir l'autorisation de visiter le vénérable prisonnier. Il cite quelques extraits des lettres que celui-ci lui écrivit de Mazas. J'en transcris le passage suivant ; on y retrouvera son esprit d'abstinence.

« Veuillez ne pas m'envoyer des douceurs ; j'ai encore presque tout le sucre que vous m'avez envoyé la première fois. Ainsi, pas de sucre, pas de biscuits, pas d'oranges : ce sont des choses dont j'use le moins possible. »

Suit une narration touchante des dernières tentatives faites en faveur du P. Tardieu, du voyage fait à Picpus le jour de la Pentecôte, dans l'espoir d'y rencontrer cet excellent Père, des inquiétudes que lui communiqua le P. Duval et enfin de la lettre que lui écrivit ce dernier, le 31 mai, pour l'informer d'une manière définitive de la mort violente que venait de subir son Père bien-aimé. M. Dornois ajoute en terminant comment il put se procurer quelques reliques du saint martyr.

Que ce respectable ami reçoive ici l'expression de notre vive gratitude pour tout ce qu'il a fait en faveur de notre vénéré confrère.

Je termine cette notice par les lignes suivantes écrites du couvent de la Mère de Dieu :

« Ce qui nous a toujours frappées dans ce bon Père, c'est sa grande charité; pendant une quinzaine d'années, qu'il est venu dans notre maison-mère, nous l'avons bien souvent entendu parler des pauvres et des malheureux d'une manière qui faisait bien sentir l'amour qu'il leur portait.

Lorsqu'il fut appelé à remplacer notre aumônier absent, il témoigna beaucoup d'intérêt à nos malades, allant les voir souvent et leur prodiguant les consolations du saint ministère avec un dévouement remarquable. Malgré son état maladif, nous l'avons vu persister à vouloir confesser des heures entières, toussant tellement qu'il pouvait à peine parler, mais ne voulant pas consentir à s'arrêter.

Nous avons souvent admiré la modestie de son maintien. Lorsqu'il venait nous dire la première messe, malgré le froid et ses infirmités, on le voyait marcher la tête légèrement baissée. S'il arrivait parfois qu'on le fît attendre à la porte, il ne donnait aucun signe d'impatience; alors comme toujours, son doux sourire et la sérénité de son visage disaient assez qu'il s'entretenait délicieusement avec Notre-Seigneur. Aussi avait-il coutume de dire qu'il valait mieux parler à Dieu que de parler de Dieu.

Son humilité était profonde; il aimait à rester caché. Il parlait fort peu, et à l'entendre on l'eût cru incapable de tout. Cependant au saint tribunal il faisait preuve d'une expérience consommée. Il savait pousser les âmes vers les sommets de la perfection. En sortant d'auprès de lui, on se sentait transporté de courage. Ses exhortations peuvent se résumer en ces deux mots : force et suavité.

Mais ce qui nous a le plus vivement impressionnées, c'est son recueillement, sa dignité à l'autel. Jamais nous n'oublierons l'air angélique avec lequel il distribuait le pain eucharistique. Enfin toutes celles d'entre nous qui ont connu ce saint religieux ont conservé pour lui la plus profonde estime et la plus respectueuse vénération. »

CONCLUSION

DES NOTICES BIOGRAPHIQUES

Après avoir fait connaître les vertus propres à chacun de nos martyrs, nous dirons un mot en terminant d'un caractère qui leur était commun. Ils étaient tous de vrais enfants des Cœurs Sacrés de Jésus et de Marie, et par suite ils s'étaient appliqués d'une manière spéciale cette leçon du divin Maître : « Apprenez de moi que je suis doux et humble de cœur. » De cette douceur et de cette humilité naissait en eux cette aimable simplicité que le monde méprise, parce qu'il n'en connaît pas le prix, mais que le vrai chrétien estime au-dessus de tous les trésors. Cette vertu, Notre-Seigneur l'a aussi bien expressément recommandée à ses disciples en leur disant : « Soyez prudents comme des serpents ; mais aussi simples comme des colombes. » Cette vertu nous a été signalée par notre pieux fondateur comme l'esprit propre de notre institut, comme l'air de famille auquel il voulait qu'on reconnût ses enfants.

Aussi ç'a été pour nous une grande consolation en voyant l'œil observateur de M. l'abbé Perny remarquer ce trait d'origine sur la physionomie de nos Pères bien-aimés, et sa main tracer ces lignes que volontiers nous adopterions pour l'épitaphe de leur tombe : « La simplicité évangélique et une candeur d'agneau semblaient le partage de ces quatre excellents Pères de Picpus, qui s'étaient fait aimer et admirer de tous. »

De là vient que nous les voyons se préparer au martyre avec une sérénité si calme qu'on était tenté de croire qu'ils se faisaient illusion. Ils causaient entre eux de leurs chances de mort, comme on cause des préparatifs d'un voyage. Ils allaient avec joie au supplice : *ibant gaudentes*; cela est vrai. Mais il faut ajouter qu'ils y allaient avec la douceur et la simplicité de l'agneau qui se laisse mener à la boucherie sans ouvrir la bouche pour se plaindre. Donc, encore une fois, merci à cet aimable compagnon de la captivité de nos Pères, dont nous pourrons maintenant invoquer le témoignage quand nous voudrons montrer à nos Frères et à nos Sœurs en religion, cette robe blanche de la candeur et simplicité évangélique empourprée du sang de nos glorieux *martyrs*.

Ce titre de martyrs que nous avons si souvent donné à nos Pères avec la soumission la plus entière aux décrets de l'Église, ce titre, dis-je, nous avons cru pouvoir le hasarder en nous basant sur cette considération : que le martyre n'est autre chose qu'une mort violente endurée volontairement et infligée en haine de la religion. Or que la mort de nos Pères ait été violente et cruelle, c'est ce qu'il serait superflu de prouver. Il est rare de trouver, même parmi les sauvages, des actes de barbarie comparables à celui qui vient d'ensanglanter la métropole de la civilisation moderne.

Nous avons d'ailleurs assez dit combien libre et volontaire a été leur sacrifice. Toute l'apologie de nos Pères ne roule que sur ce point : n'y a-t-il pas eu de l'excès dans l'amour du devoir qui a porté leur dévouement jusqu'à l'acceptation de la mort.

Une seule chose resterait à examiner, à savoir si nos quatre Pères ont été immolés en haine de la religion. Or cette question est évidemment du ressort du témoignage; mais ici les témoins ne sont autres que les bourreaux ou leurs victimes. Les bourreaux ont disparu, ou ne sont plus en état de répondre. Ce sont donc les victimes qu'il nous faut interroger.

Il me serait facile d'accumuler un bon nombre de témoignages concordants, mais il me suffira d'en produire un qui résume tous les autres et qui se présente à nous avec le caractère de la plus grave autorité. Je veux parler de la déclaration formelle que le R. P. Radigue a faite à ce sujet de vive voix et par écrit. Il a donc dit qu'ayant demandé aux gens de la Commune à quel titre lui et les siens se trouvaient arrêtés, il lui fut répondu : « Vous êtes prêtres et religieux, en faut-il davantage ? »

Dans une lettre à son frère Octave, le même Père Radigue confirme cette déclaration verbale de la manière suivante:

« La politique n'est pour rien dans mon affaire. Je suis arrêté comme prêtre et comme religieux;

par conséquent je souffre pour le nom de Dieu et pour la religion; je ne suis donc pas malheureux. Je puis même t'assurer que je regarde ces jours comme les plus heureux de ma vie, quoiqu'ils soient loin d'être agréables. Je suis persuadé que vous me voyez massacré ou fusillé... Je n'aurai pas cette chance-là, mon cher frère; je serais délivré de ce pauvre corps qui me fait bien souvent souffrir, et je partirais pour l'autre monde (où il faut bien aller sous peu) par la voie la plus courte et la plus avantageuse. Il y aurait bien un mauvais quart d'heure à passer; mais quand il serait passé, quel bonheur! »

Donc rien ne manque à nos victimes pour mériter le titre de martyrs, et volontiers nous redirons pour eux ce que le vénérable curé de Saint-Sulpice disait au sujet des Révérends Pères Jésuites qui ont également versé leur sang pour la cause de Jésus-Christ : « Si ce n'était la crainte de devancer le jugement de l'Eglise, au lieu de prières funèbres, nous entonnerions l'hymne d'action de grâces. »

Je termine ces réflexions par cette belle invocation qui se lit à la fin de la circulaire remarquable que notre Très-Révérend Père Supérieur général nous adressait le 14 juin 1871 : « Et vous, glorieux *martyrs*, nos frères bien-aimés, recevez, avec l'expression bien sentie de notre douleur et de nos regrets, l'hommage pieux de notre admiration et de notre amour. Votre mort prive la Congrégation du secours de vos lumières, de votre expérience et de votre dévouement; mais du haut du ciel vous l'aimerez, vous la servirez plus efficacement encore. « Vous serez nos protecteurs !!! »

APPENDICE

TRANSLATION DES MARTYRS DE PICPUS.

Depuis que les restes de nos Pères vénérés avaient été transférés du cimetière de Belleville dans celui d'Issy, bon nombre de personnes se faisaient un pieux devoir d'aller y prier sur leur tombe; mais l'éloignement de ce lieu, l'état de délabrement où il se trouvait depuis la guerre, la difficulté d'y élever un monument digne de nos chers défunts nous faisaient désirer ardemment de pouvoir transférer leurs corps dans notre maison-mère. Après plusieurs démarches ce privilége nous a enfin été accordé, et le 6 septembre 1872 fut le jour fixé pour l'exécution de ce dessein.

La veille au soir le T. R. P. Supérieur général exposa à la communauté l'ordre qu'on devait suivre en cette religieuse solennité. Il fit surtout observer qu'on éviterait avec soin tout ce qui aurait l'apparence d'un culte public tendant à devancer le jugement du Saint-Siége sur la question du martyre ; il ajouta cependant que chacun pourrait, en son particulier, invoquer ces Pères bien-aimés avec une pieuse confiance, et il exhorta vivement à beaucoup prier.

Le lendemain de grand matin, le T. R. Père se rendit de Picpus à Issy avec plusieurs prêtres de la Congrégation. On procéda, avec les formalités d'usage, à l'ouverture des cercueils et à la reconnaissance des corps. On trouva les vêtements dans un état de conservation remarquable, bien que portant encore la marque des traitements barbares dont ces victimes vénérables avaient été l'objet, soit au moment de leur exécution, soit depuis leur mort. On prit des fragments considérables de ces vêtements et quelques mèches de cheveux ; puis on plaça chacun des corps dans un double cercueil de plomb et de chêne ; après quoi commença la translation. Elle se fit avec toute la modestie que demandaient les circonstances.

Les restes du T. R. P. Euthyme Rouchouze, qui reposaient au milieu de ceux des quatre victimes qui avaient été ses enfants, n'en furent point séparés. Son digne successeur, le T. R. P. Bousquet, se chargea d'en faire la conduite avec le R. P. Ruard, parent du défunt. Ce premier convoi arriva à la maison-mère, vers sept heures et demie du matin. Le corps fut placé au milieu du chœur de notre chapelle, et deux messes furent aussitôt célébrées, l'une de *Requiem* au maître-autel par le R. P. Ruard, et l'autre par le T. R. P. Bousquet à la chapelle du Sacré-Cœur, nouvellement construite pour recevoir la dépouille mortelle de nos Pères vénérés.

Leurs corps arrivèrent à Picpus, à certains intervalles, accompagnés chacun par deux de nos Pères, et, à dix heures, ils se trouvaient tous placés dans le chœur de notre chapelle, autour du cercueil du T. R. P. Euthyme. Alors commença la dernière messe, qui fut célébrée par le R. P. Laurent Besqueut. Cet honneur lui était réservé à son double titre de membre du Conseil du supérieur général et d'ex-otage de la Commune. Après cette messe l'absoute fut faite par M. le curé de Saint-Eloi. Le caveau fut ensuite béni, et les cercueils y furent déposés dans l'ordre suivant : du côté de l'épître, ceux des PP. Euthyme, Marcellin et Polycarpe; du côté de l'évangile, ceux des PP. Ladislas et Frézal.

Enfin notre T. R. Père, s'étant avancé vers le maître-autel, dit en peu de mots, aux personnes présentes à cette cérémonie, combien il était touché des marques de sympathie qu'elles venaient de nous donner. Il exprima aussi sa vive reconnaissance pour les soins assidus dont tous nos confesseurs avaient été l'objet durant leur longue et dure captivité. Puis il entonna le *Te Deum*, qui fut chanté avec ferveur par tous les assistants, unis dans les mêmes sentiments de foi et de reconnaissance.

Il serait difficile de dire la pensée qui dominait durant cette fête non moins joyeuse que lugubre. Sans doute ce n'était pas sans une certaine impression de tristesse que nous voyions descendre dans la tombe les corps de ces glorieux athlètes, qu'une mort violente avait ravis à notre respectueuse affection ; mais nos cœurs étaient bien consolés lorsque, les yeux de la foi tournés vers le ciel, nous apercevions ces puissants protecteurs revêtus de robes blanchies dans le sang de l'agneau et tenant à la main la palme de la victoire.

Cette journée du 6 septembre 1872 a donc laissé dans nos cœurs plus d'espérances que de regrets. Oui, nous avons la confiance que l'anniversaire de ce baptême de sang sera pour nous le commencement d'une ère de prospérité. Perpétuée au milieu de nous par le monument de leurs triomphes, la mémoire de nos saints confesseurs sera un continuel encouragement à la vertu. Du fond de leurs sépulcres ils nous parleront encore, et nous montreront le chemin qui mène au Cœur de Jésus par celui de sa sainte Mère.

Nous ne pouvons pas terminer cette notice sans dire un mot de certains faits qui témoignent de la confiance des fidèles à l'égard de l'intercession de nos pieux confesseurs.

Le jour même de la translation de leurs restes, il se fit à notre chapelle un concours d'autant plus remarquable qu'on avait évité de convoquer les fidèles à cette cérémonie. Pendant les offices il se produisit parmi les assistants un grand empressement à faire toucher des chapelets, des médailles et d'autres objets de piété aux cercueils des défunts. Plusieurs prêtres y étaient presque constamment occupés. Dans la soirée quelques personnes vinrent encore demander le même office, et il fallut ouvrir le caveau pour satisfaire à leur pieuse importunité.

A partir de ce moment bon nombre de couronnes

furent déposées sur la pierre tombale, et chaque jour on vit des pèlerins venir prier en ce lieu. Lorsqu'on y dit la sainte messe, il est rare que le prêtre n'ait pas à consacrer plusieurs hosties pour donner la sainte communion.

Bien que, de notre côté, nous évitions avec soin tout ce qui ressemble à un culte public, il nous a été donné plus d'une fois de constater que, des prières ayant été adressées aux sacrés Cœurs par l'entremise des révérends Pères Ladislas, Polycarpe, Marcellin et Frézal, ou l'un d'eux en particulier, des grâces signalées, soit dans l'ordre physique, soit dans l'ordre moral, avaient été obtenues à la suite de cette invocation. Nous croyons devoir par discrétion nous abstenir de tout détail à ce sujet; mais nous continuons à enregistrer les dépositions qui nous sont faites.

Depuis la translation de ces restes vénérés, un illustre défunt est venu partager leur tombe : c'est Mgr Bonamie, deuxième supérieur général de notre Congrégation. Après avoir donné sa démission, il vivait à Cahors dans une humble et pieuse retraite, lorsqu'il rendit son âme à Dieu, le 8 juillet 1874. Son corps, à la suite d'obsèques magnifiques, fut déposé provisoirement dans la crypte des *Petits-Carmes,* d'où il a été transféré dans la chapelle de nos martyrs, le 7 août 1875, selon le désir qu'il en avait exprimé.

TABLE DES MATIÈRES.

                                                    Pag.

PRÉFACE.   5

PREMIÈRE PARTIE.
ORIGINES DE PICPUS.

Le cimetière de Picpus...................... 15

Le R. P. Coudrin, fondateur de la congrégation des Sacrés-Cœurs de Jésus et de Marie. Sa naissance. — Son éducation. — Il reçoit les ordres sacrés des mains de Mgr de Bonald. — Sa retraite à la Motte d'Usseau................................ 28

Courses apostoliques de l'abbé Coudrin aux environs et dans la ville de Poitiers. — Il jette les premiers fondements de sa congrégation avec le concours de la Mère Henriette............................. 43

Épreuves et développements de l'œuvre. — L'abbé Coudrin fait sa profession religieuse, le 24 décembre 1800, et reçoit les vœux de la Mère Henriette........... 63

Premiers compagnons du R. P. Coudrin. — Le R. Père est appelé à Mende par Mgr de Rohan-Chabot et y fonde une nouvelle maison. — Il en établit une autre à Paris, aidé par la Mère Henriette................ 79

Installation des religieux et des filles des Sacrés-Cœurs dans le quartier de Picpus. — Développements rapides de la Congrégation. — Séminaire de Picpus........ 101

Œuvres des colléges et des séminaires. — Missions diocésaines à Troyes et à Rouen. — Missions de l'Océanie................................... 114

Divers travaux du P. Coudrin. — Picpus en 1830 et 1831..................................... 129

Dernières années du P. Coudrin. — Sa mort. — Bref de Grégoire XVI à cette occasion................. 140

Testament spirituel du bon Père................... 149

DEUXIÈME PARTIE.

LES MARTYRS DE PICPUS.

               Pag.

AVANT-PROPOS 159

La maison de Picpus pendant le siége de Paris et les premiers jours de la Commune..................... 162

Les insurgés à Picpus. — Journée du 12 avril. — Invasion du couvent des sœurs. — Arrestation des Pères. — Détention à la Conciergerie. — Transfert à Mazas. 171

Les frères convers et les gardes nationaux de la Commune. — Vexations. — Profanations. — Pillage. — Beaux traits de piété et de courage................. 199

Les prétendus mystères de Picpus. — Les antres ténébreux. — Les ossements des victimes. — Les instruments de torture................................. 232

Clef du caveau.—Emprisonnement des Frères.—Fouilles nombreuses. — Curieux mystifiés.................. 245

L'adoration perpétuelle. — La communion des religieuses. — Notre-Dame-de-Paix..................... 253

Les trois aliénées................................. 258

Les RR. Pères de Picpus à Mazas. — Nombreuses marques d'intérêt qu'ils y reçoivent. — Belle lettre du P. Radigue....................................... 266

Correspondance des RR. PP. Tuffier, Tardieu et Rouchouze. — Confidence d'un autre prisonnier. — Élargissement des RR. PP. Daniel, Séverin et Lafaye.... 278

Nouvelle perquisition à Picpus, le 5 mai............. 310

Arrestation des frères convers. — Leur séjour à Mazas. Invasion de la maison d'Issy...................... 323

Arrestation des religieuses. — Leur séjour à Saint-Lazare. — Protestation en leur faveur...................... 335

Les Pères de Picpus à la Roquette. — Leurs relations avec divers otages. — Appel de quatre d'entre eux.. 354

Délivrance de quelques Pères. — Les frères et les sœurs rentrent à Picpus. — État des deux maisons......... 369

Journée du 26 mai. — Massacre de la rue Haxo. — Sépulture des victimes. — Service funèbre. — Actions de grâces.. 383

Conclusion..

Notices biographiques.

    Le R. P. Ladislas Radigue........................
    Le R. P. Polycarpe Tuffier........................
    Le R. P. Marcellin Rouchouze....................
    Le R. P. Frézal Tardieu..........................

Conclusion des notices biographiques....................

Appendice..

PARIS. — IMPRIMERIE JULES LE CLERE, RUE CASSETTE, 29.

NOW READY,

KENELM CHILLINGLY:

HIS ADVENTURES AND OPINIONS.

By EDWARD BULWER, LORD LYTTON,
AUTHOR OF 'THE CAXTONS,' ETC.

Complete in One Volume.

EXTRACTS FROM REVIEWS.

"Lord Lytton's novel is one calculated to give satisfaction to almost every class of readers; and from many points of view, it is the most brilliant, the most refined, and the most thoughtful performance of its illustrious author. Its highest merit, its greatest charm, lies in its infinite variety. From first to last sparkle before our eyes the myriad combinations of an intellectual kaleidoscope; but it is easy to recognise that the dazzling effects of light and colour are not the result of blind chance, but have been cunningly devised by a consummate master of his art."—*Daily Telegraph.*

"This novel, or as we would prefer to call it, the romance, is a noble production, and it will endure. Yet it will be considered, and we must consider it ourselves, rather as a monument which confirms the place which Lord Lytton has won than as the emblem of a triumph generically new. The originality of the work consists essentially in the supreme grasp which it exhibits of all the problems, social and intellectual, moral and political, of our day."—*The Hour.*

"None of Lord Lytton's books would give so pleasant an impression of the author as this. The first volume is full of his peculiar cleverness, of the knowledge of the world and the sarcasm which have always relieved the unreal flights of his ambitious imagination, and the third contains the tenderest and purest picture of a child-like woman's loveableness which we remember in his works."—*Spectator.*

"Thus ends this remarkable book, this gospel of nobleness by a noble mind, this satire on all that is base, grovelling, and unworthy, by a consistent hater of all unworthiness. Devoutly do we pray that its grand and all important lessons may be taken to heart by a nation seemingly steeped to the lips in political cowardice, religious indifference, and social cynicism."—*Standard.*

"It is well worthy to take its place in that selection from Lord Lytton's numerous writings with which posterity will doubtless content itself, and on which his fame, as an English novelist, will certainly rest. . . . There is a great deal of freshness in it, and though, had it been published anonymously, its authorship, unlike that of 'The Coming Race,' would probably have been quickly detected, it gives considerable evidence of the boundless versatility, both of thought and of style, of which 'The Coming Race' is such a wonderful instance. We hardly need add that it is thoroughly amusing, and that there is always a purpose in its humour."—*Examiner.*

GEORGE ROBERTSON, MELBOURNE.

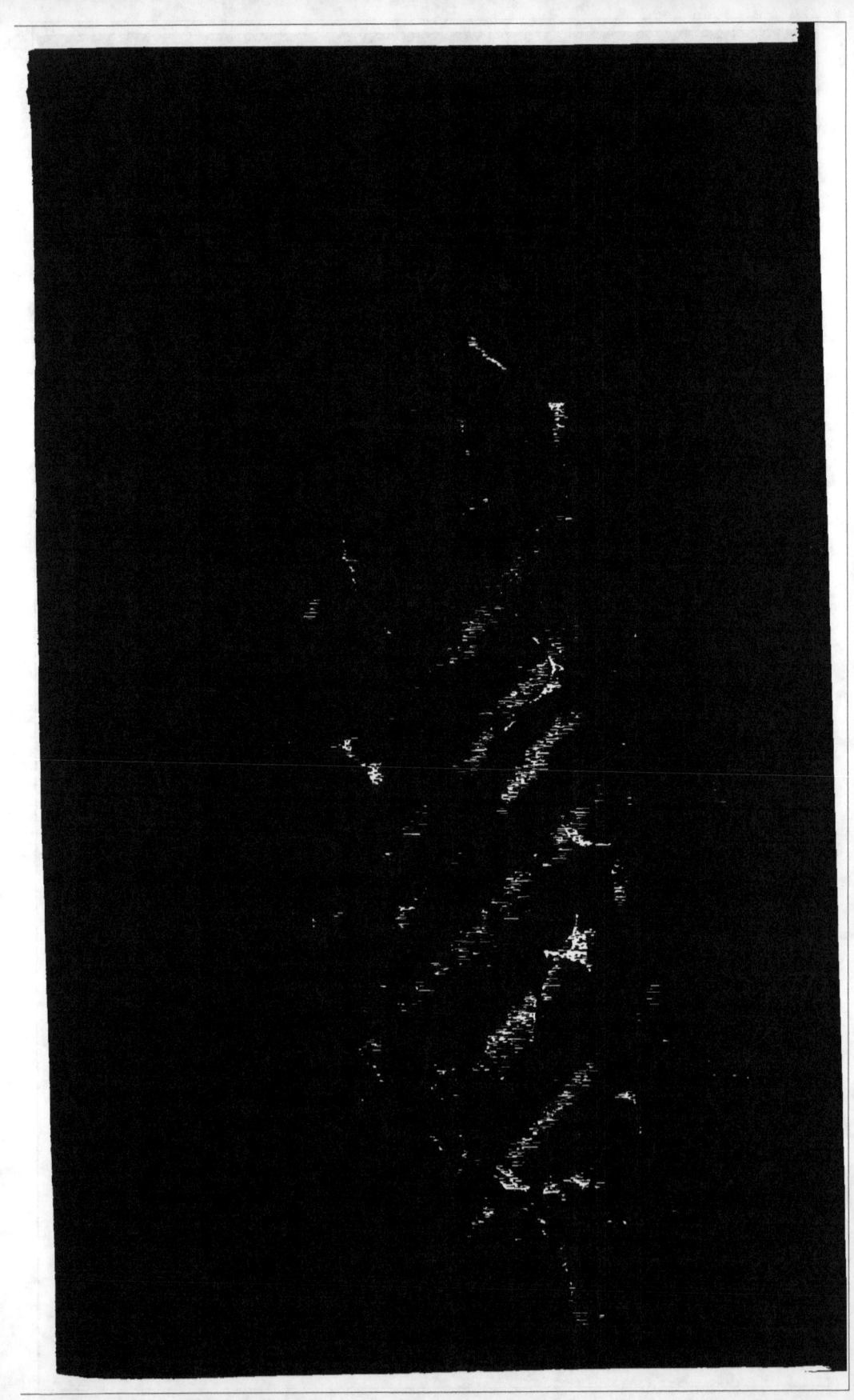

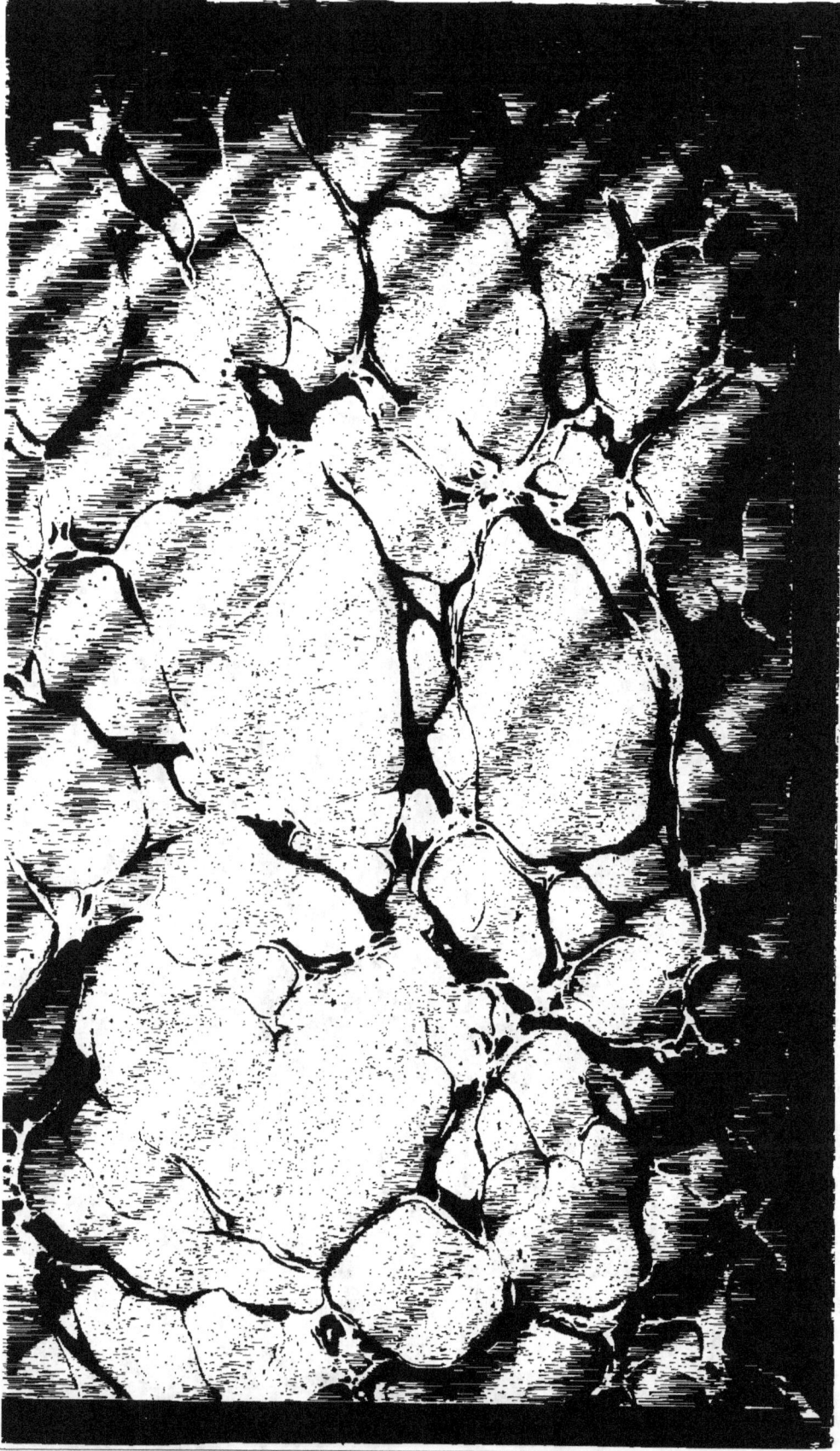

www.ingramcontent.com/pod-product-compliance
Lightning Source LLC
Chambersburg PA
CBHW050243230426
43664CB00012B/1806